遵义医科大学优秀学术著作出版资助项目

先秦道家气论研究

李 刚 著

长江出版传媒
湖北人民出版社

图书在版编目（CIP）数据

先秦道家气论研究 / 李刚著. -- 武汉：湖北人民出版社, 2024. 11.
ISBN 978-7-216-10920-8

Ⅰ. B223.05

中国国家版本馆CIP数据核字第2024539T2V号

责任编辑：田　晓
　　　　　　夏子茗
封面设计：刘舒扬
责任校对：范承勇
责任印制：杨　锁

出版发行：湖北人民出版社		地址：武汉市雄楚大道268号	
印刷：武汉科源印刷设计有限公司		邮编：430070	
开本：787毫米×1092毫米　1/16		印张：14.5	
字数：230千字		插页：3	
版次：2024年11月第1版		印次：2024年11月第1次印刷	
书号：ISBN 978-7-216-10920-8		定价：66.00元	

本社网址：http://www.hbpp.com.cn
本社旗舰店：http://hbrmcbs.tmall.com
读者服务部电话：027-87679656
投诉举报电话：027-87679757
（图书如出现印装质量问题，由本社负责调换）

献给珞珈岁月

珞珈偶作

珞珈秋意浓,又见枫叶红。
造化有神笔,层林染不同。

序

"气论"不仅是道家哲学的重要内容，而且也是中国历代哲学大家的思想精华。如东汉王充提出了气生万物论，他说："天地合气，万物自生。"（《论衡·自然》）北宋张载提出"虚空即气""太虚即气"（《正蒙·太和》）的重要命题，把气与虚统一起来，建立了气一元论。明末方以智指出："一切物，皆气所为也。空，皆气所实也。"（《物理小识》卷一）他也坚持了气一元论。明清之际的王夫之指出："盖言心、言性、言天、言理，俱必在气上说，若无气处则俱无也。"（《读四书大全说》卷十）他认为世界统一于气。然而，他们的气论思想渊源，大多来自以老庄为代表的先秦道家，有的观点甚至可以说是一脉相承。如《庄子·知北游》提出的"通天下一气耳"的思想，基本上贯穿了中国古代气本论的始终。从此角度上说，《先秦道家气论研究》一书有着探本溯源的重要学术价值。

读完书稿，颇受启发。本书拓宽了先秦道家气论的研究范围，使人加深了对气论的哲学认识。在先秦道家气论的研究上，虽然已有一些专人专书的研究，如对《老子》《庄子》的气论研究，但是目前暂无对先秦道家气论整体研究的专著出版，本书弥补了这一遗憾。作者将研究难度很大的《鹖冠子》《吕氏春秋》的气论思想纳入先秦道家气论的研究范围，使本书的研究更具丰富性和时代感。本书还运用历史与逻辑相统一等方法，以"气"的内涵、"气"的涵养、"气"的作用为内在视角，以《老子》、《庄子》、《管子》四篇、《鹖冠子》、《吕氏春秋》这些先秦道家文本为行文组织单位，在呈现单个文本气论的完整性与特色的同时，力图揭示道家气论在先秦的演进发展轨迹。本书还总结性地指出，先秦黄老道家文献各自在气论上有选择地吸收了道家以外的诸如儒家、阴阳家等的相关思想；先秦道家气论哲学在很大程度上影响了中国气论哲学的特征与发展；先秦道家围绕着"气"所形成的独特的宇宙论、认识论、修养论、技艺观等在一定程度上影响了以后中国哲学的形态和发展；后世道家、道教、儒家、中国佛教、中医、中国艺术等无不吸收了先秦道家的气论思想。这些论述言之有理，立论有据，为当前及以后中国哲学的气论研究提供了启发性的思维。

本书还提出了一些富有创见的新观点，值得重视。作者认为，结合楚简《太一生水》重"水"的宇宙论，"气"的概念的产生除了和殷商之际北方的自然环境、农业生产、祭祀文化等原因有关外，和上古南方楚地多"水"的自然地理特点、渔猎生产方式、重"水"的祭祀活动与文化也有着密切的关系。在《庄子》中，正是"气"使"道"从"无"中生"有"，这可以称为"气"之"生"；人通过养"气"能够认识"道"，这可以称为"气"之"养"；人通过守"气"，使"道"指导"技"，这可以称为"气"之"用"。可以说，对这三个问题的回答系统地贯穿了《庄子》文本的全过程。《鹖冠子》注重在"气"与"法"之间构建一系列必要的环节，来保证法制的有效落实。《吕氏春秋》的"圜道"说将"精气"周行循环的特点作为"圜道"的一种体现，进而以天道明人道，强调臣下对君主法令执行的畅通无阻。书中的这些观点都是建立在大量的第一手材料基础之上，经过细致考察和宏观分析相结合而提出的。

李刚性格沉静，能耐寂寞，好学深思，孜孜不倦。在武汉大学攻博四年间，他十分珍惜来之不易的深造机会和珞珈中国哲学群体的浓厚学术氛围，虚心向各位师长求教问学，积极撰文参加校内外的各种学术活动。攻博期间，就在 CSSCI 学术刊物上发表数篇学术论文，并获得国家奖学金。其用力甚勤的博士论文《先秦道家气论研究》，得到了同行专家的充分肯定和热情鼓励。博士毕业，参加工作后，李刚又申报获批国家社会科学基金一般项目，持续进行相关研究。李刚的博士学位论文即将以学术专著的形式问世，作为第一读者不胜喜悦。乐为之序。

武汉大学哲学学院教授　徐水生
2024 年 10 月 23 日
于珞珈山

前言

"气"是中国哲学，乃至中华文明中非常重要的观念。我们要了解中国哲学、中华文明的特质，离不开对"气"的探索。"气"是先秦诸多学派讨论的话题。先秦道家对"气"的关注较多，影响较大。本书在探析先秦"气"的观念起源的同时，主要以"气"的内涵、"气"的涵养、"气"的作用为视角，以《老子》、《庄子》《管子》四篇、《鹖冠子》、《吕氏春秋》这些文本为单位论述道家气论在先秦的演进与发展。①

第一章探索先秦气论产生的源头并论述老子的气论思想。以往的研究将"气"的思想的产生追溯到殷商之际的自然地理现象、谷物生长、风的信仰、土的祭祀等。结合楚简《太一生水》重"水"的宇宙论，本书认为，"气"的概念的产生除了和殷商之际北方的自然环境、农业生产、祭祀文化等原因有关外，和上古南方楚地多"水"的自然地理特点、渔猎生产方式、重"水"的祭祀活动与文化也有着密切的关系。作为楚人的老子，其气论思想受到了楚地重"水"文化的影响，在"气"的内涵与特性上具有玄思世界本原，尚"柔"的特性。但是，老子的宇宙论并不是气化宇宙论。老子气论的涵养方法主要是从"心"与"气"的关系入手进行分析。老子之后，道家"气"的涵养无不重视"心"与"气"关系的辨析。《老子》五十五章曰："心使气曰强。

---

① 本书所引《老子》、《庄子》、《管子》四篇、《鹖冠子》、《吕氏春秋》原文请参见（魏）王弼注，楼宇烈校释《老子道德经注校释》，北京：中华书局，2008年；（清）郭庆藩《庄子集释》，北京：中华书局，2012年；黎翔凤《管子校注》，北京：中华书局，2004年；黄怀信《鹖冠子校注》，北京：中华书局，2014年；许维遹《吕氏春秋集释》，北京：中华书局，2009年。

物壮则老，谓之不道。"老子明确反对"心"对"气"的主宰，认为是"不道"的表现。"气"的作用方面，《老子》气论孕育着道家气论在先秦发展的两条路径：既重视个体生命的生生之德，又把气论和其无为而治的政治理想结合起来。老子之"气"对个体生命的养护的关注被庄子所继承和发扬。《老子》中建议君主进行"气"的涵养以施无为而治的主张，被后来以《管子》四篇、《鹖冠子》、《吕氏春秋》为代表的黄老之学继承和不断完善。

第二章论述《庄子》气论思想。道家气论在庄子那里得到了较大发展。在一定意义上说，整部《庄子》就是一部气论哲学的充分展现。本章先对《庄子》中用"气"之词进行梳理，分析《庄子》中"气"的多重意蕴，指出庄子主要关注的精纯之"气"为其所说的"无有"（庄子中《大宗师》《应帝王》《知北游》等篇，下引《庄子》只注篇名），《庄子》对"气"的涵养的论述相较《老子》则更为丰富和深刻。关于"气"的涵养，《老子》只是说到要"专气致柔"（《老子》十章，下引《老子》只注章序），反对"心"对"气"的主宰，不主张使"气"变"强"。而《庄子》则进一步提出了"心斋"（《人间世》）、"吾丧我"（《齐物论》）、"坐忘"（《大宗师》）、"纯气之守"（《达生》）等"气"的涵养方法。在"气"的作用方面，《庄子》则更为重视"气"的贯通作用。《庄子》认为，"气"有三种至关重要的贯通功能，分别为"气"在道生万物的过程中对"道"与"物"的贯通；"气"在认识环节对"道"与"人"的贯通；"气"在技艺的运用中对"道"与"技"的贯通。庄子认为，正是"气"使"道"从"无"中生"有"，这可以称为"气"之"生"；人通过养"气"能够认识"道"，这可以称之为"气"之"养"；人通过守"气"，使"道"指导"技"，这可以称之为"气"之"用"。可以说，对这三个问题的回答系统地贯穿了《庄子》文本的全过程。庄子认为，作为生命本原的"气"是不断运动变化的，身处气化流行中的人应该顺从并参与到这种变化之中，才能获得本真的自由。庄子称此为"游"。庄子的"逍遥"之"游"植根于其气化理论之中。

第三章论述《管子》四篇的精气思想。《管子》中的《心术上》《心术下》《白心》《内业》四篇为黄老思想的代表作。《管子》四篇中已经明确提出了"精气"的概念。《老子》中有关于"精"的论述，却没有"精气"一词。老子认为，"精"是形容"道"之真实性的一个词。《庄子》外、杂篇多提及"精"。《庄子》中所说的"精"往往指代的就是"气"，但是《庄子》中并没有"精气"一词。而《管子》的《心术下》《内业》明确说道："非鬼神之力也，其精气之极也。"《管子》四篇也经常用到"精"，但"精"的含义与《老子》中的用法不同，而为"精气"之意。如果说老子的"气"重在强调"柔"，庄子的"气"重在强调"通"，那么《管子》四篇的"精气"则具有"浩然和平"（《管子·内业》，下引《管子》只注篇名）的特点，关注到了"气"之"广大""繁多""渊静"的一面。相比较《庄子》，《管子》四篇已经明确用"德""智"来说明"精气"。在"气"的涵养方面，《管子》四篇和《老子》《庄子》一样，都是从"心"与"气"的关系入手进行讨论，并都主张"心"不能主宰"气"。与《老子》《庄子》气论明显不同的是，《管子》四篇开始有意吸收儒家的修养理论，尤其是礼仪之教的思想，来充实其精气涵养说，认为"气"的涵养和"形"之"正"与"外敬"有关，主张通过"守礼"之"敬"来达到"形"之"正"，进而做到"内静外敬"（《内业》）以涵养精气。在"气"的作用方面，《管子》四篇从黄老之学的立场出发，进一步发展了老子气论与君主无为而治的联系。老子气论虽有服务于无为而治的治国理念的维度，但是老子并没有提出具体的制度设计以落实无为而治。在稷下黄老文献《管子》四篇里，则把君主"气"的涵养与"道""法"并重的治国之术结合起来，使"气"在"道"与"法"之间起着重要的贯通作用，进一步使老子的无为而治思想具有现实的可操作性。君主通过蓄养"精气"实施法制被称作"静因之道"（《心术上》）。

第四章论述《鹖冠子》的气论思想。先秦道家"气"的概念发展到《鹖冠子》这里，出现了"元气"说。这说明先秦道家对"气"的内涵认识越来越强调"气"的"纯一"性。老子赋予"气"以哲学意义。在老子那里，"气"具体分为阴阳二气及阴阳二气相互中和作用后形成的和气。关于"万物负阴而抱阳，冲气以为和"（四十二章）的"和气"到底是什么，老子并没有明确地论述。到《庄子》这里，"气"的含义较为丰富，《庄子》中关心的是"纯气"。《庄子》中关于"鸿蒙"的描写其实说的正是阴阳二气未分时的合一状。《老子》中关于"万物负阴而抱阳，冲气以为和"的论述与《庄子》中有关

"纯气""鸿蒙"的说法启迪了同为楚地文献的《鹖冠子》的"元气"概念。《鹖冠子·泰录》曰,"天地成于元气,万物乘于天地"。《鹖冠子·环流》曰,"有一而有气"。"元气"一方面创造天地万物,另一方面,"元气"也指阴阳二气未分的合一之状。《鹖冠子》所提出的"元气"概念相比较《庄子》中的"纯气"、《管子》四篇中的"精气",不仅具有"气"的"精纯"性的一面,而且还指出了"精纯之气"所具有的阴阳未分的原初性与生成万物的初始性。"元气"说比较关心"气"的统一未分之状。在"气"的涵养方面,《鹖冠子》"卫精擢神致气"(《鹖冠子·泰录》,下引《鹖冠子》只注篇名)的方法受到了《老子》、《庄子》、《管子》四篇的影响。另外,《鹖冠子》关于"内圣者,精神之原也"(《鹖冠子·泰录》)等"气"的修养理论,明显受到了《庄子·天下》"内圣外王"一词之"内圣"含义的影响。《鹖冠子》的精气涵养理论是要通过"内圣"的修养使"精气"通达,并能够明晰地认识事物。作为黄老道家的文献,《鹖冠子》在"道"与"法"之间与《管子》四篇一样特别注意到了"气"的作用。相比较《管子》四篇,《鹖冠子》中"气"在"道"与"法"之间的贯通作用更加明确,而且增加了从"气"到"法"之间的诸多环节以保证法度的有效实施。《鹖冠子》同时也把儒家的仁孝忠信等思想融入其从"刑"到"德"的规约教化中。

第五章探讨《吕氏春秋》的气论思想。《吕氏春秋》在"气"的内涵上把《老子》、《庄子》、《黄帝四经》、《管子》四篇以及阴阳家关于"十二纪"的相关思想融会到其"圜道"说中。《吕氏春秋·圜道》曰"精气一上一下,圜周复杂,无所稽留",又曰:"精行四时,一上一下各与遇,圜道也。"《吕氏春秋》的"精气"注重的是"气"的循环运动。《吕氏春秋》在吸收道家天道周行、气化循环等观点的同时,又吸收了《管子》四篇"精气"说,以及阴阳家关于"十二纪"的思想。《吕氏春秋》的"精气"涵养理论吸收了《老子》、《庄子》、《管子》四篇的相关思想。老子劝告君主要"少私寡欲"(十九章),并认为"多言数穷,不如守中"(五章)。受老子影响,《吕氏春秋》既不主张穷奢极欲,也不主张"灭欲",其在"精气"的涵养上反复强调要"适欲"(《吕氏春秋·重己》,下引《吕氏春秋》只注篇名),即对欲望要控制在适中的程度。《吕氏春秋》还认为,"精气"的涵养并不是一味端坐在那里的玄想,还需要使形体适当运动，促使精气流通。而精气的流畅又能促进人体的健康。通过"静"与"动"的相互配合，使"精气日新，邪气尽去"（《先己》）。《吕氏春秋》认为，音乐可以养气，从而使人达到静定。《吕氏春秋·大乐》云："凡乐，天地之和，阴阳之调也。"在《吕氏春秋》看来，音乐以呈现天地之和与阴阳二气的完美协调为最高境界。在"气"的作用方面，《吕氏春秋》主要吸收了老子"圣人抱一，为天下式"（二十二章）的无为而治思想，以及黄老道家文献《黄帝四经》《管子》四篇等关于"道""一""气""法"等的相关论述。"圜道"说的目的主要是通过精气的周行说明天道运行的畅通无阻，然后再以天道明人道，强调臣下对君主法令执行的畅通无阻。

结语部分主要在正文各章具体论述的基础上，梳理、概括先秦道家气论的演进与发展。总的来说，《老子》中关于"气"的论述辞约义丰，显性或隐性地包含了后世道家气论发展的多个方面。先秦时期，道家气论从老子之后大体分化为以庄子为代表的注重个体生命养护与逍遥超脱的路径，和以《管子》四篇、《鹖冠子》《吕氏春秋》为代表的黄老道家提倡君主通过"气"的涵养，通过一系列重"法"的制度设计，以施无为而治的另一路径。先秦道家在"气"的内涵的把握上注重对"气"的精纯性的认识。在"气"的涵养方面，先秦道家始终秉持老子在"心""气"关系上主张的"心"不能主宰"气"的原则，在"气"的涵养方法上逐步走向融合。在"气"的作用方面，先秦道家从老子开始就关注"气"对个体生命在养护上的生生之德，以及"气"的涵养与君主无为而治的关系。《庄子》主要继承并发展了老子气论生生之德的维度，并开拓出逍遥、洒脱的人生境界。以《管子》四篇、《鹖冠子》《吕氏春秋》为主要代表的黄老之学，则把老子气论与君主实行无为而治的联系层面进一步发挥和发展。

目录

引　言 / 001

第一章　气论溯源与《老子》的柔和之"气" / 038
第一节　气论溯源 / 039
第二节　《老子》的柔和之"气" / 045

第二章　《庄子》的"通天下一气" / 059
第一节　"气"的多重意蕴与精纯之"气" / 060
第二节　"气"之"生"：对"道"与"物"的贯通 / 073
第三节　"气"之"养"：对"道"与"人"的贯通 / 078
第四节　"气"之"用"：对"道"与"技"的贯通 / 091
第五节　"气"之"游"：生命的本真自由 / 099

第三章　《管子》四篇的"浩然和平"之"精气" / 109
第一节　《管子》四篇问题由来 / 111
第二节　"精""气""神""道"概念的演进及其关系 / 114
第三节　"心""气""形"关系辨析 / 120
第四节　气论与治国 / 128

第四章 《鹖冠子》中生于"泰一"的"元气" / 139
第一节 鹖冠子其人其书——从楚简《太一生水》看 / 140
第二节 "泰一"与"元气"论 / 145
第三节 "领气,时也。生杀,法也":由"气"到"法"的展开 / 158

第五章 《吕氏春秋》的"精行四时"之"气" / 166
第一节 《吕氏春秋》其书 / 168
第二节 "精行四时"的"圜道"说 / 171
第三节 "气"的涵养与无为而治 / 180

结　语 / 198

参考文献 / 210

后　记 / 220

引 言

一、研究意义

我国先民的生产和生活都是以认识"气"为前提。从古至今，人们使用的和"气"相关的词语非常多，如"阳气""阴气""精气""元气""气数""气韵""节气""气象""气氛"等。这也说明了"气"的思想的重要和影响深远。"气"的观念体现在中华文明的宗教、哲学、历史、天文、文学、音乐、绘画、医学等各个方面。中国文化对天道的体证，对人生终极意义的寻觅，以及对生命涵养的重视等无不和"气"息息相关。与西方哲学相比，"气"是中国哲学中一个独特且非常重要的范畴。认识、把握中国哲学的"气"范畴，在某种意义上便可认识中国哲学的特质。[①]

先秦时期是气论的孕育、萌芽、分化、发展的重要时期。梳理并认识先秦气论，对整个中国气论的发展过程来说至关重要。殷商文化和楚地文化的早期形态中就已经有了对"气"的探索。"气"在先秦是儒家、道家、墨家、阴阳家等学派经常讨论的一个话题。其中道家对"气"的论述较多，不仅在当时影响了其他学派的气论思想，也影响了后世道教和儒家等的气论思想。"游乎天地之一气"（《大宗师》）在一定程度上是庄子对他之前古人认识世界方式的一种继承和提炼。后汉以降，道教在理论建构上大量吸收了老子、庄子等先秦道家诸子的气论思想。张载、王夫之、黄宗羲、戴震等儒家气学大师无不吸收了先秦道家的气论思想。中国传统音乐、绘画等艺术作品中散发

[①] 张立文主编，蔡方鹿等著：《中国哲学范畴精粹丛书：气》，北京：中国人民大学出版社，1990年，第1页。

的灵动、洒脱、飘逸的"气韵"正是在充分吸收先秦道家,尤其是老庄气论的基础上形成的。目前对"气"的讨论,多集中在从道教的人体修养方面来论述"气",要么关注宋明时期儒学的气论,要么通过气功的修养实践来谈论"气",或者从养生、体育、艺术等方面认识"气"。上述讨论丰富和深化了对"气"的认识,有着重要意义,不过对先秦道家气论本身的关注则有待加强。

对先秦道家气论的研究,常见从《老子》《庄子》《管子》四篇等典籍分别入手,进行单独研究,或放在整个中国气论史的角度来对道家某个人物的气论思想进行论述。前一种研究重在某个文本的分析,后一种研究突出的是整个哲学史、气论史的连贯性,两种研究方法都有其长处和价值。这两种方法在对以某家学派的气论为关注点进行研究这方面似乎有待加强。无论是儒家,还是道家、墨家、阴阳家、兵家,其气论思想都有着各自学派的鲜明特色。充分了解某个学派气论的特点,无论对于该学派气论的认识还是对整个中国气论史的发展来说,都是很有必要的。

尽管整个先秦道家气论与其他学派相比有自己的特色,但是内部又绝非铁板一块,毫无差别。也正是先秦道家诸子的气论思想的差异性,揭示道家气论思想在先秦的发展才成为可能。老子的气论思想作为先秦道家气论的源头,包含着后世道家气论的多种基因。"专气致柔,能婴儿乎?"(十章)说明老子气论思想的特点是贵"气"之"柔"。后世经常老庄并举,其实就二者的气论来说,老子和庄子着实不同。庄子极大地丰富和发展了老子的气论思想,并有许多老子没有的论述。庄子曰"通天下一气耳"(《知北游》),庄子的"气"不仅沟通生与死、物与我、道与技,而且还开出高迈、悠远的自由维度。与庄子气论重个体人生和自由的路向不同,以《管子》四篇、《鹖冠子》《吕氏春秋》为代表的黄老道家的气论,则把气论和治国紧密结合起来,以实现其身国同构、道法结合的理论构想。

长期受《鹖冠子》是伪书,《吕氏春秋》是杂家作品的观点的影响,学界对于《鹖冠子》和《吕氏春秋》气论的关注相比《老子》《庄子》《管子》四篇要少。1973年马王堆汉墓出土了被后世学者称之为《黄帝四经》的黄老帛书,其中有许多语句和传世的《鹖冠子》相同或类似,越来越多的学者认为《鹖冠子》并非伪书,而是一部先秦典籍。《吕氏春秋》之前也被学者认为是杂家的作品，不过如不少学者已经指出的，《吕氏春秋》其实是一部以黄老道家思想为主，吸收融合多家思想的道家作品。《鹖冠子》和《吕氏春秋》都在战国末期，二者融合、吸收各家思想是符合当时的历史趋势的。将《老子》、《庄子》、《管子》四篇、《鹖冠子》、《吕氏春秋》这些道家气论放在一起进行分析，可以比较完整地看到先秦道家气论的整体特征和内部道家诸子气论思想的演化发展，同时也可以看到道家诸子是如何处理"气"与"道""德""神""性""命""人""物"等中国哲学重要概念之间的关系的。

另外，20世纪帛书、竹简的出土，在客观上又丰富了先秦道家气论研究的内容和视野，在某种程度上要求重新审视先秦道家气论。马王堆汉墓黄老帛书的出土使《鹖冠子》一书受到学界越来越多的重视。郭店楚简《老子》甲乙丙本、《太一生水》的出土，使得人们认识到，在先秦，老子"道生一"的宇宙生成论和庄子、黄老道家气化宇宙论之间还存在着《太一生水》尚"水"的宇宙生成论。古人由重"水"到重"气"的宇宙生成论的发展是如何发生的？郭店楚简所源自的楚地文化和先秦道家气论有何联系？《太一生水》和《鹖冠子》又有何种关联？这些都要求结合新出土文献对先秦道家气论进行详细探讨。

无论是认识中国哲学的独特性，还是立足于先秦道家气论对后世重要影响的事实，以及把握先秦道家气论的特征，完整揭示先秦道家气论的分化发展，并结合20世纪70年代出土的帛书，尤其是90年代出土的竹简文献来重新审视道家气论的发展和内部的联系等，都说明了研究先秦道家气论的重要性和必要性。

二、研究现状

目前没有以先秦为时间段，对这个时期道家各个文本的气论思想进行整体研究的专著。下面主要从先秦道家单个文本的注疏、论著中涉及气论的内容和有关气论研究著作中涉及先秦道家气论的研究两方面，对具有代表性的相关研究成果进行梳理。

（一）关于先秦道家文本的注疏及论著中涉及气论的内容

1.《老子》的注疏及论著中涉及气论的内容

韩非《解老》《喻老》篇最早对老子思想进行解释。在《解老》中解释老子"早服谓之重积德"（五十九章）时，韩非曰："知治人者，其思虑静；知事天者，其孔窍虚。思虑静，故德不去；孔窍虚，则和气日入。故曰：'重积德。'夫能令故德不去，新和气日至者，早服者也。故曰：'早服是谓重积德。'"这里，韩非指出了"德"的修养与"气"之间紧密的联系。他在《解老》篇中解释老子之"道"时，又曰："万物各异理而道尽。稽万物之理，故不得不化；不得不化，故无常操；无常操是以死生气禀焉，万智斟酌焉，万事废兴焉……列星得之以端其行，四时得之以御其变气……"韩非在这里谈到了"道"在生化万物的过程中的气化现象以及四时之"气"。

《河上公章句》较为重视《老子》的气论思想。河上注的气化学说相当有意义，它比较完整地以气化学说充实"道"的概念，讲得比较明确。①《老子》四十二章曰："道生一，一生二，二生三，三生万物。万物负阴而抱阳，冲气以为和。"关于"一生二"，河上公注曰"一生阴与阳也"。关于"二生三"则注曰："阴阳生和、清、浊三气，分为天地人也。"至于"冲气以为和"句则注曰："万物中皆有元气，得以和柔，若胸中有藏，骨中有髓，草木中有空虚与气通，故得久生也。"②河上公认为，老子所说宇宙的生成是一个气化的过程，万物之所以柔和，是因为皆含有元气。他释老子"专气致柔"曰"专守精气使不乱，则形体能应之而柔顺"。③而若"妄有所为，则和气去于中，故形体日以刚强也"④，也就接近枯老了，这也就是老子所说的"心使气曰强"（五十五章）的意思。

严遵同样认为老子的宇宙生成论离不开万物气化的过程，他说："夫天人

---

① 熊铁基，马良怀，刘韶军：《中国老学史》，福州：福建人民出版社，1995 年，第 188 页。

② 王卡点校：《老子道德经河上公章句》，北京：中华书局，1993 年，第 169 页。

③ 王卡点校：《老子道德经河上公章句》，北京：中华书局，1993 年，第 34 页。

④ 王卡点校：《老子道德经河上公章句》，北京：中华书局，1993 年，第 212、213 页。

之生也，形因于气，气因于和，和因于神明，神明因于道德，道德因于自然，万物以存。"① 在解释老子"含德之厚，比于赤子""心使气曰强"一章时又曰："建身为国，诚以赤子为容，则是天下尊道贵德，各重其身，名势为垢，万物为尘……既不思虑，又无障截，神气不作，聪明无识。柔弱虚静，魂魄无事。"② 相反，"深思远虑，离散精神。背柔弃弱，力进坚强。陷于欲得，溺于求生。开于危殆，塞于万全"③，就不好了。《老子指归》把养气宁神、清静无为的个人修养和治国结合起来，这可能受到了汉初黄老之学的影响。

王弼在解释老子"道生一"时说："万物万形，其归一也。何由致一？由于无也。"④ 王弼将"道"把握为"无"，"一"是从"无"而来。他认为，"一"与"言"为"二"，"一"与"二"又生乎"三"，这是老子所说的"一生二，二生三"。这里显然受到了《庄子·齐物论》中"一与言为二，二与一为三"的影响。王弼接着又说"故万物之生，吾知其主，虽有万形，冲气一也"⑤，他又认为"气"是万物共通的属性。这是他对老子"万物负阴而抱阳，冲气以为和"的解释。王弼把老子所说的"一""二""三"的生生关系，都解释为一种在概念上的逻辑推演关系。"本体"被规定为"无"，是在认知活动中借逻辑抽象给出的；"万物"作为认知的对象，则具有经验事物与经验知识的意义。⑥ 在王弼"以无为本"的本体论体系中，"气"并不占有突出的地位。

范应元《道德经古本集注》汇集了河上公、王弼等多个注解《老子》的版本，借古人古书之言阐释老子思想。如借《易传·系辞》"易有太极，是生两仪"，以及周敦颐的"二本则一"所涉及的太极与阴阳、动静等的关系来说明老子的宇宙生成过程。用河上公所说："万物中皆有元气，得以和柔，若胸中有藏，骨中有髓，草木中有空虚与气通，故得久生也。"来解释老子"冲

---

① （汉）严遵著，王德有点校：《老子指归》，北京：中华书局，1994年，第17页。
② （汉）严遵著，王德有点校：《老子指归》，北京：中华书局，1994年，第56页。
③ （汉）严遵著，王德有点校：《老子指归》，北京：中华书局，1994年，第57页。
④⑤ （魏）王弼注，楼宇烈校释：《老子道德经注校释》，北京：中华书局，2008年，第117页。
⑥ 冯达文，郭齐勇：《新编中国哲学史》，北京：人民出版社，2004年，第275页。

气以为和"句。① 范应元在修养论上主张存守老子所说的如婴儿般和柔之气。他说:"夫婴儿气专而和柔,谓不挠其炁,以致和柔,俾常如婴儿之时,人能之乎?心不虚则不明,不明则不通。谓游除私欲,使本心精明,如玉之无瑕疵,鉴之无尘垢,则冥观事物,皆不外乎自然之理,人能之乎?"② 范应元的气论思想在某种程度上受到了理学的影响。

释德清较为关注老子之"气"的修养工夫。释德清认为,儒释道三家在"克己""无我"上殊途同归。道家养"气"的主张在根本上同样要求"克己""无我"。注解老子之"气"时,释德清依据老子原典,从"心"与"气"之关系入手进行阐发。在解释《老子》五十五章时说:"心不平,则妄动而使气,气散则精竭,精竭则形枯。故曰:'心使气曰强'。"③ 他又说:"气随心行,故心妄动则气益刚,气刚而心益动。"④ 释德清认为,"心"与"气"联系紧密,二者之间相互作用,相互影响。那么,在修养上,就要"先制其气,不使妄动以熏心;制其心,不使妄动以鼓气"⑤,这就要先调"气",不使"气"妄动而影响"心";同时又要注意"心"的状态的调节,不使"心"妄动以鼓"气",以最终达到老子"专气致柔"的境界。

魏源在《老子本义》中认为,杨子为我,宗无为也;庄周之学乃放旷之学,以宗自然也;列子虚无,近于释氏。杨子、庄子、列子虽有不同,其尚虚无则是一致的。而老子之旨实与三子不同。老子思想并非虚无,而是在虚极静笃中有着严密而高明的救世用意。他同时也认为,《老子》并无如佛家之出世倾向,实为用世之书;亦非儒家扶阳抑阴之意,而乃主柔实刚。魏源进一步指出:"原柔弱之所以为用者,全在'充气以为和'一言。尽冲和之气未有不柔弱者。"⑥ 认为老子主张的柔和之气乃生生之德。魏源对老子之"气"的论述,对老子主柔实刚用意的阐发,以及主张《老子》为救世之书,与其

---

① (宋)范应元:《老子道德经古本集注》,上海:华东师范大学出版社,2010年,第76、77页。"冲气以为和",范应元本作"盅气以为和",亦有作"充气以为和"者。

② (宋)范应元:《老子道德经古本集注》,上海:华东师范大学出版社,2010年,第16页。范应元有时将"气",写作"炁"。

③ (明)释德清:《道德经解》,上海:华东师范大学出版社,2009年,第112页。

④⑤ (明)释德清:《道德经解》,上海:华东师范大学出版社,2009年,第46页。

⑥ (清)魏源:《老子本义》,上海:华东师范大学出版社,2010年,第93页。

当时进行强国之路的探索紧密相关。

近代以来注解《老子》者不乏其人,对老子气论的解释也多是在注解时予以简要评述。

高亨在《老子注译》中认为,在老子宇宙论中,"道"是宇宙的本体,就是"一""太一"。"一"与"道"并生,大道即大一,有"一"即有"道",有"道"即有"一"。"道"产生了天地,天地产生了阴阳二气、和气,三气产生了万物。这便是老子所说的"道生一,一生二,二生三,三生万物"的过程。① 在《老子正诂》中,他指出,老子所说的"专气致柔,能婴儿乎?"之"专气"就是《管子·内业》中所说的"抟气如神,万物备存"之"抟气"。高亨同时认为,"气"是人的一种精神作用,婴儿的精神作用不分驰于物,且骨弱筋柔,故曰"专气致柔,能婴儿乎"!②

严灵峰在《老子达解》中引用《易传》"一阴一阳之谓道",《庄子·田子方》中的"至阴肃肃,至阳赫赫;肃肃出乎天,赫赫发乎地;两者交通成和而物生焉",来说明老子的宇宙生成论体现为阴阳二气从"道"之中的分化,以及阴阳二气交合的过程。作者认为,老子所说"知和曰常"(五十五章)中的"知和"应为"致和",并引用《礼记·中庸》中"致中和,天地位焉,万物育焉"来说明。他还指出,"致和"亦即《老子》四十二章所说"冲气以为和"。

张默生认为,老子所说的"专气致柔"之"专气"指统摄其"气",不致消耗;"致柔"是把"体气"涵养到柔和的境界。"专气致柔"合起来就是说全其本性,保其天真的意思。③ 他用朱熹的"无极""太极""一本万殊"的概念,并结合气化生成论诠释老子所说道生万物的过程。说老子的"道"指"无极","一"指"太极","二"指"阴阳","三"指"阴阳"二气交合所

---

① 高亨:《高亨著作集林第五卷·老子注译》,北京:清华大学出版社,2004年,第340页。

② 高亨:《高亨著作集林第五卷·老子正诂》,北京:清华大学出版社,2004年,第58—59页。

③ 张默生:《老子章句新释》,上海:东方书社,1948年,第12页。

产生的第三者。正是有了虚灵之气在万物之中的调和，万物才能成为万物。①在张默生看来，这就是老子所说的"道生一，一生二，二生三，三生万物。万物负阴而抱阳，冲气以为和"的意思。张默生对老子"心使气曰强"的解释也与众不同。他认为老子的"道"是"以柔为强"的，而"心使气"是自己觉得气力不足，专凭有心去强为，勉强撑持，是外强中干，与道相反，便是"物"了。"物"则是由"壮"到"老"，由"老"到"死"，便是老子说的"物壮则老，谓之不道，不道早已"。②

陈鼓应在《老子今注今译》中认为，老子宇宙生成论所说的"一""二""三"是指"道"创生万物时的活动历程。③他认为，老子所说的赤子"精之至""和之至"（五十五章）与人的精神、心灵状态紧密相关。"精之至"是形容精神充实饱满的状态，"和之至"是形容心灵凝聚和谐的状态。④在修养工夫方面，陈鼓应指出，"专气致柔"是集气到最柔和的境地，"气柔"是心境极其静定的一种状态。⑤他进一步论述了《老子》中修身与治国的关系。陈鼓应认为，老子所讲的修身工夫和瑜伽术不同，瑜伽的目的在于超脱自我和外在环境，而老子重在修身，是要在修身之后推其余绪而爱民治国。⑥陈鼓应对老子思想中心气的修养论与治国之间关系的阐释，给老子气论的研究以重要启示。

安乐哲、郝大维在《道不远人：比较哲学视域中的〈老子〉》中对《道德经》的主要术语做简要说明时提到了"气"。他们说："'气'必须区分于任何'有活力的气'或'基本物质'，因为它是不可以进行任何精神、物质二元对立分解的。'气'既是生命力量又是生命力所赋予的。没有什么被赋予生命力的'物体'，只有生命力场和它的集中体现。转化的力量储存于这个世界自身，庄子那个永远的'物化'是对它的表达。'宇宙变化是一个焦点—场域的

---

① 张默生：《老子章句新释》，上海：东方书社，1948年，第56—57页。
② 张默生：《老子章句新释》，上海：东方书社，1948年，第72—73页。
③ 陈鼓应：《老子今注今译》，北京：商务印书馆，2003年，第237页。
④ 陈鼓应：《老子今注今译》，北京：商务印书馆，2003年，第276页。
⑤⑥ 陈鼓应：《老子今注今译》，北京：商务印书馆，2003年，第113页。

过程'是作为某种常识潜存于《道德经》以及其他早期著作中的。"① 他们明确反对把气作为物质来理解,认为气是超越精神和物质二元对立的,是一种生命力场。

关于老子气论的研究论文,代表性的如萧兵的《道家哲学的原子论——兼论〈老子〉的气、精、信》,认为老子的"气""精""信"概念是一种特殊的原子论。② 周锡山的《论老子之"道"之为气》,指出老子所说的"道"作为"无"形的"气",带有物质性。③ 徐水生的《中国传统文化中的瑰宝——先秦朴素系统观初探》指出,平衡是整体存在的前提。事物内部相互调剂的"和"是先秦诸子追求平衡的一种重要方法。《老子》四十二章"万物负阴而抱阳,冲气以为和"的论述把"和"的作用提到了世界观的高度,认为事物都需要这种"和"来达到平衡。④ 还有结合其他思想或实践,探讨老子气论影响的论文。如史向前的《老子气论及其对〈内经〉医学的影响》⑤、张荣明的《道家老子和古代气功》⑥、史哲文的《勾鉴体用,气贯道儒——论〈老子〉气论与张载气学关系》⑦、张兴发的《从"专气致柔"看老子的养生思想》⑧、牟玉梅和吴晓红的《论太极拳"静"、"气"、"德"思想的历史渊源——关于老子养生观对太极拳健身思想的影响》⑨、陈海红的《老子的"冲气以为和"理

---

① 〔美〕安乐哲,郝大维:《道不远人:比较哲学视域中的〈老子〉》,何金俐译,北京:学苑出版社,2004年,第73页。

② 萧兵:《道家哲学的原子论——兼论〈老子〉的气、精、信》,《淮阴师专学报》1997年第2期。

③ 周锡山:《论老子之"道"之为气》,《阜阳师院学报》1993年第1期。

④ 徐水生:《中国传统文化中的瑰宝——先秦朴素系统观初探》,《武汉大学学报(社会科学版)》1990年第3期。

⑤ 史向前:《老子气论及其对〈内经〉医学的影响》,《锦州医学院学报(社会科学版)》2004年第4期。

⑥ 张荣明:《道家老子和古代气功》,《体育文史》1986年第3期。

⑦ 史哲文:《勾鉴体用,气贯道儒——论〈老子〉气论与张载气学关系》,《重庆交通大学学报(社会科学版)》2013年第4期。

⑧ 张兴发:《从"专气致柔"看老子的养生思想》,《中国道教》2007年第5期。

⑨ 牟玉梅,吴晓红:《论太极拳"静"、"气"、"德"思想的历史渊源——关于老子养生观对太极拳健身思想的影响》,《南京体育学院学报(社会科学版)》2007年第1期。

论与家庭和谐》①等。

2. 关于《庄子》的注疏及论著中涉及气论的内容

郭象力图用庄子的气论思想解释自己的"独化"论。他在注《庄子·知北游》中"有先天地生者物邪？物物者非物。物出不得先物也，尤其有物也。尤其有物也，无已"一句时说："谁得先物者乎哉？吾以阴阳为先物，而阴阳者即所谓物耳。谁又先阴阳者乎？吾以自然为先之，而自然即物之自尔耳。吾以至道为先之矣，而至道者乃至无也。既以无矣，又奚为先？然则先物者谁乎哉？而犹有物，无已，明物之自然，非有使然也。"②对《人间世》里"气也者，虚而待物者也"一句，郭象注曰："遣耳目，去心意，而符气性之自得，此虚以待物者也。"③认为经过"遣耳目，去心意"后，"气"便可自得，郭象对于庄子气论本身则着墨不多。

成玄英用融会佛学思想的方法解释庄子的气论思想。庄子在《知北游》里曰："人之生，气之聚也。聚则为生，散则为死。若死生为徒，吾又何患！"成玄英疏之曰："夫气聚为生，气散为死，聚散虽异，为气则同。今斯则死生聚散，可为徒伴，既无其别，有何忧色！"④对《人间世》里"气也者，虚而待物者也"一句，成玄英疏之曰："如气柔弱虚空，其心寂泊忘怀，方能应物。"⑤对《应帝王》里"汝游心于淡，合气于漠"疏之曰："可游汝心神于恬淡之域，合汝形气于寂寞之乡，唯形与神，二皆虚静。如是，则天下不待治而自化者耳。"⑥对《达生》里"是纯气之守也，非智巧果敢之列"，则疏之曰："夫不为外物侵伤者，乃是保守纯和之气，养于恬淡之心而致之也，非关运役心智，分别巧诈，勇决果敢而得之。"⑦成玄英对庄子气论的解释带有佛学的色彩。成玄英的《庄子疏》在继承郭象"独化论"的基础上又融会

---

① 陈海红：《老子的"冲气以为和"理论与家庭和谐》，《十堰职业技术学院学报》2008年第1期。

② （清）郭庆藩：《庄子集释》，北京：中华书局，2012年，第759页。

③⑤（清）郭庆藩：《庄子集释》，北京：中华书局，2012年，第153页。

④ （清）郭庆藩：《庄子集释》，北京：中华书局，2012年，第730页。

⑥ （清）郭庆藩：《庄子集释》，北京：中华书局，2012年，第301页。

⑦ （清）郭庆藩：《庄子集释》，北京：中华书局，2012年，第633页。

了佛教"诸法皆空"的思想,认为运用佛教中观派的方法,"遣之又遣",否定之否定以达到"空寂"的状态,便可消除人们对是非对错的迷执。郭象、成玄英注疏《庄子》都是借以发挥己意,发挥玄学。相比郭象,成玄英"称意而谈",作了不少"征实",包括文字、地理、史事、佛老之言等的疏证。①

崔大华认为:"庄子的自然哲学思想主要是由构成万物基始的'气'、万物生成和存在形式的'化',以及宇宙根源的'道'三个范畴组成。"②并进一步认为:"在庄子的自然观中,'气'是弥漫宇宙的普遍的存在,它的特质在于它的本质是'虚无',然而却能显现在具体事物的存在状态中。"③崔先生从阴和阳两种属性的角度来把握庄子气的性质;从处于张力中的阴和阳的互相运动和作用,论述庄子万物生成的观点;从"通天下一气耳"(《知北游》)的角度指出庄子哲学处理世界统一性的努力。

陈鼓应解释《人间世》里"心斋"之"听之以气"时说:"在这里'气'当指心灵活动到达极纯精的境地。换言之,'气'即是高度修养境界的空灵明觉之心。所以说:'气也者,虚而待物者也。''虚而待物者'显然是指'心'而言。"④随后他在《哲学研究》上发文探讨庄子的心学时对他在《庄子今注今译》中关于庄子"心斋"之气的观点有所调整与补充。他说:"所谓'无听之以耳而听之以心',乃是由'耳'的感官知觉提升到更具主宰地位的'心'来领会;接着说'无听之以心而听之以气',则是进一步由个体生命最具主导功能的'心'提升到作为万物生命根源的'气'来引导。"⑤

杨国荣在《庄子的思想世界》中注意到了庄子之"气"的重要作用。他说:"对庄子而言,'气'既以'虚'为其特点,也以超越界限的方式沟通、

---

① 熊铁基主编;刘固盛,肖海燕,熊铁基著:《中国庄学史》(上),北京:人民出版社,2013年,第234页。
② 崔大华:《庄学研究——中国哲学一个观念渊源的历史考察》,北京:人民出版社,1992年,第105页。
③ 崔大华:《庄学研究——中国哲学一个观念渊源的历史考察》,北京:人民出版社,1992年,第106页。
④ 陈鼓应:《庄子今注今译》,北京:商务印书馆,2007年,第140页。
⑤ 陈鼓应:《〈庄子〉内篇的心学(下)——开放的心灵与审美的心境》,《哲学研究》2009年第3期。这篇文章的上篇请参看《哲学研究》2009年第2期。

连接存在形态以及把握存在的方式；惟其'虚'，故在本体论及方法论上都不限定于某一方面，而能展现普遍的涵盖性。也正是在相近的意义上，庄子将养气与'通乎物之所造'联系起来：'壹其性，养其气，合其德，以通乎物之所造。'(《达生》)"① 作者论述了庄子之"气"所呈现的"虚"的特点，并在此基础上解释了庄子之"气"的普遍涵盖性。庄子之"气"在杨国荣看来还具有沟通存在的重要功能。杨国荣的相关论述给庄子气论研究提供了重要线索。

池田知久的《道家思想的新研究：以〈庄子〉为中心》讨论了老子、庄子等研究中多个方面的问题。全书中，作者对庄子气论主要用了两小节的内容来讨论。一方面，讨论了庄子之"气"对养生的重要作用，另一方面，主要依据《庄子》中有关"气"的论述，认为道家的"气"是"物化"、转生的根据。他说："'物化'与转生，就是通过'阴阳'二气的汇集而某'物'出生，通过这个'气'的分散而某'物'死去；但是，构成某'物'的'气'并不是就那样地消灭了，而是再次汇集到其他的（一处或两处以上的）场所变成其他的（一个或两个以上的）'物'而转生。"② 池田知久不同意转生、轮回的思想是伴随着佛教从印度传入中国的外来思想的通常说法。他特别强调，转生、轮回的思想在佛教传入之前就已经存在于中国的固有传统文化当中，尤其是在道家思想当中了。③ 池田知久的有关论述为庄子气论研究提供了新的视角。

受西方中心主义的影响，西方学界长期以来并没有将中国传统思想用哲学的眼光来看待。英国学者葛瑞汉（A. C. Graham）是较早质疑西方这种偏见的汉学家和哲学家。他的《论道者：中国古代哲学论辩》(*Disputers of the Tao: Philosophical Argument in Ancient China*)正是通过中西对比的方法彰显中国传统思想哲学价值的力作。在该书中，他引用《庄子·则阳》中的"是

---

① 杨国荣：《庄子的思想世界》，上海：华东师范大学出版社，2009年，第130页。
② 〔日〕池田知久：《道家思想的新研究：以〈庄子〉为中心》，王启发，曹峰译，郑州：中州古籍出版社，2009年，第275页。
③ 〔日〕池田知久：《道家思想的新研究：以〈庄子〉为中心》，王启发，曹峰译，郑州：中州古籍出版社，2009年，第277页。

故天地者，形之大者也；阴阳者，气之大者也"，指出："也许在公元前3世纪后期或前2世纪，'阴'与'阳'已经体现为两种基本的'气'。"① 他在本书中主要把气分为阴阳二气，来探讨中国的宇宙论思想。对于庄子的气，他并没有过多讨论。美国学者史华兹（Benjamin I. Schwartz）认为庄子的"气"具有神秘主义的特征。在《古代中国的思想世界》（The World of Thought in Ancient China）中，他认为庄子所说的"气"是："形而上的、神秘的存在，可以把多样性、决定性、非连续性和'无'的世界连接起来。"② 他其实说的是"气"的沉思状态。他后来在讨论"气"与技术时，实际上还是在"气"的"沉思"状态中来谈论技术的精湛。作者随后提到了庄子的气化自然观，但并没有进一步展开。西方学界很多学者由于长期将中国的气论思想视为"神秘主义"的思维方式，对中国"气"的思想的研究在西方受到的关注并不多。

当代研究庄子气论的专著目前可见的有郑世根的《庄子气化论》、陈静美的《庄子"气"概念思维》以及娄世丽的《庄子气论探微》。

韩国学者郑世根的《庄子气化论》是较早以庄子气论为研究对象的专著。他主要从气化本体论、气化宇宙论、气化人生论、气化对象论、气化修养论、气化审美论的角度来分门别类地论述庄子的气论思想。他在气化本体论中认为庄子的"气"类似于西方的"实体"。郑世根对庄子哲学中的"主体"进行了细致的分析，认为可以分为两类：一类是普通的自我，即没有经过"气化"意义的自我；另一种是真正的自我，即与"物"之"气"无隔，也就是统一的自我。他认为，庄子在《齐物论》中所说的"吾丧我"，"我"指的是普通的自我，"吾"是指真正的自我，"吾丧我"意味着放弃"幻我"复归"真我"。"幻我"是还没有经过"气化"意义的自我，"真我"是与物之气无隔的自我。这样，气就成了判别两个主体的关键，气同时是两个主体的"主体"。真正的主体最后便是庄子所说的气。庄子所说的对象并不是表面孤立的物象，而是

---

① A. C. Graham, *Disputers of the Tao: Philosophical Argument in Ancient China*, La Salle, Illinois: Open Court Publishing Company, 1989, p.328.

② Benjamin I. Schwartz, *The World of Thought in Ancient China*, Belknap: The Belknap Press of Harvard University, 1985, p.218.

能够跟着气的主体变化的对象，这也是庄子所说的"物化"的意思。作者又否认把"物化"和"气化"等同起来，因为"气化"是万物共通的根源，"物化"为物与物之间的沟通，所有万物因为一气可由此物到彼物之间转化。他坚定地认为庄子是肯定"主体"的，他在这里所说的"主体"应该就是"气化的流行"。说"主体是气"时其实是在说，主体已经参与到气化的流行之中去了。

陈静美在《庄子"气"概念思维》里详细梳理了《庄子》内外篇有关"气"的论述。分析《庄子》内篇"气"概念的含义时，作者注重从"自然现象之'气'""生命形躯之'气'""功夫修养之'气'"三个方面进行论述。作者接着又从修养工夫论的境界层面分析了内篇"心斋""坐忘"等概念。陈静美在讨论外、杂篇"气"概念的意涵时，除了从分析内篇"气"概念的三个方面入手外，还从"哲学意涵之'气'"方面探讨了《庄子》文本的"通天下一气"（《知北游》）、"本无气"（《至乐》）、"阴阳者，气之大者也"（《则阳》）、"受气于阴阳"（《秋水》）等命题。作者还分析了《庄子》的气化宇宙生成论与庄学的生死观。比较了《庄子》内篇与外、杂篇气论的异同后，作者指出了《庄子》"气"概念之深刻意涵，乃为挺立人的生命主体，使之不再向外流落，并且，消解生命的有限与存在的困顿，使失丧的心灵可以重获安顿。

娄世丽的《庄子气论探微》梳理了庄子以前的"气"概念，说明了"气"的重要性。作者对"气"的性质的认识和一些学者相同，即认为"气"是一种具有物质性的东西，而庄子之所以提出"气"，是纯粹为了理论架构上的需要，是为了解决从"道"之"无"到万物之"有"的过渡。作者还总结了《庄子》"气"的另外一些重要特性，如"虚而能容""和而能生""精纯而能化""聚散而能动"等。而"道"与"气"在表象上，同样具有"气"的四大特质。不过，每一特质都是同中有异，而其"异"又都指向一为"体"一为"用"。作者认为，庄子的"道"和"气"是不同的，"道"是"体"，"气"是"用"，"道"和"气"是体用关系。本书随后从人的"形""神""心"（及"志"）的角度，探讨了"气"与万物的生成。

关于庄子气论的研究论文，比较有代表性的有杨儒宾、赖锡三、钟振宇、陈永杰、王洪泉、王赠怡、吴根友和丁四新等学者的研究成果。

杨儒宾在《游之主体》中认为，真正的主体是与世共在的心气连绵状态。他分析了庄子的"心学"和"气学"，认为都有道理。作者虽然主张庄子心学与气学的整合，当他最终说庄子的主体是气化主体时，可以看出作者是明显站在庄子气学的立场上整合心学的。作者将庄子的"技"把握为技艺，并通过庄子之"气"来进一步讨论技艺运用的娴熟自如程度。

赖锡三在《〈庄子〉身体观的三维辩证：符号解构、技艺融入、气化交换》一文中全面探讨了庄子的身体观。他认为，道家文献确实也再三出现对气化之身的描述和赞颂，但道家尤其是庄子并不渴望一直处在这种"去人间化"的"独"境之中。《庄子》式的真人其实是要打破冥契之境与人间之境的二元对立，圆通无碍地在人世间活出逍遥，而非舍弃世间而逍遥。这样，气化之身与符号之身（人处在社会网络等现实规范中的身体）就统合起来。作者认为，这是《庄子》身体观最后采取的姿态。而统合气化之身与符号之身的就是庄子笔下游刃有余的技艺（如庖丁解牛的高超技艺）。庄子所说的技艺在赖锡三看来就是在社会网络、文化符号等规范中不断复活流动之身的一种能力。于是，《庄子》的身体观便呈现为符号解构、技艺融入和气化交换三维辩证的圆境。

钟振宇发表的《庄子的气化现象学》一文从海德格尔、芬格等的现象学方法、身体观念出发来讨论庄子气论的身体观念。他在文中用"气身"来解释道家以及庄子的身体观念，认为比较高级的气身是精身、气身、神身（虚气），并一再强调气身的流动性，认为道家的身体是"气"的身体、流动感通万物的身体。作者提出"气身"的概念是为了打通形上和形下，主体和客体。庄子的"气化现象学"的提法重在建构某种与西方传统现象学有联系并又明显不同的现象学。

陈永杰认为："'气'是一种弥漫于宇宙的普遍存在……'气'是构成宇宙万物的始基，是自然万物产生和形成的开始。"[1] 王洪泉和王赠怡认为，庄子的"气"是"道"化生天地万物的根本介质[2]，事物的生死消长表现为"气"

---

[1] 陈永杰：《〈庄子〉之"气"辩》，《江南大学学报（人文社会科学版）》2005年第2期。
[2] 王洪泉，王赠怡：《庄子论"气"》，《中华文化论坛》2014年第4期。

之聚散动变,"气"又需要清静涵养。①

吴根友指出:"以气论为核心的整体的、功能性的、动态的思维方式,将宇宙看作是一个生命的动态的存在样态,在原则上仍然是正确的。"②吴根友又注重从生命哲学本身来探讨老庄的气论。他认为:"从'法自然'的生命观,到'气之聚散'的生死观,是老庄生命哲学命题的内在必然。"③他进一步指出:"道家,只有道家,才在整个生命哲学命题里,奠定了走向人体科学的思维路线。"④"'养生'在老庄思想里,绝对不是吃山珍海味,而是要顺应自然社会的法则,做到养气和养神,神气兼备是最高境界。"⑤

丁四新认为,"或"在《亘先》简文中是介于"无"和"有""虚"和"气"之间的一个重要哲学概念。⑥他进一步指出:"《亘先》言'有'谈'无',与庄子及其后学的思想非常近似……而当属于老庄一系的作品,其制作时间大概位于庄子及其后学之间。"⑦再有就是对《庄子》文本中"气"及气化词的梳理⑧,以及对《庄子》之"气"英译的梳理⑨等。

这些学者的研究,或为庄子以及道家气论的研究开拓了新领域,给人以诸多启迪,或立足文本本身,从生命哲学、出土文献等方面进行探索,推动了庄子气论的研究。

3. 关于《管子》四篇的注疏及论著中涉及气论的内容

郭沫若认为,《管子》中的《心术》《内业》《白心》《枢言》是宋钘、尹文的遗著。他还指出,《心术》的上下两篇中,下篇是《内业》篇的副本⑩,

---

① 王洪泉,王赠怡:《庄子论"气"》,《中华文化论坛》2014年第4期。

② 吴根友:《从气论与原子论看中西哲学思维异同》,《中国社会科学报》2013年2月4日第A05版。

③④ 吴根友:《略论老庄的生命哲学》,《哲学研究》1990年第5期。

⑤ 吴根友:《养气,养心,以养生》,《南方周末》2011年12月22日第P02版。

⑥⑦ 丁四新:《有无之辨和气的思想——楚简〈亘先〉首章哲学释义》,《中国哲学史》2004年第3期。

⑧ 李生信:《〈庄子〉中的"气"及"气化词"的文化本源》,《宁夏社会科学》2008年第6期。

⑨ 李敏杰,朱薇:《庄子"气"辩及英译》,《青年文学家》2013年第35期。

⑩ 郭沫若:《青铜时代》,北京:科学出版社,1957年,第250、251页。

宋钘这一派是战国时道家学派的前驱。① 郭沫若在《十批判书》里认为，《管子·内业》中："灵气在心，一来一逝，其细无内，其大无外。"其中"灵气"就是孟子的"浩然之气"。"所谓灵气，在我看来，毫无疑问便是孟子的'浩然之气'。《内业》篇也正说：'精存自生，其外安荣，内藏以为泉原。浩然和平，以为气渊。'孟子显然是揣摩过《心术》《内业》《白心》这几篇重要作品的。"② "灵气""浩然和平"之"气"，这些《管子》里的说法和孟子的"浩然之气"都是在讲人的认知与心性的修养。郭沫若是从二者的立意的相似之上来进行比较的。

张舜徽的《周秦道论发微》中专辟有《管子四篇疏证》一章，对《管子》中的《心术上》《心术下》《白心》《内业》依次结合前人注解进行了论说。《内业》开篇曰："凡物之精，此则为生，下生五谷，上为列星，流于天地之间，谓之鬼神。藏于胸中，谓之圣人。"张舜徽认为，《内业》整篇目的在于阐明君道，而首先说到"气"，如尹知章所云"气乃道之用，尤宜重之"。③ 他又认为"道"无定居，而人对"气"的修养就是使"道"得以安处，在于求诸于己，如《礼记·中庸》所说"道不远人，人之为道而远人，不可以为道"，以及"道也者，不可须臾离也，可离非道"④。人君若能心清气和，志意端静，则万民得治。

黎翔凤的《管子校注》对《管子》一书进行了系统的注解。在涉及《管子》四篇的气论内容时，虽然语句简练，但其中也透露出作者对《管子》气论的精辟理解。比如在注解《心术上》的"世人之所职者精也"一句时，他简明扼要地说道："职，主也。言所禀而生者精也。"⑤ 指出"精"是人生命的根本依赖。作者还特别留意"静"与"气"之间的关系。《心术下》曰"人能正静者，筋肕而骨强"，黎翔凤注曰："能静则和气全，故筋骨肕强也。"⑥

---

① 郭沫若：《青铜时代》，北京：科学出版社，1957年，第269页。
② 郭沫若：《十批判书》，北京：东方出版社，1996年，第166页。
③ 张舜徽：《周秦道论发微》，北京：中华书局，1982年，第279页。
④ 张舜徽：《周秦道论发微》，北京：中华书局，1982年，第282页。
⑤ 黎翔凤：《管子校注》，北京：中华书局，2004年，第767页。
⑥ 黎翔凤：《管子校注》，北京：中华书局，2004年，第783页。

释《内业》"心静气理，道乃可止"，则曰："若静心，则气自条理，故道来止也。"① 可见，黎翔凤认为，通过心性修养达到"静"，则人的"气"能"和"，而且会使身体达到最佳状态。遵循文本，是黎翔凤注解《管子》的一个特色。

陈鼓应《〈管子〉四篇诠释——稷下道家代表作解析》是《管子》四篇研究的一部力作，此书就《管子》四篇的心学和气论进行了研究。陈鼓应认为"心"和"气"是相互依存的关系。"修治心才能收聚气，而气的收聚又能反作用于心，使心能生出智慧并认识把握宇宙万物。"② 心意专一且抟聚精气，人的主体精神则内明达而不驰于外。这样，人既能明见事物的真相，又能依顺外物情态因应而为。不为物所扰，又得以如实处物，人实为外物之主，这也就是"君万物"的意思。陈鼓应接着又联系《管子》四篇的整体旨归，说道："心意专一而聚气之能使物，落实至政治层面来看，圣人正是以此而得天下治，此亦'心治是国治'意旨所在。"③ 陈鼓应将《管子》四篇中稷下道家气论与心学思想结合起来分析，并对二者的相互依存关系进行说明，无论对认识《管子》四篇的心学还是气论，都提供了重要的视角。

张连伟的《〈管子〉哲学思想研究》分别对《管子》中的道论、天人观、阴阳五行思想、气论、德治思想、礼与法义以及《管子》四篇的相关问题等进行了研究。该书从"气"与政治、"气"与精神、"气"与修养三个方面论述了《管子》中的气论。作者分析了《管子》中的四时政教中的禁忌，认为这可能是由阴阳五行的原理而来。④ 他在分析"气"与精神的关系时认为，在春秋战国时期，人们已经把神灵、魂魄等看作气化流行和转变的结果。⑤ 探讨"气"与修养的关系时，张连伟认为："《管子》以气论为基础的内在修养，就是追求'长年'、'长心'、'长德'，这可以说是《管子》成圣内在修养

---

① 黎翔凤：《管子校注》，北京：中华书局，2004年，第935页。
② 陈鼓应：《〈管子〉四篇诠释——稷下道家代表作解析》，北京：商务印书馆，2006年，第46页。
③ 陈鼓应：《〈管子〉四篇诠释——稷下道家代表作解析》，北京：商务印书馆，2006年，第176页。
④ 张连伟：《〈管子〉哲学思想研究》，成都：巴蜀书社，2008年，第104、109页。
⑤ 张连伟：《〈管子〉哲学思想研究》，成都：巴蜀书社，2008年，第110页。

的纲目。"① 张连伟在分析《管子》四篇时,主要围绕着《管子》四篇问题的由来、《管子》四篇之间的关系、《管子》四篇的作者、《管子》四篇与黄老之学的联系展开。在讨论《管子》四篇"道""气"关系时,他认为把《管子·内业》等篇的"道"等同于"气"或"精气"的观点是不能成立的。②

刘智妙的《〈管子〉四篇"精气论"研究》是研究《管子》四篇气论的专著。该书在第四章"'精气论'的义理架构"和第五章"'精气论'的实践与发用"两章中集中讨论了《管子》四篇的气论。他在第四章对《管子》四篇的"精""气""神"概念分别进行了辨析。刘智妙不同意陈鼓应"'精气'与'道'是异文同义"③的观点。他认为,在涉及"道"的运动与华育万物的作用时,"精气"能够代表"道"之"有",这个时候"道"和"精气"是同义的。不过,"精"或"精气"的内涵并不具备"道""抽象邈远"的"无"的一面,而是"有"。"精气"虽源于"道",却不全然是"道"的同义词,不能将"精气"与"道"完全等同起来。刘智妙在第五章讨论"精气论"的实践与发用时认为,《管子》四篇提出"精气论"的圣人境界,是以心性修养为基础,以道家的"无为而治"为终极目标。该书还考察了"稷下学宫""稷下道家""黄老之学"等提法,探讨了"《管子》的著作背景"、"'气论'的思想渊源"、《管子》四篇之"道"与"德"、孟子与庄子的气论,以及《管子》四篇"精气论"与《荀子》《淮南子》的关系等论题。刘智妙此书是研究《管子》四篇气论的重要参考。

相关研究论文则从不同方面展开对《管子》四篇气论的研究。主要有从道气关系方面进行的探讨,如李景林的《论〈管子〉四篇的"道—气"一元论》④、刘青泉的《〈管子〉道气学说精蕴及其现代科学验证》⑤、田探的

---

① 张连伟:《〈管子〉哲学思想研究》,成都:巴蜀书社,2008年,第117页。
② 张连伟:《〈管子〉哲学思想研究》,成都:巴蜀书社,2008年,第226页。
③ 陈鼓应:《〈管子〉四篇诠释——稷下道家代表作解析》,北京:商务印书馆,2006年,第51页。
④ 李景林:《论〈管子〉四篇的"道—气"一元论》,《管子学刊》1989年第4期。
⑤ 刘青泉:《〈管子〉道气学说精蕴及其现代科学验证》,《管子学刊》1995年第2期。

《〈管子〉四篇的道气关系与"气道乃生"命题的哲学意蕴》①；从"心""气"关系方面进行的讨论，刘长林和胡奂湘的《〈管子〉心学与气概念》②、刘长林的《〈管子〉四篇对气的研究》③、郭梨华的《道家思想展开中的关键环节——〈管子〉"心—气"哲学探究》④；关注《管子》四篇影响及其学科交叉研究，如杨硌堂的《从〈管子〉心、气、水、时论看文人画之特质》⑤、宋亦春的《〈管子〉四篇"气"论的体育学信息》⑥等。

4.关于《鹖冠子》注疏及论著中涉及气论的内容

由于长期受"伪书"论影响，有关《鹖冠子》的研究较少，对《鹖冠子》气论的探讨也相对较少。

陆佃的《鹖冠子解》作于宋徽宗年间，乃《鹖冠子》的最早注本。陆佃对《鹖冠子》中的气论较为留意，他认为"气"来源于"一"，在注解《鹖冠子·环流》篇"有一而有气"时曰："一者，元气之始。"⑦而关于"气"与"意"的关系，陆佃则认为是"气"在"意"先。"有一而有气"（《鹖冠子·环流》）之后紧跟着又说"有气而有意"，陆佃注曰："意者，冲气所生。"⑧这里的"冲气"显然是受老子"冲气以为和"的影响。陆佃认为"元气"乃是"太虚"。《鹖冠子·泰录》曰："故天地成于元气，万物乘于天地"，陆佃注曰："或无'元'字。元气，太虚也。太虚含天地，天地含万物，故其言如此。"⑨陆佃同时也用老子"专气致柔"的方法来解释《鹖冠子》中的养"气"之法。他在注"制者所以卫精摧神致气也"时曰："精欲塞，神欲养，气欲专，故其

---

① 田探：《〈管子〉四篇的道气关系与"气道乃生"命题的哲学意蕴》，《江汉论坛》2013年第5期。

② 刘长林，胡奂湘：《〈管子〉心学与气概念》，《管子学刊》1993年第4期。

③ 刘长林：《〈管子〉四篇对气的研究》，《中国气功科学》1998年第2期。

④ 郭梨华：《道家思想展开中的关键环节——〈管子〉"心—气"哲学探究》，《文史哲》2008年第5期。

⑤ 杨硌堂：《从〈管子〉心、气、水、时论看文人画之特质》，《管子学刊》2004年第3期。

⑥ 宋亦春：《〈管子〉四篇"气"论的体育学信息》，《管子学刊》2013年第2期。

⑦⑧ 黄怀信：《鹖冠子校注》，北京：中华书局，2014年，第65页。

⑨ 黄怀信：《鹖冠子校注》，北京：中华书局，2014年，第244页。

辞如此。"①陆佃的《鹖冠子解》筚路蓝缕，影响较大。他对《鹖冠子》气论语句的注解虽然每次词句不多，但在一定程度上影响了后世对《鹖冠子》气学思想的理解。

吴光的《黄老之学通论》一书在论述了道家学派的形成、老子与老学、早期道家的老庄学派、稷下道家学派后，主要探讨了黄老之学的形成、秦汉之际的黄老之学、汉初的黄老之学等内容。他用了一节的篇幅讨论《鹖冠子》一书。他认为《鹖冠子》为伪书的理由不能成立，主张《鹖冠子》为战国末期至秦楚之际的真书。②吴光指出，作为道家黄老学派的著作，《鹖冠子》对古代哲学的贡献主要是它改造了老子哲学的"道"论，在中国哲学史上第一次明确提出了"元气"理论。③他认为，《鹖冠子》中的"气"，已经不只是某种具体的物质存在，而是对一切具体物质存在的哲学概括。不过，《鹖冠子》不像先秦其他道家著作仅停留在对"气"或"精气"的一般哲学概括上，其"元气"论的提出是前进了一大步。④

丁原明的《黄老学论纲》中用了一节的内容论述《鹖冠子》的思想，其中探讨了《鹖冠子》的"道""气"论。作者认为，《鹖冠子》和其他黄老著作一样，同样把"道"作为最高的哲学范畴，赋予"道"以宇宙究竟义，是自然观上的道一元论，这与老子对"道"的界说并无二致。不过，丁原明认为，《鹖冠子》中较多地使用了"气"的概念，"气"在《鹖冠子》中成了万物的始基。那么，《鹖冠子》中"道"和"气"哪个更为根本呢？作者分析了《鹖冠子·环流》中"有一而有气，有气而有意，有意而有图，有图而有名，有名而有形……万物相加而为胜败，莫不发于气，通于道"这段话后认为，这里的"一"便是空虚而无形的"道"，乃宇宙的终极存在。而"气"则是联结这个终极存在与万物的"中介"，是构成天地万物的质料。在《鹖冠子》里，作为宇宙本体的"道"与构成这种本体的质料是分离的。这种宇宙观念来自

---

① 黄怀信：《鹖冠子校注》，北京：中华书局，2014年，第250页。
② 吴光：《黄老之学通论》，杭州：浙江人民出版社，1985年，第154、157页。
③ 吴光：《黄老之学通论》，杭州：浙江人民出版社，1985年，第158页。
④ 吴光：《黄老之学通论》，杭州：浙江人民出版社，1985年，第160页。

南方道家系统。①他还指出了《鹖冠子》对阴阳五行思想的吸收，认为这体现了黄老思想接纳百家的特征。该书还讨论了《管子》四篇的思想，认为这《四篇》是稷下黄老学的代表作，《管子》四篇将"道""气"作了沟通，实现了"道""气"合一，突破了老子所谓"常道"难以捉摸的绝对理念。②

黄怀信的《鹖冠子校注》一书在原《汇校集注》的基础上增加了后人注解《鹖冠子》的序言、评论等，内容更加翔实。本书所引用的数家《鹖冠子》注文，均来自黄怀信的《鹖冠子校注》。他对于《鹖冠子》气论的解释，也有博采众长的风格。如《鹖冠子·环流》篇曰"有一而有气"，陆佃的解释"一者，元气之始"，似乎过于简洁。张金城曰："《列子·天瑞》曰'一者，形变之始。'《管子·兵法》篇'明一者'注：'一者，气质未分，至一者也。'气，谓阴阳二气。《周易·系辞上》：'易有太极，是生两仪。'其义相近。"黄怀信则进一步指出："一，万物之所始生也。后文曰：'空之谓一。'是'一'即老子之'无'。气，下文曰：'立之谓气。'立，生也、有也。是'气'即始有，在人即为元气。无生有，故曰有一而有气。"③黄怀信对《鹖冠子》气论的理解在结合诸家注解的基础上，联系原典上下文，然后给出己意。这对于我们联系比较古今学者的注文很有帮助。

孙福喜的《〈鹖冠子〉研究》是国内较早对《鹖冠子》一书进行系统研究的专著。该书对《鹖冠子》的历代著录与传本情况，历代学者对《鹖冠子》的征引、述评与研究，历代学者对《鹖冠子》的注解，外国学者对《鹖冠子》的研究，《鹖冠子》的著者与成书年代，《鹖冠子》与帛书《黄帝四经》比较研究，《鹖冠子》的天学研究，《鹖冠子》的宇宙观等进行了论述。他在最后一章讨论《鹖冠子》的宇宙观时对《鹖冠子》的气论在宇宙论方面的意义进行了探讨。作者认为，传统的观点认为："元气"是宇宙的本原的观点最早出现于汉代的《淮南子》或《论衡》。其实，这一观点早在战国末期的《鹖冠子》中就有了较为详细的记载。④孙福喜指出，在《鹖冠子》中，万物是"气"

---

① 丁原明：《黄老学论纲》，济南：山东大学出版社，1997年，第120页。
② 丁原明：《黄老学论纲》，济南：山东大学出版社，1997年，第143页。
③ 黄怀信：《鹖冠子校注》，北京：中华书局，2014年，第65页。
④ 孙福喜：《〈鹖冠子〉研究》，西安：陕西人民出版社，2002年，第311页。

在不同运动状态下的具体体现形式,"气"是万物的本原。①

林冬子的《〈鹖冠子〉研究》一书主要围绕《鹖冠子》中的道论、气论、"天"观念、王道与政治体系架设、选贤观、用兵观展开论述。作者认为,宇宙万物的生成模式最终是要落实到个人的精神修养上,人与"道""气"相贯通,这是《鹖冠子》整体道论的宗旨所在。②林冬子着重讨论了《鹖冠子》的"元气"论。他对《鹖冠子》中有无成形的"元气"论表示怀疑。理由是,尽管《鹖冠子》有的版本中确实有"天地成于元气"的记载,但是在《永乐大典》所收的《鹖冠子·泰录》中却没有"元气"一词。另外,在他看来,《鹖冠子》中"天"比"道"更有影响力,更接近本体的概念,《鹖冠子》中如果有"元气"论(因为"元气"又是一个接近本体的概念),难免和"天"的概念在作用上陷入"孰轻孰重的混乱"。③林冬子随后还讨论了《鹖冠子》中"气"与相关概念之间的关系。他指出,在《鹖冠子》中,"气"经常与"阴阳"连用。"阴""阳"的调和本身便表现为"气","阴"与"阳"本身就是属性不同的"气"。④林冬子对《鹖冠子》气论的讨论,在一些方面没有充分展开,不过,他的《〈鹖冠子〉研究》的出版,无疑推进了对于《鹖冠子》的整体研究。

关于《鹖冠子》的研究论文,较多围绕鹖冠子其人、其书以及《鹖冠子》的著作时代等展开,如黄怀信的《〈鹖冠子〉源流诸问题》⑤、谭家健的《〈鹖冠子〉试论》⑥、徐文武的《鹖冠子籍贯与生平事迹考略》⑦、杨兆贵的《鹖冠

---

① 孙福喜:《〈鹖冠子〉研究》,西安:陕西人民出版社,2002年,第313页。
② 林冬子:《〈鹖冠子〉研究》,银川:宁夏人民出版社,2016年,第110页。
③ 林冬子:《〈鹖冠子〉研究》,银川:宁夏人民出版社,2016年,第112页。
④ 林冬子:《〈鹖冠子〉研究》,银川:宁夏人民出版社,2016年,第113页。
⑤ 黄怀信:《〈鹖冠子〉源流诸问题》,《文献季刊》2001年第4期。
⑥ 谭家健:《〈鹖冠子〉试论》,《江汉论坛》1986年第2期。
⑦ 徐文武:《鹖冠子籍贯与生平事迹考略》,《南通大学学报(社会科学版)》2005年第2期。

子其人与其思想新探》①、孙以楷的《鹖冠子淮河西楚人考》②、潘俊杰的《〈鹖冠子〉为先秦杂家著作考》③等。其中，潘俊杰认为《鹖冠子》为先秦杂家，杨兆贵认为《鹖冠子》的成文年代上自战国晚期，下迄汉武初年，其内容属于黄老学的数量最多。大多数学者认为《鹖冠子》是一部先秦道家著作。李学勤的《马王堆帛书与〈鹖冠子〉》④和丁原明的《〈鹖冠子〉及其在战国黄老之学中的地位》⑤在主张《鹖冠子》并非伪书的同时，着重探讨了《鹖冠子》与黄老之学的联系。王小虎的《"有一而有气"：〈鹖冠子〉"元气"思想刍议》一文专门分析了《鹖冠子》的"元气"思想。他认为，《鹖冠子》作为先秦黄老学派的重要代表作，在很大程度上总结了先秦以黄老学派为首的主张"以气释道"的气论思想的研究成果，初步提出的"元气"为始的宇宙模型，对后世有着重要的影响。⑥另外，还有一些关于《鹖冠子》的研究综述等。⑦

5. 关于《吕氏春秋》注释及论著中涉及气论的内容

东汉高诱首先为《吕氏春秋》系统作注，为阅读、研究《吕氏春秋》奠定了基础，高诱的注文并没有对《吕氏春秋》中的气论思想作过多的解释。清毕沅的《吕氏春秋新校正》主要就原典中的字词进行了考证与辨析，没有太着意于《吕氏春秋》"气"的阐释。民国学者许维遹的《吕氏春秋集释》不仅对高诱、毕沅的注解进行详细分析和考辨，而且收集了近人诸多注本。许维遹也并没有过多关注《吕氏春秋》中"气"的思想。不过，以上学者对《吕

---

① 杨兆贵：《鹖冠子其人与其思想新探》，《管子学刊》2008年第3期。可同时参见杨兆贵《与葛瑞汉商榷〈鹖冠子〉书》，《陕西理工学院学报（社会科学版）》2015年第4期；杨兆贵《〈鹖冠子〉的理想政治论——五正论及其理论渊源》，《船山学刊》2007年第1期。

② 孙以楷：《鹖冠子淮河西楚人考》，《安徽大学学报（哲学社会科学版）》2001年第4期。

③ 潘俊杰：《〈鹖冠子〉为先秦杂家著作考》，《延安大学学报（社会科学版）》2007年第3期。

④ 李学勤：《马王堆帛书与〈鹖冠子〉》，《江汉考古》1983年第2期。

⑤ 丁原明：《〈鹖冠子〉及其在战国黄老之学中的地位》，《文史哲》1996年第2期。

⑥ 王小虎：《"有一而有气"：〈鹖冠子〉"元气"思想刍议》，《广西社会科学》2015年第3期。

⑦ 刘蕊：《〈鹖冠子〉研究概述》，《潍坊学院学报》2014年第4期；赵景飞：《〈鹖冠子〉研究述评》，《贵州师范学院学报》2015年第4期。

氏春秋》文本的注解、校正、集释则具有很大的参考价值。

陈奇猷 1984 年出版了《吕氏春秋校释》一书，之后在该书的基础之上经过修改、增补，于 2002 年完成了《吕氏春秋新校释》一书。陈奇猷认为，《吕氏春秋》虽是杂家，但主导思想是阴阳家之学。[①] 陈奇猷在注解原典的同时，较为留意《吕氏春秋》的"气"。《吕氏春秋·圜道》曰："精气一上一下，圜周复杂，无所稽留，故曰天道圜。"他认为，《圜道》乃阴阳家作品，此处所说的"精气一上一下"指的是阴气上升，阳气下降，即阴阳家所谓"阴阳消息"。精气一上一下，合而为万物，是阴阳消息于万物之中，万物又分为阴阳，阴又上，阳又下，故曰"圜周复杂，无所稽留"也。[②] 无论是否同意陈奇猷对《吕氏春秋》整书或篇章性质的界定以及解释，单就作者广集多家注解，并细致梳理原典，以此先后撰成两部校释来说，陈奇猷的著作具有重要的参考价值。

王利器的《吕氏春秋注疏》引用众多古籍，对高诱的注进行了详细的疏解。对《吕氏春秋》中有些地方的气论，结合其他典籍进行了说明。如《尽数》篇曰："精气之集也，必有入也。集于羽鸟与为飞扬，集于走兽与为流行，集于珠玉与为精朗，集于树木与为茂长，集于圣人与为夐明。"王利器举出韩非子《解老》篇，"道者，万物之所然也……道者，万物之所以成也……天得之以高，地得之以藏，维斗得之以成其威，日月得之以恒其光，五常得之以常其位，列星得之以端其行，四时得之以御其变气，轩辕得之以擅四方，赤松得之与天地统，圣人得之以成文章。道与尧、舜俱智，与接舆俱狂，与桀、纣俱灭，与汤、武俱昌"，认为"《韩非子》举此以明道之所成，与《吕氏》此文言精气之集义同"。[③]

吴光的《黄老之学通论》中用了一节的篇幅探讨《吕氏春秋》。在该书中，吴光不仅对《吕氏春秋》的杂家说提出了质疑，而且也认为《吕氏春秋》并非"儒家"著作或"阴阳家"著作，而是战国晚期黄老之学初步形成时期的道家著作。吴光还分析了《吕氏春秋》的哲学思想，比较留意《吕氏春秋》

---

① 陈奇猷：《吕氏春秋新校释》，上海：上海古籍出版社，2002 年，第 1886 页。
② 陈奇猷：《吕氏春秋新校释》，上海：上海古籍出版社，2002 年，第 175—177 页。
③ 王利器：《吕氏春秋注疏》，成都：巴蜀书社，2002 年，第 296 页。

中"道"与"精气"的关系，认为不能把"道"和"精气"等同起来。因为，在《吕氏春秋》中"道"是最终本原、最高范畴，而阴阳、精气又都是"道"的派生物。①吴光同时也认为《吕氏春秋》的君道无为而无不为的思想也是从最高的"道"的"虚静无为"原则出发来论证的。②

刘元彦1992年出版了《杂家帝王学——〈吕氏春秋〉》，2008年再版时更名为《〈吕氏春秋〉：兼容并蓄的杂家》。刘元彦认为，《吕氏春秋》吸收了当时道家、儒家、阴阳家、法家、墨家、名家、纵横家、小说家、兵家、农家等多家思想，属于杂家。但是他同时又指出，《吕氏春秋》与老子的思想具有紧密的联系，二者在社会政治思想方面，都崇尚自然，反对苛扰。这些特点，使《吕氏春秋》不同于儒家、法家或其他学派，具有深刻的道家烙印。③《圜道》说："精气一上一下，圜周复杂，无所稽留，故曰天道圜。"刘元彦认为，《吕氏春秋》中的"精气"是天地万物的本原，"精气"也就是"道""一""太一"，"精气"和"一"（即"道"即"太一"）是互用的。④刘元彦关于《吕氏春秋》一书性质的判定以及对《吕氏春秋》中"道"与"精气"的看法和吴光的观点正好是不同的。他们二人的观点也体现了学界关于《吕氏春秋》一书到底是杂家，还是道家，抑或是其他学派的不同看法，同时也涉及了《吕氏春秋》中"道"与"精气"关系的争论。

李维武的《吕不韦评传——一代名相与千古奇书》从吕不韦的人生旅程、《吕氏春秋》的学派归属、吕不韦的思维模式、《吕氏春秋》的自然哲学与科学思想、《吕氏春秋》的历史哲学与社会理想、《吕氏春秋》的认识方法与逻辑思想、吕不韦与中国文化几个方面展开了对吕不韦其人和《吕氏春秋》思想的评说和论述。其中，除了第一章评述吕不韦的个人经历外，其余章节都是重在分析《吕氏春秋》一书的思想。关于《吕氏春秋》一书的学派归属，

---

① 吴光：《黄老之学通论》，杭州：浙江人民出版社，1985年，第178页。
② 吴光：《黄老之学通论》，杭州：浙江人民出版社，1985年，第188页。
③ 刘元彦：《〈吕氏春秋〉：兼容并蓄的杂家》，北京：生活·读书·新知三联书店，2008年，第198页。
④ 刘元彦：《〈吕氏春秋〉：兼容并蓄的杂家》，北京：生活·读书·新知三联书店，2008年，第106页。

作者认为,《吕氏春秋》不是杂家,而是秦汉新道家。① 李维武从自然哲学与科学思想的维度探讨了《吕氏春秋》的气论。《吕氏春秋·精通》曰:"月也者,群阴之本也。月望则蚌蛤实,群阴盈;月晦则蚌蛤虚,群阴亏。"月亮盈满,水中蚌蛤之肉就充盈;月亮亏缺,蚌蛤之肉就虚欠。他指出,这种"天""地"之间的联系,在《吕氏春秋》看来,是由于充溢着"精气",因而存在着感应现象。现代科学发展证明,在月亮与海洋之间就存在着引力场。② 李维武对《吕氏春秋》"精气"思想和现代科学之间联系的论述,给研究《吕氏春秋》气论以很大启示。

孔令梅的《儒道融合视阈下的〈吕氏春秋〉之道研究》从不同方面展开对《吕氏春秋》道论的探讨。作者先论述了先秦"道"范畴的演变,接着从本原之"道"、规律之"道"、原则之"道"、养生之"道"、修身之"道"、治国之"道"、用兵之"道"多个角度讨论《吕氏春秋》的"道"。在本原之"道"的论述中,孔令梅分析了《吕氏春秋》中的"精气"思想。孔令梅认为,《吕氏春秋》中的"道"即"精气"。孔令梅引用《吕氏春秋·大乐》中"道也者,视之不见,听之不闻,不可为状。有知不见之见,不闻之闻,无状之状者,则几于知之矣。道也者,至精也,不可为形,不可为名,强为之谓之太一"的说法,认为这里《吕氏春秋》的作者突出了"道也者,至精也",把"道"和"精"联系起来。《吕氏春秋·君守》篇又曰"天无形而万物以成,至精无象而万物以化"。孔令梅指出,这里的"至精"也就是化生万物的"道"。③ 孔令梅关于《吕氏春秋》中"道"即"精气"的观点和刘元彦的看法一致。孔令梅认为,在《吕氏春秋》中,"精气"不仅是产生天地万物的始基,而且在天地万物形成之后还在其中流行。④ 孔令梅随后论述了《吕氏春秋》中"精气"的流动性和相通性。

---

① 李维武:《吕不韦评传——一代名相与千古奇书》,南宁:广西教育出版社,1997年,第46页。
② 李维武:《吕不韦评传——一代名相与千古奇书》,南宁:广西教育出版社,1997年,第76页。
③④ 孔令梅:《儒道融合视阈下的〈吕氏春秋〉之道研究》,合肥:安徽大学出版社,2014年,第24—25页。

研究《吕氏春秋》的论文方面，熊铁基早在 1981 年就撰文《从〈吕氏春秋〉到〈淮南子〉——论秦汉之际的新道家》，力主《吕氏春秋》和《淮南子》并非杂家，而是秦汉之际新道家的代表作。① 陈鼓应《从〈吕氏春秋〉看秦道家思想特点》一文认为，《吕氏春秋》集先秦道家之大成，并证明了以《吕氏春秋》为代表的秦代新道家之说是能够成立的。② 林明照《〈吕氏春秋〉应感论的特质及伦理意涵》一文探讨了《吕氏春秋》中"气"的思想在应感论上的作用。作者认为，对于《吕氏春秋》而言，无论是超越语言还是超越空间，其间良善伦理互动之所以可能，皆与《吕氏春秋》的"同气说"有关，与《吕氏春秋·具备》中"精诚动人"的思想相联系。③ 王小虎的《"与元同气"——〈吕氏春秋〉"元气"思想刍议》一文对《吕氏春秋》的"气"思想进行了专门探讨。他认为，《吕氏春秋》中的"元气"就是"精气"，亦即"道"是天地万物的本原。《吕氏春秋》以"元气"（精气）为始，构造了一整套完备的宇宙理论。④ 再有就是关于《吕氏春秋》的成文年代、书名以及与《庄子》文本之间的关系的一些讨论⑤，以及语言学等其他方面的研究。

（二）气论研究专著中涉及先秦道家气论的研究

张岱年 20 世纪 30 年代所写的《中国哲学大纲》较早对气论进行了系统

---

① 熊铁基：《从〈吕氏春秋〉到〈淮南子〉——论秦汉之际的新道家》，《文史哲》1981 年第 2 期。熊铁基后来对他提出的"秦汉新道家"的观点，以及《吕氏春秋》和《淮南子》是秦汉新道家代表作的提法进行了进一步解释和说明。参见熊铁基《秦汉新道家略论稿》，上海：上海人民出版社，1984 年；熊铁基《秦汉新道家》，上海：上海人民出版社，2001 年；熊铁基《再论"秦汉新道家"》，《哲学研究》2007 年第 1 期。

② 陈鼓应：《从〈吕氏春秋〉看秦道家思想特点》，《中国哲学史》2001 年第 1 期。

③ 林明照：《〈吕氏春秋〉应感论的特质及伦理意涵》，《哲学与文化》2016 年第 12 期。

④ 王小虎：《"与元同气"——〈吕氏春秋〉"元气"思想刍议》，《理论界》2014 年第 3 期。

⑤ 参见陈奇猷《〈吕氏春秋〉成书的年代与书名的确立》，《复旦学报（社会科学版）》1979 年第 5 期；李家骧《〈吕氏春秋〉成书年代新考》，《湘潭大学学报（哲学社会科学版）》1995 年第 2 期；黄伟龙《〈吕氏春秋〉成书考》，《文献》2003 年第 1 期；徐飞《〈吕氏春秋〉援引〈庄子〉研究》，《四川文理学院学报（社会科学）》2008 年第 1 期；聂中庆《〈庄子〉〈吕氏春秋〉重文研究》，《西部学刊》2014 年第 9 期；李伟《〈吕氏春秋〉引用〈庄子〉新论——以〈让王〉等四篇为例》，《诸子学刊》2014 年第 11 辑。

研究。此书是以中国哲学问题如"宇宙论""人生论""致知论"等为线索写就的一部"中国哲学问题史"。虽不是专门就气论研究而作,但该书将"气论"问题分为"气论一"和"气论二"两个篇幅,从先秦一直到清代戴震,对中国哲学史上的气论思想进行了详细论述,并在"理气论"中分析了二程、朱熹的理气论,为以后中国气论的研究奠定了基础。

张岱年在"气论一"开篇不久就提到了先秦道家《管子》和《庄子》中的气论。在"气论一"的"附注"中对《管子》的精气论特别进行了说明。作者引用《管子》中《枢言》《心术下》《内业》中的精气思想,指出:"这就是认为精气是生命和智慧的根源。精气说是先秦时代一个重要学说……精气说也可以说是原子论的一种形态。"①接下来,他引用庄子《知北游》中"人之生,气之聚也。聚则为生,散则为死……故曰'通天下一气耳'"指出,古时人认为"气"是由无而有,未成形体的一种状态;又引用庄子《至乐》中"杂乎芒芴之间,变而有气,气变而有形",认为"气"是一种无形的存在。气非无,乃是有;气又非形,乃是无形之有而能变成形的,并进一步说明中国哲学中唯气论之气的观念,实与道家宇宙论中气的观念有关。②20世纪80年代,张岱年指出:"中国古代是以气体物为模式而提出气的概念的,可以理解为波粒的统一。"③他在1987年完成的《中国古典哲学概念范畴要论》中详论了中国古典哲学中"天""道""气""理""仁"等重要概念范畴的内涵及演变。在论述到庄子之"气"时,特别留意了《庄子》内篇中《人间世》和《大宗师》的气论。他指出,《人间世》中"无听之以心,而听之以气""气也者,虚而待物者也"等关于心斋的说法中的"气",指体内之"气";《大宗师》"游乎天地之一气"所说的"气"指体外之"气"。④张岱年指出,《庄子》与《管子》书都讲气,而《庄子》的影响较大。《庄子·知北游》云:'通天下一气耳',开辟了气一元论的端绪"⑤,对庄子气论给予了很高评价。张岱年

---

① 张岱年:《中国哲学大纲》,南京:江苏教育出版社,2005年,第65页。
② 张岱年:《中国哲学大纲》,南京:江苏教育出版社,2005年,第65—66页。
③ 张岱年:《论中国古代哲学的范畴体系》,《中国社会科学》1985年第2期。
④ 张岱年:《中国古典哲学概念范畴要论》,北京:中华书局,2017年,第36页。
⑤ 张岱年:《张岱年全集》(第七卷),石家庄:河北人民出版社,2007年,第495页。

虽更多留意横渠和船山的气论思想，但是对先秦道家气论的重要性也是肯定的。由于张岱年在中国气论研究上的开创性和奠基作用，有学者将他的气学思想概括为"新气学"。①

日本学者小野泽精一、福永光司、山井涌所编著《气的思想——中国自然观与人的观念的发展》（以下简称《气的思想》）是对中国气论进行集体研究的著作。该书是日本学者20世纪70年代集体研究的成果，对"气"的考察从殷周开始一直持续到五四运动时期，所用材料比较翔实、审慎，分析严谨。《气的思想》一书在对"气"进行探讨时注意把"气"概念和古人的自然观及人的观念结合起来进行研究，其对"气"概念产生背景的探讨尤为细致。如从殷墟出土的甲骨文"气"字的卜辞入手，该书作者联系"气"字早先有"乞求"下雨的用法，以及下雨之时常有风吹动乌云的自然现象，雨对谷物和农业的重要作用，并结合殷代对"风"的祭祀，认为："如要在殷代探求遍满于天地之间，变化着，起着作用，与生命现象有关的气的概念的原型，可以认为，那就是风。"②

《气的思想》是按照时间顺序来论述的，将道家气论的探讨放在某些具体的历史阶段中。该书把同出于齐地的《孟子》和《管子》四篇中的气论进行了对比分析，并着重分析了齐地战国时的自然、政治、文化环境对气论的影响。与简略地论述老子、庄子，以及黄老思想中的气论思想相比，用较多的篇幅分析了《淮南子》的气论思想。之后分析了魏晋时期的气论，主要分析了道教中的气论。《气的思想》欲通过中国思想史上"气"的概念的变迁，来考察中国自然观和人的观念的发展，故该书对于"气"概念所产生的自然、社会、文化环境等特别关注。这是该书的特点和长处，但另一方面，也使得对某一学派或某一人物的气论思想的阐释过多依赖其所产生的自然、社会、文化等因素，从而造成对气论思想本身的分析所占比重较少，对先秦道家中

---

① 参见张立文《理学的演变与重建》，《哲学研究》1991年第7期；蒋国保《张岱年先生"新气学"散论》，《湖南大学学报（社会科学版）》2006年第3期；朱晓红，许宁《张岱年"新气学"思想述要》，《安徽大学学报（哲学社会科学版）》2009年第6期。

②〔日〕小野泽精一，福永光司，山井涌编：《气的思想——中国自然观与人的观念的发展》，李庆译，上海：上海人民出版社，2014年，第23页。

老子、庄子，以及黄老道家等气论的探讨也相对较少。

程宜山1986年出版的《中国古代元气学说》分三章论述了"元气论自然观的发展及其自然科学基础""'气'的自然科学含义与哲学含义""元气论自然观的基本理论"，对气论史上的"元气"论进行了考察。他对"元气"论出现之前的气论进行论述时，对道家的气论思想进行了梳理和分析。程宜山分析"道生一，一生二，二生三，三生万物。万物负阴而抱阳，冲气以为和"一句时认为，以"气"为宇宙演化环节的思想起源于老子，在这个宇宙演化体系中，"气"是作为一个中间环节出现的。他敏锐地指出，《庄子·知北游》中所说的"通天下一气耳，圣人故贵一"等关于"气"的论述是"以气解一"，"元气学说是导源于道家学说"。① 程宜山认为，《鹖冠子》不全伪，应该做具体分析，《鹖冠子·泰录》中所说"天地成于元气"，把"元"与"气"两个名词复合起来，具有把气作为天地万物究极本原的含义，是"元气"论的萌芽。作者还指出，《吕氏春秋》中已经有"与元同气"（《吕氏春秋·应同》）的说法，"元气"观念在战国后期出现是完全可能的。《中国古代元气学说》的结尾说道："元气论是与西方朴素唯物主义有重大区别的朴素唯物主义学说，是朴素唯物主义的一个独特类型，一个理论思维水平很高、对哲学和自然科学的发展作出了巨大贡献的类型。"②

张立文主编、蔡方鹿等著的《中国哲学范畴精粹丛书：气》（以下简称《气》）是国内较早研究气论的专著。本系列丛书对中国哲学的"道""理""气""心""性"分别作了专门研究。《气》一书按照时间顺序，对"气"概念的考察，从先秦、秦汉、魏晋南北朝、隋唐、北宋、南宋、元明、明清，一直写到近代的章太炎、孙中山。该书对每个时期的代表人物和著作进行分析，条理清晰地展示了"气"概念的发生和发展。与《气的思想》一书的风格不同，该书并不是特意通过"气"概念来考察自然观或人的观念的思想史著作，而是立足于中国哲学概念本身的内涵以及发展来论述"气"。该书在第一章用了两节的篇幅分别论述了老子、庄子、《管子》的气论思想。不过，

---

① 程宜山：《中国古代元气学说》，武汉：湖北人民出版社，1986年，第7—8页。
② 程宜山：《中国古代元气学说》，武汉：湖北人民出版社，1986年，第192页。

《气》一书中所说的先秦道家指的是老庄道家,不包括《管子》。[1] 这样该书对先秦道家的讨论也就是在老子和庄子的框架内进行的。他们认为无论老子还是庄子都是将"气"作为"道"化生万物的中介环节,并指出,道家道气关系和守气养气的思想,后来为儒家所吸收和改造,成为儒家心性之学的重要内容,并给宋明理学的道气之辩以启迪,成为宋明理学道气论的重要思想来源之一。该书的这些论述给研究先秦道家气论以重要启示。

李存山在《中国气论探源与发微》上篇先探讨了"气"概念的原始意义和气论哲学的产生,然后分别论述了春秋时期的气论思想和战国时期的气论思想。李存山指出,庄子的气论中,"道"比产生天地之形的阴阳之"气"更为根本[2],而《管子·内业》等四篇改造了老庄的哲学体系,认为"道"就是"精气",从而明确地提出了以"精气"为化生世界万物的元素和本原的思想。[3] 在下篇,他论述了气论哲学的基本思想,以及气论物质观与西方哲学物质观的比较。李存山认为,中国封建社会的民族统一和生产、科技的发展得益于仁学、气论,但仁学和气论都有重大的缺陷。他强调,中国人的思想长期被理气之辨,心性之学困扰,从而造成了中国科学和技术在近代的落后。[4] 李存山后来在《气论与仁学》一书中从现代物理学"场"或"量子场"的角度出发来解释中国"气"的思想。[5] 作者还指出,在《庄子》中,"道"和"气"都可称为"一",但"气"之"一"又不同于"道"之"一"。[6] 李存山的气论研究为以后中国气论的探索奠定了一定的基础。

李志林的《气论与传统思维方式》是一部从中西比较哲学的视野出发,探讨中国哲学中气论思想的作品。该书首先按照先秦、汉唐宋、宋明清的时间顺序阐释气论的辩证发展,其次又从气论的角度分析中国传统思维方式,最后从中西比较的角度探讨气论的特点和发展趋势。李志林将先秦时期对气

---

[1]《气》的作者认为,《管子》具有"兼含诸家气论思想的倾向"。张立文主编,蔡方鹿等著:《中国哲学范畴精粹丛书:气》,北京:中国人民大学出版社,1990年,第37页。

[2] 李存山:《中国气论探源与发微》,北京:中国社会科学出版社,1990年,第126页。

[3] 李存山:《中国气论探源与发微》,北京:中国社会科学出版社,1990年,第159页。

[4] 李存山:《中国气论探源与发微》,北京:中国社会科学出版社,1990年,第371页。

[5] 李存山:《气论与仁学》,郑州:中州古籍出版社,2009年,第38—49页。

[6] 李存山:《气论与仁学》,郑州:中州古籍出版社,2009年,第101页。

论形态（类）的考察、汉唐宋时期对气化源泉（故）的探求、宋明清时期对气化规律（理）的阐明，分别把握为气论辩证发展的三个阶段。他在此基础上讨论了气论影响下的中国传统思维的智慧，以及气论在思维方式上的缺陷与中国近代科学落后之间的关系，将气论与西方原子论自然观的差异进行比较，对中西自然观合流的趋势进行了展望。

李志林总结了中国古代"气"的五种含义，分别是：自然常识的气、人生性命之气、精神状态和道德境界之气、客观存在的物质之气（Matter, Material force）、能动的实体之气（Vitality）。他指出，该书侧重从自然观的角度研究气论的特点、发展和变化规律，所讨论的主要是第四种和第五种的界定，更倾向于第五种的含义，即"充满内在活力和生命力、本身具有动力的、能动的、实体物质"。① 李志林对先秦气论的分析按照气论概念的演进，分为"阴阳二气对待"说、"六气五行"说、"精气"说、"阴阳二气离合"说，把《老子》《庄子》《管子》《鹖冠子》《吕氏春秋》放在相应的范畴中进行论述。作者认为："《管子》虽然不接受《老子》精神性的'道'，但却明确地、直接地以'气'名'道'，建立了气一元论……这不能不说是受了《老子》的'道'的启发和影响……《老子》的'道'是从'六气五行'说向《管子》的'精气'说发展的一个中间环节。"② 在"阴阳二气离合"说下讨论了庄子的气论。他主张《鹖冠子》并非伪书，认为从把气作为宇宙生成论中的重要架构来看，《鹖冠子·环流》比《老子》《庄子》的宇宙生成论更为复杂和具体。李志林认为《吕氏春秋》气论属"气分阴阳"说，《吕氏春秋》也有气一元论的思想。古代某一哲学家的气论思想并不一定能够用后人设定的某种范畴完全把握。不过，用不同的概念范畴来界定传统气论思想，对于清楚认识气论的发展是很有帮助的。

杨儒宾主编，汇集了中国、日本、美国多位学者研究成果的国际会议论文集——《中国古代思想中的气论及身体观》从气论与身体的关系这个独特视角出发，作出了许多卓有成效的探索。杨儒宾认为道家身体思想最大的一项特色乃是气化的身体观，更进一步地界定，我们可以说这是负阴抱阳冲气

---

① 李志林：《气论与传统思维方式》，上海：学林出版社，1990年，第16页。
② 李志林：《气论与传统思维方式》，上海：学林出版社，1990年，第30、31页。

以为和的身体（此观念首先由老子明确提出）。日本学者石田秀实以庄子气论来把握中国古代自然哲学的特点，认为：人以气的集合，在这个世界生出形体。死则是相反的过程，亦即气的分散。《庄子·知北游》篇所说的这个思想，是形成中国古代自然哲学基底的基础。石田秀实进而将中国古代的气论和中医的身体观联系起来，认为中国古人对身体是抱有两重眼光的，此即籍着"流动的气"而形成的身体流动性的本质，与把气作为机能场域，作为场域的脏器、皮革、骨、经脉管等。虽然该论文集并不是每篇论文都涉及先秦道家气论的探讨，先秦道家的气论也很难用"身体"思维完全涵盖，但是将气论与身体结合起来作为一个研究方向，是很有启迪的。

曾振宇的《中国气论哲学研究》采用中西比较的方法，对中国气论哲学进行了分析与论述。该书探讨了古希腊哲学中的本原范畴，以及本体与本体论是否适用于中国哲学的问题，并对比分析了中国先秦气论与古希腊气论。该书使用"先秦气论"的称呼可能是为了便于与古希腊气论作比较研究。该书在"先秦气论"的讨论中主要围绕《管子》《黄老四篇》与《易传》展开，认为：通过《管子》《黄老四篇》作者对"气"概念所作的具有哲学整合意义的逻辑抽象与界定，精气概念已经蜕变、上升为亚里士多德所说的"万物都由它构成，开始由它产生，最后又化为它"的世界本原。但是，需要加以指明的是，这是一个充满生命活力的有机本原。物质、精神和道德观念皆源出于精气，皆可以从精气中寻找到终极性说明。[①] 曾振宇将"精气"作为本原与古希腊亚里士多德的本原论进行对比时，一方面呈现出二者的相似性，另一方面又特别留意二者的区别。他同时又认为，《管子》《黄老四篇》那里"精气"尽管被作为世界本原，但是并没有明确回答为什么会作为世界本原，而《周易》的《易传》则回答了这个问题。该书接着又分别对董仲舒、王充、张载、程朱、罗钦顺、王夫之、严复等人的气论思想进行了论述，其间不时与西方哲学进行比较，呈现出中国气论哲学的演进。

庄耀郎的《原气》从"气"的原始概念和"气"的道德性、自然性、知识性、艺术性方面对气论的产生、先秦儒道两家的气论做了论述与阐发。作者在"气的自然性"的标题下用了一章的篇幅论述了先秦道家《老子》《庄

[①] 曾振宇：《中国气论哲学研究》，济南：山东大学出版社，2001年，第31页。

子》《管子》《吕氏春秋》的气论。庄耀郎认为，"自然"一词的含义可分为三种：一是"自然世界"（Nature）之"自然"；二是西方哲学"自然主义"（Naturalism）之"自然"；三是老庄哲学所说的"自然"，为人内在的精神世界，也就是自由自在，自己如此，表现为逍遥无待、精神独立的境界。而他所说的"自然"则涉及上述三种"自然"的含义。老庄和《管子》的《内业》《心术》属于老庄的"自然"义；《管子》《吕氏春秋》的感应说，以及"十二纪"所说之"气"都是"自然现象"义，也就是"自然世界"之"自然"；影响《吕氏春秋》的邹衍之"五行之气"则近于西方"自然主义"的说法。庄耀郎不同意以往诸多论者将老子的"气"作为后来创生万物的元素的观点，认为老子的气论，还在"素朴""原始阶段"，与后来的气化宇宙论并不相同。庄子的气论，除沿用《左传》《论语》原义，承老子之义外，也有新出义，表现为与"神"同义者、"神""气"连用者，以及别出义者，如天地、四时之气，邪气等。《管子》所言"精""气""神"下开《吕氏春秋》的精神感应说。他随后从"感应之气""四时、五行之气"两个方面考察了《吕氏春秋》的气论。

赖锡三2011年出版的《当代新道家——多音复调与视域融合》受海德格尔"存有"、西田几多郎"纯粹经验"等思想的启发，从存有、美学、冥契、神话、自然、伦理、隐喻、叙事这些当代语境的诠释视域出发，来呈现道家的丰富内涵，并力图使这些多音复调融贯为一。不过，赖锡三认为，"当代新道家"必须先由基础性打起，然后进入系统性建立，再全面展开当代语境的新诠和当代课题的回应。这样，才能和已经发展成相当体系化诠释系统的当代新儒家再度产生互补的效果。故此，在赖锡三看来，"当代新道家"的基础工作，便需要对"道"之性格、内涵给予重新定位和诠释。于是，他提出了"道"的"肉身化"，亦即"道"生化万物，同时"道"又在万物之中。而这又和"气"紧密相关。

赖锡三2013年出版了《道家型知识分子论：〈庄子〉的权利批判与文化更新》一书。该书在探讨道家型知识分子的存在方式的同时，在气论的探讨上进一步深化了《当代新道家——多音复调与视域融合》中"气"的探索。受海德格尔反对"存有"被实体化、对象化的思想启发，赖锡三指出，当庄子面对气化流行、不断变化的世界时，采取变化无常的语言活动和书写策略，这样就与变化无常的大道合拍。在他看来，庄子的语言活动和书写策略主要体现为《天下》篇中所说的"以卮言为曼衍"所呈现的语言的不定、延异与流变。赖锡三对《庄子》气论的探讨在文本的原旨和中西对比中的阐释之间总是保持着合理的张力，既不失原旨之意，又带给读者耳目一新的感受。

钟振宇 2016 年出版了《道家的气化现象学》一书。他站在中西哲学比较的视野指出，海德格尔哲学具有身体遗忘的缺点，而他所主张的存有论现象学则是包含了身体现象学的视角；海德格尔的世界概念受限于此在，难免有人类中心主义的倾向，而气化现象学则受到芬克的游戏、世界现象学的启发。另外，在钟振宇看来，气化现象学也超越了西方现象学对于身体、世界的偏向静态的讨论方式，而强调身体、世界的动态性。"气"是核心，身体与世界是双翼，共同构成"世界—气—身体"的动态性基本架构。他主要从庄子的气论思想出发来论述道家的气化现象学，并希望通过阐发中国哲学之气论在当代的活力，使庄子哲学之现代开展可以回应当代生活世界中的现代性问题。该书还将道家和海德格尔的思想进行了多个维度的对比，比如使道家的器具存有论与海德格尔器具理论之间进行了跨文化的对话，由晚期海德格尔哲学切入探讨庄子的语言存有论，通过会通老子的语言哲学和海德格尔哲学的语言存有论，比较老子的语言存有论和基督教冥契主义语言策略，庄子的死亡存有论与海德格尔死亡哲学的对话等。道家与海德格尔思想的比较是学界长期关注的一个研究热点。钟振宇在《道家气化现象学》中不仅展开道家与海德格尔的对话，还注意道家与芬克、荣格尔等学者思想的比较。在该书中，贯穿这些对话、比较、融通的一个主线是对于道家气化身体观的阐释。这无疑给我们理解道家的气论思想提供了新的空间。

另外，有一些气论研究著作和其他方面的著作也涉及先秦道家气论在人体科学、自然科学等方面的实践和探索。这些研究也都有自身的价值和意义。不过，从与本书主题的相关性出发，由于不是在哲学层面论述先秦道家气论思想本身，此处不一一列举。

通过对上述相关文献的梳理分析，可以看出，除了对于《庄子》气论思想进行研究的三本专著，以及对《管子》四篇气论思想进行研究的一本专著外，先秦道家气论的研究一方面散见于历代对《老子》、《庄子》、《管子》四篇、《鹖冠子》、《吕氏春秋》这些先秦道家文献的注疏之中，另一方面，在某些关于先秦道家典籍的论述中也涉及一些气论思想的内容。再有，就是在研究中国气论的专著中，对先秦道家的某些典籍的气论也有相关论述。这些研究，对于先秦道家某个人物的气论思想的了解，以及在整个气论史中某个道家人物的气论思想的认识都有重要意义。不过，由于先秦道家诸子的气论思想并非孤立存在，之间有着重要联系，而且先秦道家气论在整体上又有着自身区别于儒家气论等学派的特点，因此对先秦道家气论的研究既需要找到出其内部各个文献之间的联系，又要呈现先秦道家气论的整体特点。另外，20世纪帛书、郭店楚简等出土文献的问世，丰富了先秦道家气论的研究内容，同时也给我们重新思考先秦道家气论的相关问题带来了新的挑战。这些都需要对先秦道家气论内部的演进发展进行专门研究。

第一章
气论溯源与《老子》的柔和之"气"

一定的思想形态并不是凭空产生的，必然与其所处的地理环境、生产生活方式、宗教文化氛围等因素密切相关。先秦时期，哲学意义上的气论的产生同样有着其重要的源头。我们只有从气论产生的源头进行分析，才能更好地把握气论的发展与演变。

日本学者小野泽精一等编著的《气的思想》一书将"气"的思想追溯到殷商时期北方先民的活动和祭祀文化。[①] 这对于我们了解"气"的思想的起源有着重要启示。不过，本书认为，"气"的观念早期除了和北方自然环境、生产生活、祭祀文化有关外，与古时楚地的地理环境、生产生活方式以及重"水"的祭祀与文化紧密相关。当然，北方中原文化和南方楚地文化在战国中后期则互有吸收和融合。

[①]〔日〕前川捷三:《甲骨文、金文中所见的气》,〔日〕小野泽精一等编著:《气的思想——中国自然观与人的观念的发展》,李庆译,上海:上海人民出版社,2014年,第12页。

第一节　气论溯源

一、殷商时期北方中原"气"的观念

根据于省吾的研究，甲骨文中"气"字，类似今天的"三"字，周初为三条横线，中间一横稍短，上下两横稍长，写作 ▬、▬。后因为容易与"三"字易混，东周时，上下两条横线发生了一些折曲，写作 ▬，之后逐渐变作"气"。甲骨文中"气"的用法有三种：一为"乞求"之"乞"；二为"迄至"之"迄"；三为"终止"之"讫"。① 甲骨文中的"气"字（▬、▬）为象形字，三条横线表示空中的气流。② 金文中也有甲骨文中类似 ▬ 之字，一些学者认为与甲骨文中的情况相同，当读为"气"。《说文解字》说"气"是："云气也。象形。"段玉裁注曰："气本云气。引伸为凡气之称。象云起之貌。三之者，列多不过三之意也。是类乎从三者也。""气"字之三条类似"三"的横线其实是"气"本来的象形写法，用来表示空气的流动，所以许慎说"象云起之貌"。"气"字之后又写作"氣"。段玉裁注"气"曰："气氣，古今字。"许慎在《说文解字》中释"氣"曰："馈客之刍米也"。可见，"气"后来又写作"氣"，而"氣"的意思在保留"气"原来之意时又有新意。"气"字后来也有写作"炁"的情况。"炁"字常见于道教典籍中，多指代先天的元气。

前川捷三将"气"的起源追溯到殷代。一方面，这个时候有了甲骨文的出现，甲骨文中已经有"气"字的原型。另一方面，他通过分析北方中原地带的自然气候、农作物的生长，以及祭祀文化等，认为这些和"气"的起源有密切的关系。殷代主要以农业为主，农业的丰收必须依靠充沛的雨水。殷

---

① 于省吾：《甲骨文字释林》，北京：中华书局，2009年，第102页。
② 刘开田，陈靖：《甲骨文形义集释》，武汉：武汉出版社，2007年，第264页。

代的卜辞中便有向上帝①乞求询问降雨的话。"今自庚子至甲辰，帝令雨？"（《殷墟文字丙编》三八一）雨的降落需要云，而云又必须依赖风的吹动才能把雨降到所期盼的土地上。风于是被殷人视作传递天帝旨意的使者。"于帝使风，二犬？"（《殷契遗珠》九三五）对天帝的使者——风，是否用二犬来作牺牲？"土"，是殷王朝招徕诸神而设立的祭坛。"贞，燎于土。"（《殷墟书契前编》一·二四·三）描写对于"土"的祭祀。而"土"的神灵的性质，与"风"几乎是相同的，如无形、无声等，又在天地间变化流行，对谷物的生育都起着重要的作用。前川捷三于是认为，气的概念的原型，可以在殷代甲骨卜辞中所见的"风"和"土"中求得。②

前川捷三指出"气"的观念的产生与殷商时期风神崇拜以及对于土的祭祀之间的关系，在一定程度说明了"气"在殷民那里是通过风神与土的祭祀而被把握的。但是，这并不是"气"的概念起源的全部原因。除了注意到"气"被神灵化的事实外。我们还应注意到，"气"在当时还具有一个重要的特征，也即表示"气"的功能特征的"乞求"之意。

甲骨文"气"的一种重要的含义为"乞求"。甲骨文的卜辞中，无论是询问降雨，还是询问"风"的来临，以及招徕诸神而设的"土"的祭祀，实质上都是对"神"的某种"乞求"活动。乞求风调雨顺，农作物的丰收；乞求社稷永固；乞求远离疾病；乞求开展某种活动的日期；等等。这并不是各种愿望的简单表达，而是与"神"的某种神秘的沟通。通过占卜的"乞求"形式，得到神灵的某种"启示"，并进行相应的活动成为人神沟通的形式之一。由于所乞求的神灵有"风神""土神"等和日常生产生活息息相关的重要神灵，且这些神灵本身被把握为"气"的形态，"气"同时也就具有了人向神进行"乞求"的含义。

---

① 商代的至上神"帝"或"上帝"，既是自然与人间的主宰，也是殷民的祖先宗主神祇，即商民族的祖先神。参见李禹阶《中国文明起源中的巫及其角色演变》，《中国社会科学》2020 年第 6 期。

②〔日〕前川捷三：《甲骨文、金文中所见的气》，〔日〕小野泽精一等编著：《气的思想——中国自然观与人的观念的发展》，李庆译，上海：上海人民出版社，2014 年，第 16—25 页。

随着"巫"的角色逐渐淡化，人们不再像当初那样将一切自然现象的原因归为原始宗教所设想的某些神灵，而是寻求到了更有说服力和理解性的"道"，"气"与终极存在的关系也发生了深刻转变。"气"与神灵的关系，被"气"与"道"的关系所取代。原本用来把握某些神灵的媒介的"气"，后来就被用来把握"道"。如春秋末期老子在主张"以道莅天下，其鬼不神"（六十章）的同时，又主张"专气致柔"以达到对"道"的领会。庄子更是提出"若一志，无听之以耳而听之以心，无听之以心而听之以气！听止于耳，心止于符。气也者，虚而待物者也。唯道集虚。虚者，心斋也"（《人间世》）的修养之法，来探索"气"与"道"之间的关系。"气"在殷商时期向神灵进行"乞求"的意念，也转变为从修养论的角度强调"气"与"道"之间的沟通性。原来那种人在神面前战战兢兢询问，且被动接受神的"启示"的人神沟通模式，转变为人与"道"之间的互动。人积极地通过自身修养便能够得到"道"的启示，从而展开行动，便能得到好的结果，庄子称为"虚室生白，吉祥止止"（《人间世》）。

"气"在殷商被作为某种把握神灵（诸如"风""土"）的灵动之物，在春秋战国时期逐渐转变为"气"与"道"的关系。另外，"气"在源初作为"乞求"的功能性的意义，春秋战国时转而成为从修养论角度对"气"与"道"沟通时的"气"的状态的强调。人们对"气"的认识发生了一些变化。但这并不意味着，"气"的原初意义被完全取代了，相反，"气"的最初含义只是以更合理的形式被传承了下来。"气"在初始时与神灵的联系转变为"气"与神圣的"道"的联系。人对"神"的原本带有朴素实用倾向的"乞求"转变为"吾丧我"（《齐物论》）"坐忘"（《大宗师》）式修养工夫论中人向"道"的"乞求"，即面对"道"时的自我修养。

二、古时南方楚地"气"的观念

中国幅员辽阔，古时的文化也有地域之间的差异与特点。"气"的产生，不仅和殷商时期中原一带的文化有关，而且和古时楚国地理、生产生活方式、原始宗教、文化等也有紧密的联系。

楚地自古多水，江河纵横，湖泊星罗棋布。《汉书·地理志》说楚国"有江汉川泽山林之饶"。王夫之《楚辞通释·序例》曰："楚，泽国也。其南沅湘之交，抑山国也。叠波旷宇，以荡遥情，而迫之以岌嶔戍削之幽菀，故推宕无涯，而天采蠱发，江山光怪之气莫能掩抑。"①楚人的水观念与中原一带区别较大。中原地区的水观念与其农业生产密切相关。楚地先民在西周时才对楚地进行开发，而当时楚地多草莽与山林。这从"荆""楚"的称呼也可看出。《说文解字》释"荆"曰"楚木也"，释"楚"曰："丛木。一名荆也。"在多水，且草木杂多的自然环境中，楚人的生产方式一开始便以渔猎为主。多水多林的自然环境使得楚人对"水"和"凤鸟"产生崇拜。楚人也曾以"凤"作为图腾。屈原在《九歌》中祭祀水神的就有三篇。除了《河伯》中所言的黄河水神河伯外，《湘君》《湘夫人》中所说的是楚地两位湘水神。在楚地的原始宗教中，就有"大水"祭祀的传统。这在望山楚简、包山楚简、新蔡葛陵楚简、江陵天星观楚简等的卜筮祭祷简中可以看出。在楚人祭祀的诸神中"大水"地位崇高，可与"太"神相匹配。这些都说明，楚地水崇拜的传统比较久远。②楚人世代生长在多水的自然环境之中，往往天然地具有尚水情怀。

长时间以来，人们以为中国哲学史上的宇宙论只是单一的气化宇宙论。郭店楚简《太一生水》的出土，有力地说明了在气化宇宙论产生之前，还存在着重"水"的宇宙论。而《管子》中的《水地》篇也从另外的角度说明了重"水"宇宙论的存在。郭店楚简《太一生水》说"太一生水""太一藏于水"，有着独特的重"水"的宇宙论。《管子》中的《水地》篇则说"水者何也？万物之本原也"。在宇宙论层面，《太一生水》重"水"的思想可能也给同属道家的《水地》以启示。这两个文本皆受老子重"水"思想的影响，推崇"水"的柔弱、谦下、不争之德，如《太一生水》说"太一生水"，又曰"天道贵弱"；《水地》说水"淖弱以清"，且"人皆赴高，己独赴下，卑也"，并推崇当时楚国和宋国的"水"。尽管《太一生水》和《水地》对"水"的具体生成

---

① （清）王夫之：《楚辞通释》，北京：中华书局，1959年，第6页。
② 丁妮：《楚简所见"大水"祭祀内涵试诠——由"大水"祭祀到楚国水崇拜的思考》，《湖北民族学院学报（哲学社会科学版）》2012年第6期。

作用论述的重点和角度各不相同，但从二者都将"水"放在万物生成序列的极为重要的位置上来看，这两个文献在思想上应都源自楚地流传久远的尚水宇宙观念传统。包括《老子》在内的诸多楚地先秦道家作品，其尚"水"的特点也都受楚地尚水观念的影响。当然，《太一生水》和《水地》的宇宙论思想只能是中国哲学史上的个别，这种思想一般出现得比较早，当"气"生天地或"气"生五行的思想成为一种思维模式后，它再出现就不太可能了。①

楚地"气"的思想孕育在楚人的重水文化之中。《说文解字》释"气"曰："云气也。象形。"段玉裁注曰："象云起之貌。三之者，列多不过三之意也。是类乎从三者也。"《说文解字》解"云"曰："山川气也。从雨。云象回转之形。"段玉裁注曰"天降时雨，山川出云"。可见，"气"字与"云气"联系紧密。"气"字上的"三"字表示"云气"之多及飘动之意。从古人直观的角度来理解，"气"可以说是"水"的另一种状态，如山间的水气缓缓升腾成云雾状，云气聚集又会下雨等。而且，"气"相对"水"具有更加微妙、灵活等的特性。

重水的楚人在对水进行祭祀"乞求"时，逐渐将对水的崇拜转移到"气"上，"气"的观念同时也具有"水"的"乞求""问询"的沟通之意。《楚辞》中屈原不仅重视"水"，而且还重视并多次提及"气"。如《九歌·大司命》曰："高飞兮安翔，乘清气兮御阴阳。"《天问》曰："阴阳三合，何本何化？"洪兴祖引谷梁注曰："凡生类并灵知于天，资形于二气，故又曰'独天不生'，必三合而形神生理具矣。"②指出屈原说的"阴阳三合"指的是阴阳二气与天。《天问》又曰："伯强何处，惠气安在？"王逸注曰："伯强，大厉疫鬼也，所至伤人。惠气，和气也。言阴阳调和则惠气行，不和调则厉鬼兴，二者当何所在乎？"③屈原之前，就有望气之术。望气是根据天象云气的色彩、形状及

---

① 李存山：《庄子思想中的道、一、气——比照郭店楚简〈老子〉和〈太一生水〉》，《中国哲学史》2001 年第 4 期。

② （宋）洪兴祖著，黄灵庚点校：《楚辞补注》，上海：上海古籍出版社，2015 年，第 131 页。

③ （宋）洪兴祖著，黄灵庚点校：《楚辞补注》，上海：上海古籍出版社，2015 年，第 134 页。

其变化来预测人事，判断吉凶的一种占卜方法。春秋时期，楚人就以望气来作为占卜国运盛衰的手段。战国时期，楚人的望气理论已近成熟。长沙马王堆汉墓帛书《天文气象杂占》中的"侯气"内容分为"云""气"两部分，其中，101条至114条记载了楚、赵、韩、魏、中、宋等十四国、族的"云"，楚"云"则列在最前。"气"分为地气（蜃气）、晕、虹、风气。① 中原一带的"风"神、"土"神等和"气"密切相关的祭祀文化逐渐传到楚地，也促使了楚地"气"的思想的形成。

楚地之"气"由于多与河流湖泊等自然存在紧密相关，作为楚人的老子在提到"气"的特点时，往往保留着"水"的一些特征，用"水"的特性来说明。老子说"专气致柔"反对"心使气曰强"的时候，提到"上善若水。水善利万物而不争，处众人之所恶，故几于道"（八章），又说"天下莫柔弱于水，而攻坚强者莫之能胜"（七十八章）。老子对"气"的特性之"柔"的把握来源于他所推崇的"水"之"柔"。"气"也具有"水善利万物而不争"的生养万物之德，如老子曰"万物负阴而抱阳，冲气以为和"。不过，老子之后，"气"在宇宙生成论、修养论、实践论上的地位大大提高，如《庄子》中对"气"的论述相比老子大大增多，相应地在《老子》中"气""水"的互动解释现象在《庄子》中也就看不到了，在《庄子》之后的文本中也很少出现。

当我们探索"气"的思想所形成的自然环境、人们的生产生活方式、宗教文化状况时，并不是说这些因素就一劳永逸地决定了"气"的概念的所有演变形态。"气"的思想从其源头的孕育到产生、流变，都发生着变化。源头的意义并不在于其一劳永逸地注定了什么。源头在很大程度上代表了久远的传统所透露出的当时的人们面对大自然、人类社会，以及生存和死亡时，所作出的探索。这些探索形式体现在很多方面，诸如先民的劳动、生活、祭祀等。这些久远的活动方式背后所传递给我们的最为重要的则是他们的思维方式。也就是说，在他们那个时候，他们是如何通过思维来把握自然与社会、生存与死亡等问题的。

不过，我们可以发现，"气"的观念在演变的过程中，其不变的内核一直存在。源头之初，"气"作为一种"乞求"的形式，在人和神之间进行沟通，

---

① 徐文武：《楚国宗教概论》，武汉：武汉出版社，2001年，第88—90页。

后来又作为人与道之间的沟通形式以及转变为人的道德修养层面的体证。"气"的沟通的角色有所变化,但"气"的沟通职能没有变;"气"由巫行使的沟通职能变为人人都可以进行的精神修养,但人们把握"气"与终极存在之间联系的努力并没有停止。道家气论主要沿着人与道的关系这条路径发展,在注重心气修养的同时黄老道家又延伸出无为而治的理论诉求。另外,当人要处理精神修养与社会规范以及人与人之间的关系时,"气"的社会属性与伦理意义就被先秦儒家重视起来,"气"此时就在社会范围内主要起着沟通人与人之间关系的职能。

第二节 《老子》的柔和之"气"

前文已经说到,"气"的观念在殷商时期的甲骨文中已经存在了。阴阳的观念在殷商时期也已经有了。从甲骨文、金文,以及《诗经》中的记述来看,商周时期的阴阳,"阳"为日光之洒射,"阴"为日光洒射之否定。[①] 也就是说,"气"的观念和阴阳的观念虽然在殷商时期同时出现,但阴阳还没有和"气"联系起来,二者彼此为不同的观念。西周末年,阴阳被作为"气"来理解。《国语·周语上》曰:"幽王二年,西周三川皆震。伯阳父曰:'周将亡矣!夫天地之气,不失其序,若过其序,民乱之也。阳伏而不能出,阴迫而不能烝,于是有地震。'"这是用"气"来解释自然社会现象。楚地的"气"观念从一开始就具有追溯万物本原的宇宙论性质,在"气"的特性上又较北方之"气"更为灵动。

作为楚人的老子,其气论思想明显受到了楚地重"水"文化的影响,在"气"的内涵与特性上具有楚地气论玄思世界本原,尚"柔"的特性。在"气"的含义方面,老子首先赋予"气"以哲学含义。"道生一,一生二,二生三,三生万物"(四十二章)的宇宙论中,"道"生出了"一","一"生出了"天""地","天""地"直接生成了"阴""阳"二气及其和气,然后是万物

---

① 庞朴:《阴阳五行探源》,《中国社会科学》1984 年第 3 期。

的生成。又曰"万物负阴而抱阳，冲气以为和"，老子把阴阳二气作为万物存在必不可少的属性来讲。《老子》中有大量关于"水"的论述，不仅以"水"喻"道"，而且"水"的柔弱、谦下、不争等特性也同样是老子主张的"气"的属性。

关于"气"的涵养，老子认为，要使体内之气调养到如婴儿之气那样和柔的程度，即"专气致柔，能婴儿乎？"同时"天下莫柔弱于水"（七十八章）一句，有着楚人崇水的印记。老子之"气"的柔和之性是从"水"的特性中总结出来的。《老子》中的"水"和"气"在互释的同时，也让我们得以进一步了解老子的认识论。"心使气曰强。物壮则老，谓之不道"（五十五章）则提示我们，老子已经留意"心"与"气"的关系了。老子认为"心"不能主宰"气"，提倡"弱其志"（三章）。

在"气"的作用方面，老子所说的"气"一方面注重个体的生生之德，另一方面又服务于其无为而治的政治主张。老子气论的个体维度启发了庄子的气论思想，而后世黄老道家则把老子提倡的气论修养和无为而治主张结合起来，建构了黄老之学的政治理论。

一、《老子》宇宙论中的"天""地"与"阴""阳"

《老子》四十二章曰："道生一，一生二，二生三，三生万物。万物负阴而抱阳，冲气以为和。"此章甚为重要。这一章里老子提出了他的宇宙论与生成论。由于老子在"道"与万物之间的演变过程中用数字"一""二""三"来描述，这三个数字到底代表什么就自然成为解释道生万物这一过程的关键所在。在这三个数字中，对"二"的解释是关键之中的关键。

《河上公章句》中认为"一"是"道始所生者"，"二"是"阴"与"阳"，是为"一生二"；"三"为"和""清""浊"三"气"，分为"天""地""人"，是为"二"生"三"；"天""地""人"共生万物是为"三生万物"。[①] 范应元则曰："道一而已，故曰'道生一'也，犹言'《易》有太极'也。一之中便有动静，动曰阳，静曰阴，故曰'一生二'也……'一'与'二'便是'三'，

---

① 王卡点校：《老子道德经河上公章句》，北京：中华书局，1993年，第168、169页。

故曰'二生三'也。"他又说："阴阳不可以不以二言之……自三以往，生生不穷，故曰'三生万物'也。"① 严灵峰《老子达解》中认为："道本混成，为宇宙演化之起源；独立无匹；绝对无待，'混而为一'；故曰道生一也。一阴一阳之谓道，道含阴阳二气；故曰一生二也。阴、阳交合，而成和气。'万物负阴而抱阳，冲气以为和'；故曰二生三也。至阴肃肃，至阳赫赫；肃肃发乎天（地），赫赫发乎地（天）；两者交通成和而物生焉。男女媾精，万物化生；故曰三生万物也。"

可见，上述对《老子》四十二章中"一"的解释，要么解释为"道"所生者，要么解释成"道"本身，要么解释为"道"的属性等。对"二"则解释为"阴"与"阳"，或者"阴""阳"二气。解释成"阴"与"阳"受了《易传》"一阴一阳之谓道"（《系辞上》）的观点的影响。认为"二"是阴阳二气的观点，受到了庄子气化宇宙论和《易传》的影响。而《易传》本身又受道家思想的诸多影响。"三"要么是"和""清""浊"三气所化生的"天""地""人"，要么是"道"与"阴""阳"三者，或者是"阴""阳"二气交通所形成的"和气"等。然后由"三"生成万物。

用阴阳气化的观点解释老子道生万物的理论，也受到了《淮南子》宇宙论的影响，但未必符合《老子》本义。包括《淮南子》在内的《老子指归》《河上公章句》等汉代文本中的宇宙论都明显带有气化论的色彩。

《淮南子·天文训》中曰："道始于一，一而不生，故分而为阴阳，阴阳合和而万物生，故曰：'一生二，二生三，三生万物。'"②《淮南子》中，将老子的"道生一"解释为"道始于一"，"一"又分为"阴"与"阳"，为"一生二"，阴阳的合和则为"三"，为"二生三"，然后为"三生万物"。《淮南子》明确认为老子的"二"是"阴"与"阳"。

《淮南子·天文训》中的宇宙论还有更为精细的表达。如：

---

① （宋）范应元：《老子道德经古本集注》，上海：华东师范大学出版社，2010年，第76、77页。

② "道始于一"原作"道曰规始于一"。"曰规"二字疑为"误衍"。参见何宁《淮南子集释》，北京：中华书局，1998年，第244页。

> 天坠未形，冯冯翼翼，洞洞灟灟，故曰太昭。道始于虚廓，虚廓生宇宙，宇宙生气，气有涯垠。清阳者薄靡而为天，重浊者凝滞而为地。清妙之合专易，重浊之凝竭难。故天先成而地后定。天地之袭精为阴阳，阴阳之专精为四时，四时之散精为万物。

《淮南子》宇宙论包括宇宙本原论、宇宙演化论和宇宙模式论。它对宇宙的论述在当时是最系统、最全面、最丰富的。①《淮南子》中，"道"是宇宙万物的总根源。宇宙演化具体的过程是虚廓生宇宙，宇宙生气，气又分阴阳，阳气成天，阴气成地，阴阳和合而生成万物。《淮南子》把老子的宇宙论中的"二"解释为阴阳二气，阴阳二气的分离形成了天地。

但是，"天地之袭精为阴阳"又作何解释？这句话是不是意味着说"阴阳"在天地之后形成？其实并不是。高诱注曰："袭，合也。精，气也。"天地之气合而为阴阳，也就是说，天地于阴阳之前就存在了，是天地产生了阴阳二气。可是，高诱之说和这段话前面的行文是矛盾的。前文说到"清阳者薄靡而为天，重浊者凝滞而为地"，清明飘逸的阳气产生了"天"，重浊凝滞的阴气产生了"地"。而"袭"除了"聚合"之意外，又有"因袭""承袭"之意，如《后汉书·宦官传论》曰"汉兴，仍袭秦制"。这里"天地之袭精为阴阳"的意思是说，在"清阳者薄靡而为天，重浊者凝滞而为地"之后，天地所各自承袭之"气"为阴阳二气。如果说这里的"袭"为"合"意，与天地之气相合而为阴阳的话，也在逻辑上说不通。因为，相互融合之后一般都会形成一种事物，而不可能是两种事物。所以，这里"袭"的意思应为"承袭"，这样既符合前文所说的阴阳二气分为天地的情况，也符合"天地之袭精为阴阳"这句话的本身逻辑。② 随后说到阴阳二气形成四时，四时之气又形

---

① 周桂钿：《秦汉哲学》，武汉：武汉出版社，2006年，第67页。
②《淮南子·精神训》中的行文也可证作者本意是阴阳二气形成天地。如"古未有天地之时，惟像无形，窈窈冥冥，芒芰漠闵，澒蒙鸿洞，莫知其门。有二神混生，经天营地，孔乎莫知其所终极，滔乎莫知其所止息。于是乃别为阴阳，离为八极，刚柔相成，万物乃形，烦气为虫，精气为人"。这里所说的"二神"便指阴阳二气。而在作者看来，阴阳二气则是"经天营地"，在天地之先，形成天地的。

成万物。《淮南子》这段宇宙生成论过程实质上是气化的过程,此气化宇宙论的核心是阴阳二气。

那么,再联系《淮南子》解释老子道生万物过程中,"一"为阴阳二气未分的整体,"二"为阴阳二气,"三"为阴阳二气的和合之状,然后生成万物的描述,天地作为万物中形之大者,也自然在阴阳二气产生之后了。《庄子·则阳》中便有"天地者,形之大者也;阴阳者,气之大者也;道者为之公"的说法。《淮南子》的宇宙论的气化色彩受到《庄子》很大影响。

相比老子,《庄子》在宇宙论上明显凸显了"气"的重要性。《至乐》篇中,庄子对其妻之死发出了深沉的感慨:

> 察其始而本无生,非徒无生也而本无形,非徒无形也而本无气。杂乎芒芴之间,变而有气,气变而有形,形变而有生,今又变而之死,是相与为春秋冬夏四时行也。人且偃然寝于巨室,而我嗷嗷然随而哭之,自以为不通乎命,故止也。

另外,《知北游》中庄子又指出:"人之生,气之聚也;聚则为生,散则为死。若死生为徒,吾又何患!故万物一也……故曰:'通天下一气耳。'圣人故贵一。"人的生死只不过是"气"的聚散,天下万物莫不遵循这个道理。《天运》说"一清一浊,阴阳调和",用"清"与"浊"来指称阴阳二气。庄子在《大宗师》中更是直截了当地说"游乎天地之一气"。

《淮南子》中所说的万物还没形成之前的"冯冯翼翼,洞洞灟灟"之状来源于《庄子》对气化万物之前的"芒芴"之状;《淮南子》中所说的"清阳者薄靡而为天,重浊者凝滞而为地"同样受到庄子用"清""浊"来指称阴阳二气的做法的影响。《淮南子》的宇宙论整体上受到庄子气化宇宙论很大的影响。只不过《淮南子》在《庄子》的基础上完善了气化宇宙论的建构,使之更加精致,也更为系统。

具体来说,用《庄子》《淮南子》等文本中的气化宇宙论来解释《老子》四十二章的观点集中体现在对"一生二"之"二"的解释上。这种观点将老子所说的"二"解释为阴阳二气,而在老子那里,"二"实质上指的是"天"

与"地"。

老子明确指出的"国"或"域"中的四"大"并不包括阴阳二气,却包括天地。《老子》二十五章曰:

> 有物混成,先天地生,寂兮寥兮,独立不改,周行而不殆,可以为天下母。吾不知其名,字之曰道,强为之名曰大。大曰逝,逝曰远,远曰反。故道大,天大,地大,王亦大。① 国中有四大安,王居一安。人法地,地法天,天法道,道法自然。

老子先说明了"道"的存在状态,是先天地而存在,且"寂兮寥兮,独立不改,周行而不殆"。尤其是"道"周而复始,不断运行的状态,也被老子称之为"一"。老子随之点出了"国"或"域"中的四"大":"道""天""地""王"。其中,天地分别为两"大","人"与"道""天""地"之间的关系也是有层级的,并非并列的四"大"。老子称之为:"人法地,地法天,天法道,道法自然。"从"道""天""地""人"的层级来看,老子这里的"王亦大"之"王"尽管在国之中在万人之上,具有权威,但是在"道""天""地"的面前也只能是"人",而并未因为是"王"就可不效法大道与天地。人效法"地"之安静与柔顺,"地"要效法"天"的高远与变化,"天"要效法最高的主宰"道","道"的属性则是"自然"。老子所说的"自然"是自然而然之意,并非今天科学意义上所说的自然界。

《老子》全文提到"阴"与"阳"只有四十二章一处,却在多处强调"天""地",五、六、七章更是集中论述到了"天地"。第五章"天地不仁,以万物为刍狗",显然是从天地生育万物而不为主,任其自然生长的角度来说

---

① 此处"王"字,楚简本、帛书本、河上公本、王弼本作"王",为"王亦大";傅奕本、范应元本作"人",为"人亦大"。由于楚简本、帛书本、河上公本、王弼本《老子》年代较傅奕本、范应元本早,且楚简本年代最早,应更接近古本《老子》,故此处应为"王亦大"。"国中有四大安,而王居一安"为简本老子原文,其中"国"作"國"。帛书本作"国中有四大,而王居一焉",河上公本、王弼本作"域中有四大,而王居其一焉",傅奕本作"域中有四大,而王处其一尊",范应元本作"域中有四大,而人居其一焉"。

天地化育万物的无私与博大。第六章则曰："谷神不死，是谓玄牝，玄牝之门，是谓天地根。绵绵若存，用之不勤。"此处的"谷神""玄牝"都用来形容"道"。老子在说到"道"之后，又紧跟着提到了"天地"，认为"道"是"天地"的起源，并说明"道"生育万物是没有穷尽的。第七章："天长地久。天地所以能长且久者，以其不自生，故能长生。"第三十二章："道常无名，朴虽小，天下莫能臣也。侯王若能守之，万物将自宾。天地相合以降甘露，民莫之令而自均。"此处老子提到的"道""天""地""侯王"与"民"，还是二十五章中的四"大"。老子始终是把"天地"，而非阴阳，放在"道"之后来说。《老子》所说的道生万物过程中的"二"为"天地"，这在《老子》一书中"天地"的多处用法中可以看出来。①

将老子的"二"解释为"阴阳"或"阴阳二气"，并认为《老子》四十二章是一个万物气化的生成过程的观点，便是用战国时期的《易传》《庄子》和汉代的气化宇宙论来解释老子的宇宙论。老子的宇宙论尽管提到了"万物负阴而抱阳，冲气以为和"，但是，阴阳二气在构成宇宙中的地位和作用，在春秋末期的老子那里，并没有像在战国时的《易传》《庄子》以及汉代的《淮南子》中那样突出和明显。这也是"气"的思想本身逐步发展的体现。"气"在殷商甚至更早时被作为沟通、乞求神灵的媒介，到老子这里，转变为通过人的修养，人与道之间进行沟通的媒介。但是，在万物的本原上，老子主张"道"是万物的最终本原，后来道家在这一点上和老子是一致的。而与后

---

① 高亨与陈鼓应也指出，《老子》四十二章描述宇宙生成过程的"二"为"天地"而非阴阳二气。高亨在《重订老子正诂》中认为，"一"是天地未分之元素，"二"为"天地"，"三"是"阴气""阳气""和气"。他在《老子注译》中基本持此意。陈鼓应认为，"一"是浑沌未分之"道"的统一体，"二"为"天地"，"三"为"阴阳之气"。分别参见高亨《高亨著作集林第五卷·老子正诂》，北京：清华大学出版社，2004 年，第 135 页；高亨《高亨著作集林第五卷·老子注译》，北京：清华大学出版社，2004 年，第 339、340 页；陈鼓应《老子今注今译》，北京：商务印书馆，2003 年，第 235、237 页。本书认为老子所说的"二"为"天地"而非阴阳二气的同时，与高亨和陈鼓应观点不同的是，结合阴阳气化宇宙观的形成与流传等因素，进一步分析老子将"天地"放在阴阳二气之前的具体原因，以及说明相比阴阳二气在老子宇宙论那里被放到靠后的位置，老子对阴阳二气的重视更多地体现在其修养论上。

世道家不同的一点则是，在老子那里，宇宙的生成还主要不是阴阳二气的互相作用，而是"道"与"天""地"之间的互动。也就是说，在老子那里，"天""地"的地位比阴阳二气的地位要高。《老子》四十二章所说的道生万物的过程中的"一"为从"道"而来的整体性，"一"也往往指"道"，"二"为"天"与"地"，"三"为天地相合所产生的阴阳二气与和气，阴阳二气及和气产生了万物。这也就是老子的"道生一，一生二，二生三，三生万物，万物负阴而抱阳，冲气以为和"的宇宙生成论。

《老子》宇宙论中天地之所以要早于阴阳，与阴阳二气的流传有关。毕竟，在老子那里，阴阳思想刚突破以前原始宗教的框架，还没有得到进一步的发展成熟。老子在给阴阳二气以宇宙论上的作用时，还保留着宇宙论上的直观特性。"天""地"的多处使用正是老子宇宙论直观性的体现。

庞朴认为，五行、八卦、阴阳各自起源于三种不同的占卜方法（龟卜、卦卜、枚卜），代表了古中国东方殷人、西方周人、南方楚人不同的部族文化。庞朴还认为，八卦的原始，与阴阳本是无涉的，先秦儒家孔子和孟子那里，并没有特别重视阴阳，是因为阴阳思想作为一种文化，起源于南方楚地，为先秦道家所发展，而儒家思想的来源是八卦的尚中思想。《易传》中的"一阴一阳之谓道"的思想，产生于老子之后，是西方周人文化与南方楚人文化某个时机的融合。庞朴指出，《离骚》中"索藑茅以筵篿兮，命灵氛为余占之"，以及《左传》哀公十七年的"（楚惠）王与叶公（子高）枚卜子良以为令尹。沈尹朱曰：'吉，过于其志。'"等所记载的占卜之术就是枚卜。枚卜流行于楚地，以一俯一仰为圣茭，俯为阴，仰为阳，为最早的阴阳思想。①如果我们在庞朴的解释之上再进行引申便可发现，在楚人那里阴阳不只是某种阳光的洒射与否，不只是某种自然界的力量，而是用来沟通神意的力量，即具有"气"原初的"乞求"之意。这也就使得后来阴阳观念与"气"结合在一起，在南方楚人那里具有了和北方的殷人或周人不同的功能与属性。老子的宇宙论虽然整体上还不是气化宇宙论，但是用阴阳之气代表"二"确实是其宇宙论的一个环节。屈原在《天问》中所说的"阴阳三合，何本何化？"也对阴阳之气与万物的本原联系起来进行追问。同为楚人的庄子更是从阴阳

---

① 庞朴：《阴阳五行探源》，《中国社会科学》1984年第3期。

气化的角度论述宇宙万物的形成。南方楚人的阴阳气化思想有着久远的传统。

阴阳二气在老子那里修养论上的意义要大于宇宙论上的意义。在老子那里，"阴阳"二气首次以哲学的形式出现，但只提了一次。在论述了"道生一"，"一生二"，即"道"的统一性分化为"天"与"地"后，又说到"二生三"，"万物负阴而抱阳，冲气以为和"。我们可以将老子的"三"推断为阴阳二气以及二者相互作用产生的和气。我们也可以说在老子那里，尽管在生成的顺序上，阴阳二气在天地形成之后，但阴阳二气已经具有了宇宙论上的地位。《老子》全书中，只说了"二生三"这么三个字。应该看到，"万物负阴而抱阳，冲气以为和"说明，在老子那里阴阳二气在很大程度上是被当作万物的属性来把握的，而且老子强调的是阴阳二气内在于万物，万物都离不开阴阳二气。万物之所以能够生长繁育是因为能够秉持阴阳二气交合所产生的和气。老子所说的阴阳二气的"和气"之"和"，是任何事物达到整体平衡所必需的前提。① 这种"和气"在老子看来最大的特点就是"柔和"，人就是要保守这柔和之气才能够真正地长久。

《吕氏春秋·审分览·不二》曰"老耽贵柔"。"老耽"即老聃。《淮南子·缪称训》曰："老子学商容，见舌而知守柔矣。"《高士传·商容》曰：

> 商容，不知何许人也。有疾，老子曰："先生无遗教以告弟子乎？"容曰："将语子。过故乡而下车，知之乎？"老子曰："非谓不忘故耶？"容曰："过乔木而趋，知之乎？"老子曰："非谓其敬老耶？"容张口曰："吾舌存乎？"曰："存。"曰："吾齿存乎？"曰："亡。""知之乎？"老子曰："非谓其刚亡而弱存乎？"容曰："嘻！天下事尽矣。"

可见，老子之贵"柔"也是有其师承。"专气致柔，能婴儿乎？""心使气曰强"（五十五章）等的论述，反对以"心"使"气"，认为这样会使"气"走向暴强，都是在修养论上强调如何存守柔和之气。

---

① 徐水生：《中国哲学与日本文化》，北京：中华书局，2012年，第236页。

二、"专气致柔"的两个维度：生生之德与无为而治

老子气论一方面注重个体的修养维度，另一方面，又强调国家的"圣人""侯王"通过"气"的修养以实现无为而治。老子气论的个体维度，用"婴儿""赤子""水"等喻象体现个体之"气"的修养所达到的柔和程度。当然，老子较为关心的还是"气"的修养对现实政治的作用。老子把对现实政治的改良寄托在"圣人""侯王"等当政者的身上，认为只要统治者在"气"的修养上能够做到"少私寡欲"（十九章）、"辅万物之自然，而不敢为"（六十四章）等，"天下将自定"（三十七章），无为而治的目标就能够实现，国家就能够治理好。当然，老子气论在侯王无为而治理念上的诉求可以说是个体修养维度的进一步延伸，只是治理国家的侯王并不是一般的普通人。这样看来，老子的气论一方面可以看作具有普通个体在涵养上所达到的谦下、怀柔等特征，另一方面又是侯王在身国同构的基础上实现无为而治的必要条件。

老子气论在个体的修养维度关注的是生命本身之生生之德。《老子》五十五章有：

> 含德之厚，比于赤子。蜂虿虺蛇不螫，猛兽不据，攫鸟不搏。骨弱筋柔而握固，未知牝牡之合而全作，精之至也。终日号而不嗄，和之至也。
>
> 知和曰常，知常曰明，益生曰祥，心使气曰强。物壮则老，谓之不道，不道早已。

老子反对以"心"使"气"，认为这样就会使"气"走向柔弱的反面——坚强。在老子看来，万物之所以生生不已，是因为柔弱，而万物之所以死亡是因为坚强。"人之生也柔弱，其死也坚强。万物草木之生也柔脆，其死也枯槁。故坚强者死之徒，柔弱者生之徒。是以兵强则不胜，木强则兵。强大处下，柔弱处上。"（七十六章）这也就是老子所说的"物壮则老，谓之不道"。

为了避免"物壮则老"的情况出现，就不能以"心"使"气"。不以"心"使"气"，是什么意思呢？也就是说要听任与保持"气"的柔和与自然之状。这里关键是要弄清楚老子所说的"心"是什么意思。

《老子》全书多处论述到"心"，基本上都是强调"心"要保持"无欲""虚静""无为""不争"的状态，如第三章有："虚其心，实其腹；弱其志，强其骨。"并且要"无知无欲"。范应元注曰："上无贵尚，则民不妄想，人欲去也，兹不亦虚其心乎？上怀道德，则民抱质朴，天理存也，兹不亦实其腹乎？上守柔和，则民化而相让，气不暴也，兹不亦弱其志乎？上无嗜欲，则民化而自壮，体常健也，兹不亦强其骨乎？能如是，则可使民无知无欲也。此四句有专就修养上解者，然前后文皆有正己化民之意。"①对"虚其心"释德清注曰："是则财色名食，本无可欲，而人欲之者，盖由人心妄想思虑之过也。"对"弱其志"则注曰"不起奔竞之志，其志自弱"②。贪欲之心，奔竞之志会使"气"暴而难抑，盲动则招致祸患。老子对此有着形象的描绘："五色令人目盲，五音令人耳聋，五味令人口爽，驰骋畋猎令人心发狂，难得之货令人行妨。是以圣人为腹不为目，故去彼取此。"（十二章）老子认为，向外逐物不返的生活尽管暂时满足了人的某种欲望，但最后却会招致凶险与灾祸，因为追逐外在的欲望会使人的"心"发狂。这并不是"弱其志"，而是"强其志"。这也就变成了老子所说的以"心"使"气"，从而走向了"强梁者不得其死"的后果。老子反对"心"之"狂"，"志"之"强"，而反复主张"虚其心""弱其志"，落实到他的气论上则是主张"专气致柔"的修养论。因此，老子的"心"与"气"是紧密相连的两个概念。有什么样的"心"就有什么样的"气"，相应的，有什么样的"气"也会助长什么样的"心"。在老子那里，"心"与"气"并不分先后。当"心"处于某种状态时，"气"也就同时处于同一状态。当养"气"到一定程度时，"心"自然也就处于相应的状态。老子于是提出"心善渊"的主张。"心善渊"说明"心"的修养应该效法"水"的渊静、不动、内守，而不外驰、不激荡。这个时候就不是"心使气"，而是

---

① （宋）范应元：《老子道德经古本集注》，上海：华东师范大学出版社，2010年，第8页。

② （明）释德清：《道德经解》，上海：华东师范大学出版社，2009年，第37、38页。

"心"与"气"的互相融合。

那么,老子反对"心使气",强调"虚其心""弱其志"以达到"气之柔",并时时避免"逞强""坚强",这是否意味着老子的心气论主张一味地消极退守?其实并不是。老子在方法论上恰恰是积极的,最终要实现以柔克刚。《老子》七十八章云:"天下莫柔弱于水,而攻坚强者莫之能胜,其无以易之。弱之胜强,柔之胜刚,天下莫不知,莫能行。"作为史官的老子,深知事物盛极而衰,物极必反的道理,所以他才说"物壮则老,谓之不道,不道早已"。这里面除了有极其深刻的辩证思想外,也贯穿着老子的心气论思想。要防止事物向相反的方向转化,就要持守柔弱之道,防止"心气"一味地逞强,始终谦虚谨慎,使事物的发展留有余地。而"柔弱"之所以能够胜过"坚强",从老子气论的角度看,是因为"坚强者死之徒,柔弱者生之徒"。万物之所以能够生长,是因为秉有阴阳之柔和之气,而万物的死亡则是由于其柔和之气要么已经被"暴强"之气所代替而走向衰亡,要么已经离开其躯体。前者往往是由向外逐物不返的"心之狂""气之暴"导致的,后者则是生命的自然变化过程。老子反对的是前者的恣意妄为。老子的心气论注重"心"与"气"的协调,提出了"虚其心"以达"气之柔"的具体修养方法。

在老子看来,婴儿之"气"天然具有的柔和特征和"水"的特征是一致的。《老子》曰:"专气致柔,能婴儿乎?""专"当读为"抟",指的是对"气"的集聚。但是,老子所说的对"气"的集聚又主张达到柔和的境地。他用"婴儿"的状态来说明这种柔和。《老子》中还有:"众人熙熙,如享太牢,如春登台。我独泊兮其未兆,如婴儿之未孩。"河上公注曰:"熙熙,淫放多情欲也;如饥思太牢之具,意无足时也。春阴阳交通,万物感动,登台观之,意志淫淫然。我独泊然安静,未有情欲之形兆也。如小儿未能答偶人时也。"[1] 泊然安静的状态也就是婴儿之"气"柔和之时。《老子》二十八章又曰:"知其雄,守其雌,为天下溪。为天下溪,常德不离,复归于婴儿。"《广雅》曰"溪,谷也"。"雌"与"溪"都表示卑下柔弱之德,依然在说"气"之"柔"。

老子心性修养论中存在着重"水"和重"气"并存的现象。"水"与"气"

---

[1] 王卡点校:《老子道德经河上公章句》,北京:中华书局,1993年,第80页。又《吕氏春秋·仲春季·仲春》曰"以太牢祀于高禖",高诱注曰"三牲具曰太牢"。

在老子那里有着天然紧密的联系。老子说到的"气"的"柔和"之特征,"水"也具有。"气"的修养所要达到的目的,在老子那里,被用"水"的喻象以及婴儿、赤子来形容。

作为楚人的老子受到楚地重"水"文化的影响,其特别强调"圣人"的修养要效仿"水"之"柔弱"的德行。"上善若水。水善利万物而不争,处众人之所恶,故几于道。居善地,心善渊,与善仁,言善信,正善治,事善能,动善时。夫唯不争,故无尤。"(八章)朱谦之曰:"古代道家言,往往以水喻道。"[1] 在老子看来,大道本身"周行而不殆"(二十五章),就是无为、不争、柔弱的。"反者,道之动;弱者,道之用。"(四十章)王弼注曰:"动皆知其所无,则物通矣。故曰'反者,道之动'也。"对于"弱者,道之用",则注曰:"柔弱同通,不可穷极。"[2] 老子同时也用江海来比喻"道"。"譬道之在天下,犹川谷之于江海"(三十二章),"江海所以能为百谷王者,以其善下之,故能为百谷王"(六十六章)。

在老子看来,"道"本身是柔弱的,为了体"道",行"道",作为人的行为延伸的"德"也必然要与"道"相符。老子推崇的"德"总的来说也要柔弱。"德"需要一定的修养方法,才能具有。于是老子提出了"专气致柔"的修养方法。"气"的修养同样需要达到柔弱的境界,他又用"婴儿"的和柔之气来说明,同时也用"水"的柔弱来作比喻。"水"在老子那里不仅是象征"道"的喻象,同时也是人之"德"要效仿的对象,也是"气"的修养所要达到的状态。由于老子在宇宙生成论上认为道生一,一生天地,天地又生出阴阳二气与和气,阴阳二气距离万物是最直接的,也即万物负阴抱阳,冲气以为和。万物之中都含有柔和之气,而人的修养也就是要养此生生不已的柔和之气。

从生存论上来说,老子所说的柔和之气是在强调个体的生生之德。但这不是老子气论的全部,从《老子》全书的立意来说,老子气论是服务于老子无为而治的政治构想的。《老子》一书五千余言,其旨归是无为而治。老子对

---

[1] 朱谦之:《老子校释》,北京:中华书局,2000年,第31页。

[2] (魏)王弼注,楼宇烈校释:《老子道德经注校释》,北京:中华书局,2008年,第110页。

于天道的论述，也是要通过以天道明人道的方法实行无为而治。"道常无为而无不为，侯王若能守之，万物将自化"（三十七章）；"天长地久。天地所以能长且久者，以其不自生，故能长生。是以圣人后其身而身先，外其身而身存。非以其无私邪？故能成其私"（七章）等。《老子》最后一章则带有总结性地说道："天之道，利而不害。圣人之道，为而不争。"（八十一章）

老子说到天道的地方，核心都是在强调天道的柔弱、不争、无为等特性，圣人只有效法天道，其治理天下才能长久、得当。既然天道柔弱，治理天下的圣人如何才能体会到天道的柔弱呢？这就需要在修养论上做到"专气致柔"，并避免"心使气曰强"的情况出现，从而谦下、无为、不干预，让天下事物都按照各自的天性自然而然地发展，"无为而治"的构想也就能够实现了。

老子惜墨如金，《老子》全书又言简意赅。统治者对"气"的修养和无为而治之间的具体关系，在老子那里并没有系统展开。但是，老子气论思想对后世道家产生了重大影响。老子气论整体上主"柔"的特点被后世道家所继承。庄子对老子气论在个人生命的养护与个体的逍遥超脱方面进行了充分发挥。老子所注意到的气论与无为而治之间的关系，在黄老道家那里被发扬光大。

第二章
《庄子》的"通天下一气"

继老子之后,道家气论在庄子这里达到了一个高峰。与老子相比,"气"的含义在庄子这里变得更为丰富。庄子更为关心且论述较多的是哲学意义上的精纯之"气"。

《庄子》中对"气"的涵养的论述相较《老子》则更为丰富和深刻。关于"气"的涵养,《老子》中只是说到要"专气致柔",反对"心"对"气"的主宰使"气"变"强"。而《庄子》则进一步提出了"心斋"(《人间世》)、"吾丧我"(《齐物论》)、"坐忘"(《大宗师》)、"纯气之守"(《达生》)等"气"的涵养方法。在"气"的作用方面,《庄子·知北游》曰:"通天下一气耳。"相比较老子,《庄子》更为重视"气"的贯通作用。《庄子》认为,"气"有三种至关重要的贯通功能,分别为"气"在道生万物的过程中对"道"与"物"的贯通;"气"在认识环节对"道"与"人"的贯通;"气"在"道进乎技"中对"道"与"技"的贯通。庄子认为,正是"气"使"道"从"无"中生"有",这可以称为"气"之"生";人通过养"气"能够认识"道",这可以称为"气"之"养";人通过守"气",使"道"指导"技",这可以称为"气"之"用"。可以说,对这三个问题的回答系统地贯穿了《庄子》整个文本的全过程。庄子认为,个体生命的逍遥之"游"与"天人合一"的境界是"气"的作用的另一种形式。

在继承《老子》气论在个体修养层面注重生生之德的基础上,《庄子》[①]的气论在个体生命的养护、安顿、逍遥上则展现了更为丰富而深刻的面向。

第一节 "气"的多重意蕴与精纯之"气"

一、"气"的多重意蕴

《庄子》中除了直接使用"气",以及阴阳二气外,涉及"气"的词还有"纯气"、"云气"、"天气"、"地气"、"人气"、"六气"、"春气"、四时之"气"、"血气"、"神气"、"志气"、"邪气"、"忿滀之气"等;指代"气"的词有"一""机""和""风""雾""白""鸿蒙""终始""太虚""暗醷物""逍遥之虚"等。在这一系列的"气"之中,庄子最为关心的是阴阳之"气""纯气"之类的"气"。因为,在庄子看来,这类"气"是比较精纯的"气",和"道""天""地""人""物"等有着微妙而重要的联系。庄子在哲学意义上讨论"气"时,往往指的是这类"气"。

《庄子》中的"气"可分为三类:现象界之"气"、身体之"气"、精纯之"气"。

[①]《汉书·艺文志》曰"《庄子》五十二篇"。《经典释文序录·庄子》曰"注者以意去取"。可见,郭象编《庄子》三十三篇,分内、外、杂篇而注庄,是从《庄子》一书的文意出发而为的。包括郭象在内,从成玄英、陆德明,到清人王先谦、郭庆藩等皆未从是否为庄子所作来区分内、外、杂篇。成玄英更是在其《庄子序》中说得明白:"内篇名于理本,外篇语其事迹,杂篇杂明于理事。"一般认为,《庄子》内篇基本为庄子本人所作;外、杂篇有一些为庄子后学所增益的内容,其余为庄子本人所写。至于哪些是庄子后学所增益之内容,学界意见不一,故应具体字词句段,具体对待。王叔岷说:"郭本庄子,乃郭象删定之庄子,欲探求庄书旧观,首当破除今本内、外、杂篇之观念。"参见王叔岷《庄学管窥》,北京:中华书局,2007年,第20页。本书对《庄子》气论的讨论立足于《庄子》整个文本。为了论说方便,本书用"庄子"统称现存《庄子》文本内、外、杂篇的作者。

第二章 《庄子》的"通天下一气" | 061

现象界之"气",有"云气"、"天气"、"地气"、"六气"、"春气"、四时之"气"、"风"、"雾"等。提到"云气"的,如"有鸟焉,其名为鹏,背若太山,翼若垂天之云,抟扶摇羊角而上者九万里,绝云气,负青天,然后图南,且适南冥也"(《逍遥游》);"乘云气,御飞龙,而游乎四海之外"(《逍遥游》);"若然者,乘云气,骑日月,而游乎四海之外"(《齐物论》);"乘云气而养乎阴阳"(《天运》);"云气不待族而雨,草木不待黄而落"(《在宥》)。提到"天气""地气""六气"的,如"天气不和,地气郁结,六气不调,四时不节"(《在宥》);"若夫乘天地之正,而御六气之辩,以游无穷者,彼且恶乎待哉"(《逍遥游》)。成玄英疏《在宥》之"六气"曰"阴阳风雨晦明,此六气也"。① 郭庆藩在解释《逍遥游》"六气"时也认为,以"阴阳风雨晦明"为"六气"之说为最古。② 《左传·昭公元年》曰"天有六气",又说:"六气曰阴阳风雨晦明也。"可知"阴阳风雨晦明"原指自然之气。阴阳之"气"是六种自然之"气"中较为重要者,故庄子称"阴阳者,气之大者也"(《则阳》)。提到"春气"的,有"夫春气发而百草生,正得秋而万宝成"(《庚桑楚》)。提到四时之"气"的,有"四时殊气,天不赐,故岁成"(《则阳》)。提到"风"的,有"夫大块噫气,其名为风"(《齐物论》)。提到"雾"的,有"孰能登天游雾,挠挑无极;相忘以生,无所终穷"(《大宗师》)。

《庄子》中也较为留意人的身体之"气"。这里说的"身体"包括人的肉体和精神两个方面,如"血气""神气""邪气""忿滀之气"等。其中,"血气"指人的生理之"气","神气""邪气""忿滀之气"指要克服的由负面情绪引起的"气"。提到"血气"的,有"矜其血气以规法度"(《在宥》);提到"神气"的,有"汝方将忘汝神气,堕汝形骸,而庶几乎!而身之不能治,而何暇治天下乎"(《天地》)③;提到"邪气"的,有"平易恬淡,则忧患不能入,邪气不能袭,故其德全而神不亏"(《刻意》);提到"忿滀之气"的,有"夫忿滀之气,散而不反,则为不足;上而不下,则使人善怒;下而不上,则

---

① (清)郭庆藩:《庄子集释》,北京:中华书局,2012年,第396页。
② (清)郭庆藩:《庄子集释》,北京:中华书局,2012年,第24页。
③ 《庄子》中提到"神气"的地方并不全是指具有负面情绪的"气",还有正面作用的"气",如"夫至人者,上窥青天,下潜黄泉,挥斥八极,神气不变"(《田子方》)。

使人善忘；不上不下，中身当心，则为病"（《达生》）等。

《庄子》一书中最为关注的是哲学意义上比较精纯的"气"。除了用"气"（包括"阴""阳"二"气"）来直接指称这样的"气"外，还用其他的词来称呼，诸如"纯气""神气"等，以及一些指代精纯之"气"的字词，如"一""机""和""白""鸿蒙""终始""太虚""暗醲物""逍遥之虚"等。直接用"气"以及"阴""阳"二"气"来指称精纯之"气"的，如宇宙生成论方面的。"察其始而本无生，非徒无生也而本无形，非徒无形也而本无气。杂乎芒芴之间，变而有气，气变而有形，形变而有生，今又变而之死，是相与为春秋冬夏四时行也"（《至乐》）；"人之生，气之聚也。聚则为生，散则为死"（《知北游》）；"至阴肃肃，至阳赫赫；肃肃出乎天，赫赫发乎地；两者交通成和而物生焉，或为之纪而莫见其形"（《田子方》）；"通天下一气耳"（《知北游》）；"是故天地者，形之大者也；阴阳者，气之大者也；道者为之公"（《则阳》）；"阴阳相照相盖相治，四时相代相生相杀"（《则阳》）；等等。

用其他词指代宇宙生成方面精纯之"气"的。用"鸿蒙"来指代"气"："云将①东游，过扶摇之枝而适遭鸿蒙。"（《在宥》）用"一"来指代"气"："泰初有无，无有无名；一之所起，有一而未形。物得以生，谓之德；未形者有分，且然无间，谓之命；留动而生物，物成生理，谓之形；形体保神，各有仪则，谓之性。性修反德，德至同于初。"（《天地》）用"机"②来指代"气"："万物皆出于机，皆入于机。"（《至乐》）用"和"来指代"气"："生非汝有，是天地之委和也……天地之强阳气也，又胡可得而有邪！"（《知北游》）用"暗醲"指代"气"："自本观之，生者，暗醲物也。虽有寿夭，相去几何？"（《知北游》）③

《庄子》中所要修养的则是上述精纯之"气"。有关这方面，直接用"气"

---

① 成玄英疏曰："云将，云主将也。鸿蒙，元气也。"（清）郭庆藩：《庄子集释》，北京：中华书局，2012年，第394页。

② 庄子还用"机"指代"气"，以说明"气"的修养。如《应帝王》中壶子向神巫与列子显示的"杜德机""善者机""衡气机"几种境界。

③ 成玄英疏之曰："本，道也。暗噫，气聚也。"（清）郭庆藩：《庄子集释》，北京：中华书局，2012年，第741页。

和"阴""阳"之"气"的:"气也者,虚而待物者也"(《人间世》);"彼方且与造物者为人,而游乎天地之一气"(《大宗师》);"汝游心于淡,合气于漠,顺物自然而无容私焉,而天下治矣"(《应帝王》);"欲静则平气,欲神则顺心,有为也"(《庚桑楚》);"我为女遂于大明之上矣,至彼至阳之原也;为女入于窈冥之门矣,至彼至阴之原也。天地有官,阴阳有藏,慎守女身,物将自壮"(《在宥》);等等。

用其他指代"气"的字词来论述"气"的修养的。用"无何有之乡""圹垠之野"来指称"气":"而游无何有之乡,以处圹垠之野。"(《应帝王》)用"无有"来指称"气":"立乎不测,而游于无有者也。"(《应帝王》)用"无穷"与"无极"指称"气":"入无穷之门,以游无极之野。"(《在宥》)用"滓溟"来指称"气":"大同乎涬溟,解心释神,莫然无魂。"(《在宥》)①用"终始"来指称"气":"游乎万物之所终始"(《达生》)。用"太虚"指称"气":"是以不过乎昆仑,不游乎太虚。"(《知北游》)

《庄子》中还进一步探索精纯之气的修养在技艺实践领域的应用。直接用"纯气""气""阴""阳"二"气"的:"是纯气之守也,非知巧果敢之列"(《达生》);"壹其性,养其气,合其德,以通乎物之所造"(《达生》);"虽然,有一焉。臣将为镰,未尝敢以耗气也,必齐以静心"(《达生》);"吾又奏之以阴阳之和,烛之以日月之明"(《天运》);等等。

二、精纯之"气"

《庄子》中所说的"云气"、"天气"、"地气"、"春气"、四时之"气"、"风"、"雾"等现象界的"气",可以被看作是不同于西方原子论意义上的具有连续性的极小的物质微粒。而在宇宙创生方面的"阴""阳"之"气"、"鸿蒙"、"纯气"等,则生成了自然界中的具体的"气",却又比那些现象界的"气"更为精纯,更加接近"道",可以说是"道"创生万物过程中仅次于"道"的存在。精纯之"气"的属性已经不是单纯的连续性的物质微粒了。

---

① 成玄英疏曰:"溟涬,自然之气也。"(清)郭庆藩:《庄子集释》,北京:中华书局,2012年,第399页。

将庄子所说的精纯之"气"把握为现在的"物质"概念，总是解释不了为何在庄子那里非"物质"的"道"又如何产生出"物质性"的"气"。说"气"具有功能动力的内涵，主要不是指功能动力寓蕴于"气"物质之中，而是说"气"本身同时就是标示功能与动力的概念。[①] 庄子的"气"并非宇宙里固著凝定之因子，而是综摄之总体力量。我们将进一步追问：作为"功能与动力"和"综摄之总体力量"的"气"在《庄子》中又是如何被具体把握的？又有哪些重要特性？严格意义上来说，在庄子那个时代，并没有后世来自西方的"物质"和"精神"这样泾渭分明的概念。庄子在宇宙生成、心性修养、技艺运用等方面所说的"气"，用庄子自己的概念来说，其实是"无"和"有"的统一，是"心""物"未分之前的存在。"无有"是庄子对"气"的一种直截了当的称呼。如果一定非得用现在的"物质"和"精神"概念来说的话，庄子所重视的精纯之"气"其实是"物质""精神"的统一或者未分之前的存在。不过，本书立足于用《庄子》文本以及中国哲学自己的概念来分析《庄子》中"气"的思想。

《庄子》中提到"物"字的地方较多，表示现象界相对"我"而言的事物。"其神凝，使物不疵疠而年谷熟。"（《逍遥游》）"与物相刃相靡，其行尽如驰，而莫之能止，不亦悲乎！"（《齐物论》）"彼且择日而登假，人则从是也。彼且何肯以物为事乎！"（《德充符》）"故执德之谓纪，德成之谓立，循于道之谓备，不以物挫志之谓完。"（《天地》）在庄子看来，"物"和"形"有着紧密的联系，"物成生理，谓之形"（《天地》），"万物以形相生"（《知北游》）。庄子也常用"形"来指称人的身体。"形固可使如槁木，而心固可使如死灰乎？"（《齐物论》）"劳君之神与形"（《徐无鬼》）。对庄子来说，人之"身"与万物都是有"形"的存在。《庄子·至乐》中有"气变而有形"，可见在有形之物之前，"气"已经存在了，故"气"并非任何有形之物。《知北游》曰："有先天地生者物邪？物物者非物。物出不得先物也，犹其有物也。犹其有物也，无已。"庄子已经明确指出，先天地生者，使"物"能够成其为"物"的，并非"物"本身。因为如果"物物者"还是"物"的话，会陷入此"物"之先还有彼"物"的无限循环。郭象认为此处庄子是说"物"皆"自然"之意，

---

① 刘长林：《"气"概念的形成及哲学价值》，《哲学研究》1991年第10期。

用自己的"独化"理论来解释，曰："明物之自然，非有使然也。"成玄英亦承郭意，曰："明物之自然耳。"①可是，若用"物"之"自然"来解释先"物"者，还是落入了庄子所反对的"物物者为物"的循环。我们要是追问：是什么使得"物"的存在如此"自然"？用庄子的话来回答就是"气"。可见，郭象与成玄英用"独化说"解释庄子宇宙生成论是不当的，因为他们忽略了庄子本人强调的"气"在"道"生成万物中的重要沟通作用。从"物"的起源看，"物"产生于"气"之变；从"物"的存在方式看，永恒运动变化的"气"决定了"物"只能以永恒运动变化的方式存在。②对此，《庄子·在宥》篇已经给出了回答。"物而不物，故能物物。明乎物物者之非物也，岂独治天下百姓而已哉！"这里，庄子依然认为只有非"物"的存在才能造就万物。那么，为何说庄子这里说的非"物"或者先"物"的存在就是"气"呢？稍微留意一下庄子论述之前的文字，我们就会发现，庄子这段话其实是对在此之前的"云将"和"鸿蒙"对话的一个总结性论述。云将东游，而遇鸿蒙，向鸿蒙请教如何治理天下，但是鸿蒙并没有回答。过了三年，云将又遇见鸿蒙，便又向鸿蒙请教。鸿蒙的回答中有句话："堕尔形体，吐尔聪明，伦与物忘；大同乎涬溟，解心释神，莫然无魂。"（《庄子·在宥》）此处的"涬溟"前文已经指出，是指"自然之气"。鸿蒙的回答便是从治理天下的角度建议云将无为而治。不过，具体方法却是"大同乎涬溟"，也就是同乎"自然之气"。何为"自然之气"呢？其实，这里的"鸿蒙"便是"自然之气"。对"云将东游，过扶摇之枝而适遭鸿蒙"，成玄英疏之曰："云将，云主将也。鸿蒙，元气也。扶摇，神木，生东海也。亦云风……夫气是生物之元也，云为雨泽之本也，木是春阳之乡，东为仁惠之方。举此四事，示君王御物，以德泽为先也。"③可见，庄子所说的"云将""鸿蒙""扶摇"都和"气"有关。其中，"鸿蒙"作为"元气""自然之气"，为所有"气"中最为根本者。"自然之气"的"自然"并非现在所说"自然界"之"自然"，而是"自然而然""本然"之意。庄子此处的行文是用宇宙的气化本质，来说明圣人之治要和宇宙的结构相符合、

---

① （清）郭庆藩：《庄子集释》，北京：中华书局，2012年，第759页。
② 陈永杰：《〈庄子〉之"气"辨》，《江南大学学报（人文社会科学版）》2005年第2期。
③ （清）郭庆藩：《庄子集释》，北京：中华书局，2012年，第394页。

相协调，顺应、涵养"元气"之自然，这样才能治理好天下。可以发现，庄子是将"气"作为与"物"不同的存在来使用的。从《庄子》中"物物者非物""物而不物，故能物物"，以及"气变而有形"等论述可以看出，庄子所说的在"物"之先且生成"物"的"气"并不是"物"本身。

《庄子》中的"气"和"精神"之间又是什么样的关系呢？"精神"[①]一词在《庄子》中的意义和我们现在所说的"精神"一词不同。我们现在说到"精神"是相对于"物质"这个"实有"概念来说，一般指人的意识、思维这样的活动。对庄子来说，"物"并非一个"实有"概念，而是一个有形的处在不断流变过程中的短暂性存在。精神和万物的关系，在庄子看来，并不是现在人们常说的主体和客体之间相互对立的关系，而是生成与被生成的关系，具体来说是"精神"生成万物的关系。这是因为，在《庄子》里，"精神"一词是"精"和"神"的连用，并不是一个纯粹强调意识和思维层面的词，而恰恰相反，强调内外的统一。

"精神"其实在《庄子》中是"气"的另一种说法。"精"指"气"的"有"

---

① 《庄子》中"精神"一词都出现在外、杂篇。按照刘笑敢的观点，《庄子》内篇只有"精"或"神"的单纯词。"精神"一词作为复合词，应该是庄子后学所使用。参见刘笑敢《庄子哲学及其演变》，北京：中国人民大学出版社，2010年，第26—36页。本书认为，用单纯词向复合词的发展来说明《庄子》中篇章的归属给我们提供了一种重要的参考。不过，被学界普遍视为庄子本人所作的《庄子》内篇也有使用复合词的现象。如"大道"（《齐物论》）、"妙道"（《齐物论》）、"道术"（《大宗师》）、"大德"（《人间世》）、"全德"（《德充符》）、"天理"（《养生主》）、"造化"（《大宗师》）、"蝴蝶"（《齐物论》）等。再如《齐物论》曰："劳神明为一，而不知其同也，谓之朝三。"其中就出现"神明"一词。成文于《老子》之后，庄子之前的楚简《太一生水》明言："天地（复相辅）也，是以成神明。神明复相辅也，是以成阴阳。"这说明"神明"一词在《庄子》内篇以及《庄子》之前的道家文献中就已经存在了。和《齐物论》中的用法一样，"神明"一词在《太一生水》里同样表示"神"和"明"的连用，其意义并不同于现在所说的复合词"神明"。熊铁基详细考证了"神明"一词早期的运用。参见熊铁基《对"神明"的历史考察——兼论"太一生水"的道家性质》，武汉大学中国文化研究院编：《郭店楚简国际学术研讨会论文集》，武汉：湖北人民出版社，2000年。虽然有些复合词可能在庄子之前的典籍中没有，但是也不排除在庄子这里开始使用的情况。即使"精神"之类的词是庄子后学所作，在当时"精神"一词也是"精"与"神"的并列连用，和我们今天所说的单纯指意识现象的"精神"之含义也大为不同。

的存在一面;"神"指"气"的"无"的妙用一面。在庄子那里,"精神"与"万物"的关系是从"气生万物"的生成论角度提出的。《刻意》曰:"精神四达并流,无所不极,上际于天,下蟠于地,化育万物,不可为象,其名为同帝。纯素之道,唯神是守;守而勿失,与神为一;一之精通,合于天伦。"我们已经说过,庄子的宇宙论实质是气化论。"气"从"道"而来,"气"又直接生成万物。这里的"精神"不能当作"意识",庄子并非说"意识"的功能强大到如何能"化育万物"。此处庄子所说的"精神"实质上是"气"。庄子认为,"精神"能够"化育万物"是"气变而有形""气生万物"的过程。《庄子》中用"精神"来指代"气"的情况并非此处一例,如《知北游》中孔子与老子的一段对话中也是如此。

> 孔子问于老聃曰:"今日晏闲,敢问至道。"老聃曰:"汝齐戒,疏瀹而心,澡雪而精神,掊击而知!夫道,窅然难言哉!将为汝言其崖略。夫昭昭生于冥冥,有伦生于无形,精神生于道,形本生于精,而万物以形相生。"

这里借老子之口所说的"冥冥"就是《至乐》篇所说的"芒芴",指"道",而"精神"生于"道",说的是《至乐》中"杂乎芒芴之间,变而有气"之意,"精神"指的正是"气"。"形本生于精",此处的"精"指代"精神",强调"精神"之"有"的一面,同样指的是"气",与《至乐》中"气变而有形"意同。"万物以形相生"则与《至乐》中"形变而有生"是一个意思。这里的"精神"则偏重"精"的一面,具有生育万物的功能。再如《天下》篇陈述庄子本人之学曰"独与天地精神往来而不敖倪于万物"。将之与庄子所说"游乎天地之一气"(《大宗师》)对比一下,"独与天地精神往来"所向往的也就是"游乎天下之一气"所追求的自由,"天地之精神"也就是"天地之一气"的另一种说法。这里的"精神"指的就是"气"。对庄子来说,一方面,"道"生"气","道"为"气"的归宿,另一方面,"气"的修养在根本上是"道"在人身上的体现,所以作为"气"的修养的"精神"也同样最终要以"道"为准则和归宿。庄子反对"精神"(亦即"气"的修养)的浅陋,而主张"精神"要归乎"无始"（即道），如《列御寇》曰："敝精神乎蹇浅，而欲兼济道物，太一形虚。"又曰："彼至人者，归精神乎无始而甘冥乎无何有之乡。"同时，《庄子》中用"精神"代指"气"的修养时偏重"精神"一词中"神"字所含的"心神"或"心志"的一面。这时，一方面指"气"的修养时"心神"或"心志"的静定，另一方面也指"心神""心志"或"心术"运用动态的一面，即要符合规律性，如《天道》曰："水静犹明，而况精神！圣人之心静乎！天地之鉴也，万物之镜也。"这里的"精神"一词偏重从"气"的修养维度来说，侧重"心神"的静定状态的修养。《天道》又曰："精神之运，心术之动。"这里的"精神"一词也指"气"的修养而言，不过"心术"的运用要遵循规律性，着重从动态的角度来讲。《庄子》里"精神"一词在指"气"的时候，有时偏向"精神"中"精"的一面，说的是"气"生成万物的神妙作用，有时偏向"精神"中"神"的一面，指"心神"对"气"的修养。之所以会出现这两种偏向，与"精神"一词分别由"精"与"神"两个词构成有直接的关系。

《说文解字》释"精"曰"择米也"。段玉裁注曰："引申为凡最好之称。拨云雾而见青天亦曰精。""精"字本义一方面表示"择优"之意，一方面又和"气"有关。《庄子》中言"精"，在保留"精"字这两种原始之意的同时，又进行了进一步的引申和丰富，如《人间世》曰："鼓筴播精，足以食十人。"此处之"精"当为"米"，言鼓筴扬土择米，以食十人。又《德充符》曰："今子外乎子之神，劳乎子之精，倚树而吟，据槁梧而瞑。"此处之"精"，指"气力"而言。《庄子》中的"精"代指"气"。《刻意》曰："众人重利，廉士重名，贤士尚志，圣人贵精。"这句话是在上面所举"精神四达并流，无所不极，上际于天，下蟠于地，化育万物，不可为象，其名为同帝。纯素之道，唯神是守；守而勿失，与神为一；一之精通，合于天伦"一句之后所说。上文经过分析已经指出，"精神四达并流"一句中的"精神"其实指的是"气"，而此句后面的"圣人贵精"则是对"精神四达并流"一句的进一步概括。"圣人贵精"之"精"代指"精神"，指的是"气"。这和《知北游》中的"形本生于精"用"精"指代前文"精神生于道"中的"精神"，"精"与"精神"都指"气"的用法是一样的。《庄子》中的"精"还指"心神""心志"，如《刻意》曰："形劳而不休则弊，精用而不已则劳，劳则竭。"《达生》曰"形精不亏"，此句之"形"指外在有形的身体，这里的"精"便指内在无形的"心神"或"心志"。"精"又有"精微""玄远"之意。《在宥》曰"至道之精，窈窈冥冥"，即是如此。可见，"精"字的含义在《庄子》里是丰富的。"精"在《庄子》里有时代指"精神"，与"气"同意，有时指"气力"，有时又指"心神"。当指"心神"时，"精"又与庄子所说的"神"字之意是相通的。《庄子》里的"精"还表示"精微"之意。

"神"在《庄子》中也有多重含义。"神"指"神灵"，如《缮性》曰"阴阳和静，鬼神不扰"。这里的"神"是传统意义上的"神灵"的意思，但庄子往往对原始的人格神表示否定。"神"指"心神"或"心志"，如《逍遥游》曰"其神凝，使物不疵疠而年谷熟"，此处之"神"指"心神""心志"。《达生》曰："用志不分，乃凝于神，其痀偻丈人之谓乎！"这是借孔子之口认为痀偻丈人之所以承蜩技艺高超，是因为心志专一的缘故。《徐无鬼》曰"劳君之神与形"，这里的"神"也指"心神"或"心志"。《达生》此处之"神"与《逍遥游》中的"神"意同。《庄子》中的"神"还指"气"，如《知北游》曰："若正汝形，一汝视，天和将至；摄汝知，一汝度，神将来舍。德将为汝美，道将为汝居。汝瞳焉如新生之犊而无求其故！"这段话是啮缺向被衣问道时，被衣所说的话。被衣其实说的正是如何通过养"气"而得"道"的方法。这里的"天和""神"其实指的是"气"。"神"在庄子思想中与"气"的关系直接而密切。庄子也明确将"神"与"气"连用，如《田子方》曰："夫至人者，上窥青天，下潜黄泉，挥斥八极，神气不变。"《庄子》中的"神"还用作动词和形容词。《大宗师》曰"神鬼神帝，生天生地……"是说"道"的神奇作用，"神"被用作动词。《齐物论》曰："至人神矣！大泽焚而不能热，河汉冱而不能寒，疾雷破山飘风振海而不能惊。"这里，"神"用作形容词。可见，《庄子》中的"神"字，除了带指"神灵"，用作动词和形容词外，在哲学意义上主要表示两种含义：一种指"心神""心志"，一种指"气"。

将《庄子》中的"精""神"以及"精神"的用法归纳一下，可以发现，"精""神"都分别指称"气"和"心神"（或心志）。当"精"与"神"连用为"精神"时，"精神"一词也指代"气"。在强调"气"在万物生成上的神妙作用时,"精神"一词会偏向"精神"中"精"的一面,会用"精"来指代"精神"。也就是说,这时"精神"中的"精"指"气","精神"中的"神"指"气"化生万物的神奇性,但有时也会强调侧重"神"的一面,指"心神"或"心志"对"气"的涵养。这个时候,"精神"中的"精"还指"气",但是"精神"中的"神"的意思变成了"心神"或"心志"对"气"的涵养。《庄子》并没有像《管子》四篇那样明确将"精气"连用,明确说"精"为"气"。但《庄子》中用"精""神""精神"指代"气"却是事实。

根据我们上面的分析,"精""神""精神"作为"气"的代称,在《庄子》里同时各自还有"神妙""心神""心志"方面的含义。这也就指示我们,"气"在庄子这里其实并非一个单纯的"物质性"的概念,或者说"气"对庄子来说并非有形之"物"或者无形之"物"。如果我们将"气"作为"物质性"的东西或某"物"来把握的话,并不能解释为何庄子的"气"又同时具有"神"的一面,即生化万物的"神妙",以及"心神""心志"的涵养所具有的静定、专一和符合规律的运用。也就是说,对庄子来说,"气"具有不同于"物"的"无"的一面。庄子认为,"道"直接生成"气","气"然后生成万物。"气"之"无"可以说直接来源于"道"之"无",这就决定了人只能在心性修养方面去证会"气",而不能通过任何仪器(不管这种仪器先进到什么程度)去发现"气"。但是,"气"因为又有直接化生万物的功能,"气"在庄子那里并非又完全是"道"之"无",这又是"气"之"有"。在庄子那里,"气"之所以重要,是因为从"气"的本身属性上来说,"气"本来就是既"无"又"有"、既"有"又"无"的,是"无"和"有"的统一体。庄子于是直接称"气"为"无有"。

庄子说到"无有"时,其意涵也是多维度的。"无有"指对"有"的否定,偏向"无"的一面。如《齐物论》曰:"无有为有,虽有神禹,且不能知,吾独且奈何哉!"在这句话中,庄子明确反对把"无有"(即是对"有"的否定,为"无")当作"有"的做法。"无有"表示直接否定之意,如《知北游》曰:"无有所将,无有所迎。""无有"表示疑问的语气,指"有没有",如《至乐》曰:"天下有至乐无有哉?""无有"指代关尹和老聃之学中的"无"和"有"的概念,如《天下》篇论说关尹老聃之学时曰:"建之以常无有,主之以太一。"这里的"无有"是把关尹和老聃之说中的两个重要概念"无"和"有"并列起来论述。"无有"在《庄子》里成为一个特定的概念后,用来指代"气",如《秋水》篇借"蛇"之口说"风"是"蓬蓬然起于北海,蓬蓬然入于南海,而似无有,何也?"《庄子》里的"风"往往被用来表示自然界中的"气"。用"无有"来指代"风",说明"风"并非像"蛇"那样其爬行有形迹可寻,既是无形的存在,又能让人感觉到存在,是天机自然的缘故。庄子不仅用"无有"说明自然界之"气"——"风"的状态,还用"无有"指称生成万物的原始之"气"。《庚桑楚》曰:"有乎生,有乎死,有乎出,有乎入,入出而无见其形,是谓天门。天门者,无有也,万物出乎无有。有不能以有为有,必出乎无有,而无有一无有。圣人藏乎是。"我们知道,庄子将生死的转换与"气"的聚散联系起来。《知北游》曰:"人之生,气之聚也;聚则为生,散则为死。"而《庚桑楚》则曰:"有乎生,有乎死,有乎出,有乎入,入出而无见其形,是谓天门。"在庄子看来,人的生死就像从"天门"的出入一样,"生"为"出","入"为"死"。对庄子来说,人之生既是"气"之"聚",也是从"天门"之"出";人之死是"气"之散,又是从"天门"而"入"。这里的"天门"指的就是"气"。庄子曰:"天门者,无有也。"也正是说"气"为"无有"。正如《知北游》所说"物物者非物","有"的根源不能还是"有",而是"无有",即"气"。"无有"作为"气"则是"无"和"有"的统一,庄子称之为"无有一无有"。用"无有"来称呼"气"其实突出了"气"乃"无"和"有"的结合体的属性。庄子还进一步指出"圣人藏乎是",也就是说圣人"藏于"或"游于"这样的"无有"之中。《应帝王》中就有"立乎不测,而游于无有者也"的说法。此处所说的"无有"便是"气"。《大宗师》则进一步探讨对"无有"(亦即"气")的修养。子贡问孔子曰:"彼何人者邪?修行无有,而外其形骸,临尸而歌,颜色不变,无以命之。彼何人者邪?"孔子的回答中有关键一句:"彼方且与造物者为人,而游乎天地之一气。"(《大宗师》)孔子向子贡解释时把"修行无有"说清楚了,即"游乎天地之一气"。"无有"的本质便是造物者——"气"。孟子反、琴张之所以"临尸而歌",是因为他们知道生死本质上只是"气"的变化,而以生死为一,所以他们才能"游乎天地之一气"。《知北游》中庄子更是安排了一场"光曜"和"无有"的对话来说明"无有"的性质。

  光曜问乎无有曰:"夫子有乎? 其无有乎?"光曜不得问,而孰视其状貌,窅然空然,终日视之而不见,听之而不闻,搏之而不得也。光曜曰:"至矣!其孰能至此乎!予能有无矣,而未能无无也;及为无有矣,何从至此哉!"

  庄子安排的"光曜"和"无有"的名字也是有用意的。"光曜"代表看得见摸得着的有形之物,庄子称之为"有";"无有"代表"无"和"有"的统一——"气"。庄子认为"气"是脱离任何形象而存在的,所以用"视之而不见""听之而不闻""搏之而不得"来形容。《老子》第十四章曰:"视之不见名曰夷,听之不闻名曰希,搏之不得名曰微。"这是老子对"道"的描述,认为"道"是以"无"的形式而存在。庄子这里用老子的这几句话却并非形容"道",而是形容"气"之"无"的一面。这从"光曜"和"无有"的寓言中"光曜"的话可以看出。光曜曰:"予能有无矣,而未能无无也;及为无有矣,何从至此哉!"光曜虽然认为自己能够认识到"无有"之"无",即所谓"予能有无矣",但又说自己还没有认识到"无有"之"有"的一面,即"未能无无也"。也就是说,光曜认识到"无有"之"无"(视之而不见,听之而不闻,搏之而不得也),也就是做到了对"有"的否定,但是光曜还没有达到对"无"进行否定的境界,也就是"无无",以认识到"无有"之"有"的一面。联系前文对"无有"作为"气"的属性的分析,此处庄子安排光曜和无有的对话实则是在强调"气"同时具有"无"和"有"的特殊属性。

  正是因为在庄子那里,精纯之"气"是"无"和"有"的统一体,称为"无有",所以我们不能说"气"是纯粹的意识层面的"心",也不能说"气"是任何有形或无形的"物"。"气"在本质上是"心""物"未分化之初的存在。对人来说,要通达"道",必须涵养"气",以达到宇宙最初"无""有"的合一、"物""我"的两忘。庄子将"气"的修养方法称为"虚",专门提出"唯道集虚"(《人间世》)、"吾丧我"(《齐物论》)、"坐忘"(《大宗师》)等命题与方法来探讨"气"的修养。

《庄子》中的宇宙论、修养论、技艺观，以及与之相连的气化论和自由观都是围绕着精纯之"气"而建立的。下文将分别作具体分析。

第二节　"气"之"生"：对"道"与"物"的贯通

《老子》六十章云："以道莅天下，其鬼不神。"老子否定了原始宗教的神创论对宇宙起源的影响，提出了"道"生万物的宇宙论。"气"在宇宙生成中的作用尽管已经被老子所注意，如"万物负阴而抱阳，冲气以为和"，但是，老子的宇宙论中"天"与"地"的地位要先于"阴""阳"二"气"。老子的宇宙论是"道""天""地""人"四"大"所组成的具有层级的宇宙论。到了庄子这里，阴阳二气在宇宙创生过程中的地位与作用超过了"天"与"地"，庄子的宇宙论呈现出浓厚的气化论的色彩。

庄子妻死，庄子不哭反而鼓盆而歌。惠子因而责怪庄子。但庄子认为，生死只是"气"的流变，其妻虽死，却返回到生命产生之初，参与到春夏秋冬四时的运行中了，是自然而然的、值得庆贺的事。在庄子看来，"道"是万物产生的总根源，"气"也是从"道"而来，"气"直接产生人与万物，人与万物最终又复归于"气"，"气"又复归于"道"。《至乐》篇中庄子向惠子解释他为何"鼓盆而歌"时说：

> 察其始而本无生，非徒无生也而本无形，非徒无形也而本无气。杂乎芒芴之间，变而有气，气变而有形，形变而有生。今又变而之死，是相与为春秋冬夏四时行也。人且偃然寝于巨室，而我噭噭然随而哭之，自以为不通乎命，故止也。

《至乐》篇所说的"芒芴"承继自老子。《老子》二十一章："道之为物，惟恍惟惚。惚兮恍兮，其中有象；恍兮惚兮，其中有物。""芒芴"和"恍惚"

古时通用。关于这一章的"道之为物"一句，高明先生考证马王堆汉墓出土的帛书《老子》后说"从帛书《老子》甲乙本考察，此文不做'道之为物'，而做'道之物'，其中'为'字似为后人增入"。① 笔者赞同高明先生的考证。这也可以从《老子》十四章对"道"的描述看出来："绳绳兮不可名，复归于无物。是谓无状之状，无物之象，是谓惚恍。迎之不见其首；随之不见其后。执古之道，以御今之有。"这里用"惚恍"这个词同样是对"道"的描述。同样是二十一章，傅奕本作："芴兮芒兮，其中有象，芒兮芴兮，其中有物。"②范应元本作"芴兮芒兮，中有象兮，芒兮芴兮，中有物兮"。③暂且不论傅、范本与王本哪个是《老子》底本，可以肯定的是，"恍惚"和"芒芴"是同一个意思，都表示"道"的神秘莫测，不可捉摸。老子用"恍惚"或"芒芴"指称"道"不可捉摸、似有若无的存在状态，庄子借用了老子"恍惚"这个词，或者直接借用老子"芒芴"这个对"道"的描述之词。

《至乐》篇里的"芒芴"说的是"道"以"无"的方式存在的状态。《老子》在多处用"无"来指称"道"，如第一章曰："无名天地之始；有名万物之母。"王弼注曰："凡有皆始于无，故未形无名之时，则为万物之始。及其有形有名之时，则长之、育之、亭之、毒之，为其母也。"④这里的"无名"当指天地还未形成之初"无"的状态，在老子那里指"道"；"有名"指万物的存在与名称，在老子那里用"有"来表示。《老子》十一章曰："有之以为利，无之以为用。"将"无"和"有"各自对人们呈现的特性和作用进行了说明。河上公注曰："言虚空者乃可用盛受万物，故曰虚无能制有形。道者空也。"⑤道藏本"空"之前有"虚"字。这里，老子同样用"无"来指称"道"的特性，用"有"来指称万物的特性。《老子》四十章曰："天下之物生于有，有

---

① 高明：《帛书老子校注》，北京：中华书局，1996年，第330页。
②③ 高明：《帛书老子校注》，北京：中华书局，1996年，第329页。
④（魏）王弼注，楼宇烈校释：《老子道德经注校释》，北京：中华书局，2008年，第1页。
⑤ 王卡点校：《老子道德经河上公章句》，北京：中华书局，1993年，第42页。

生于无。"①直接说出了"无中生有"之意。显然，此处的"无"指"道"，"有"指万物。

同老子一样，庄子也认为作为万物总根源的"道"本身是以"无"的方式存在的。"夫道，有情有信，无为无形；可传而不可受，可得而不可见；自本自根，未有天地，自古以固存；神鬼神帝，生天生地；在太极之先而不为高，在六极之下而不为深，先天地生而不为久，长于上古而不为老。"(《大宗师》)在庄子看来，"道"不仅生天生地，永恒存在，而且"可得而不可见"，具有"无"的性质，但并不是不存在，而是自古以来就存在，是永恒的。《齐物论》中所说的"道昭而不道"同样是说，"道"是以"无"的状态存在的。

对庄子来说，"气"作为连接"无"和"有"(这里的"无"，专门指"道"的形而上性。"有"指的是现象界的事物)的中介和桥梁，上通乎"道"，下产生"物"。没有"气"，形而上的、不可捉摸的、神秘莫测的"道"是无法过渡到有形的物质世界的。"气"上承"道"，下启"物"，连接"无"与"有"。"气变而有形"，说明"气"并不是现象界的有形之物，而是有形之物的直接来源。在庄子哲学中，现象界的事物生成毁灭，是虚假的存在，不具有恒常性，所以才要"离形去知，同于大通"(《大宗师》)。另外，"杂乎芒芴之间，变而有气"说明尽管"气"距离"道"最近，由"芒芴"之"道"生出，但是"气"毕竟不是"道"本身。"气"并非现象界的有形之物，具有形而上的一面，这是"气"之"无"；"气"并非完全的什么都没有，而是以自身独特的方式存在，这又是"气"之"有"。作为"无"和"有"的集合体，"气"最大的独特性就在于其过渡性。也就是说，"气"是由形而上的"道"产生，具有形而上的"无"的属性，但是却承担着直接化生万物的作用，是又具有形而下的"有"的一面的特殊存在。有了兼具"无"和"有"二重性质的"气"的参与，"道"从"无"生"有"这个过程并不是一个让人匪夷所思的跳跃，

---

① 王弼、河上公本皆作："天下万物生于有，有生于无。"范应元本为："天下之物生于有，有生于无。"郭店本为："天下之勿（物）生于又（有），生于亡（无）。"刘钊认为此句"又"字后脱一重文符号，当为："天下之勿（物）生于又（有），又（有）生于亡（无）。"参见刘钊《郭店楚简校释》，福州：福建人民出版社，2005年，第26页。本书赞同刘钊的看法。范应元本此句更接近古本《老子》。

而是一个顺理成章的过程。由于连接"无"和"有"的"气"的存在，庄子"道生万物"的过程，就避免了"道"和"物"分裂为二的危险，使"道"和"物"通过"气"统一了起来。

从庄子"杂乎芒芴之间，变而有气，气变而有形，形变而有生"来看，万物生成的顺序是由"道"生"气"，再由"气"生"物"的一个过程。在"芒芴"状态的"道"中，生出"气"，"气"然后"变而有形"，"形变而有生"。"气"是在有形的物体和有生命的一切事物之前存在的。成玄英对这句话的解释是"大道在恍惚之内，造化芒昧之中，和杂清浊，变成阴阳二气；二气凝结，变而有形；形既成就，变而生育。且从无出有，变而为生"。①《天运》曰"一清一浊，阴阳调和"，用"清"与"浊"来指称"阴""阳"。《田子方》曰："至阴萧萧，至阳赫赫；萧萧出乎天，赫赫发乎地；两者交通成和而物生焉，或为之纪而莫见其形。"明确说明了形而上的阴阳二气激荡、成和产生万物。"天地之强阳气也，又胡可得而有邪！"（《知北游》）对于"强阳"，郭象注为："强阳，犹运动耳。"成玄英疏为"天地阴阳运动之气"。②此句说明了阴阳之气的运动性。《则阳》则曰："是故天地者，形之大者也；阴阳者，气之大者也；道者为之公。"同样表达的是由"道"生"气"，由"气"生"物"的过程。庄子不仅将"阴阳"作为"气"的最高范畴，而且也将"阴阳"作为"宇宙"生成万物的实现条件。

在庄子"道生万物"的过程中，"气"并非仅仅指阴阳二气，而是阴阳二气从最初的和合之状到分为阴阳二气，再重新聚合的一个过程。《知北游》曰："人之生，气之聚也；聚则为生，散则为死。"认为纷然流变的万物本质上只是"气"运动变化的表现，并随后说："故曰：'通天下一气耳。'圣人故贵一。"

《老子》"道生一，一生二，二生三，三生万物"的论述中，"一"只是指某种来自于"道"的统一性。《老子》三十九章里关于"一"的描述也是基于"道"的统一性来说的："昔之得一者，天得一以清，地得一以宁，神得一以灵，谷得一以盈，万物得一以生，侯王得一以为天下贞。"正是拥有了"一"

---

① （清）郭庆藩：《庄子集释》，北京：中华书局，2012年，第614页。
② （清）郭庆藩：《庄子集释》，北京：中华书局，2012年，第737页。

的统一性，"天"才会"清"，"地"才会"宁"，"神"才会"灵"，"谷"才会盈，"万物"才会"生"，"侯王"才会"以为天下贞"，都是强调天地万物正是拥有了从"道"而来的"一"的统一性后才会具有各自本真的状态。老子的宇宙论认为，"一"是"道"生万物环节最接近"道"的，下来才是天地、阴阳二气及其和气、万物的生成。

庄子则在老子论"一"的基础上，用"气"的聚散运动过程来指称"一"。与老子不同，庄子的宇宙论是"道"、"气"、物（包括天地）的生成过程。庄子用"气"指称"老子"的"一"，避免了老子的"一"的抽象性、神秘性，而且"气"和有形世界有所分别。庄子的"气"代替了老子的"一"变成了离"道"最近者，而且用"气"的聚散变化说明万物的生成，相比老子说明道生万物的过程时用"一""二""三"的数字更加明晰。不过，庄子有时也用"一"来说明阴阳二气的聚散运动过程。《知北游》中，紧跟着"通天下一气耳"之后，庄子说道"圣人故贵一"。这里的"一"能不能说就单指阴阳二气？显然是不能的。如果仅指阴阳二气的话，那"一"就应该是"二"，而不应该说"一"。阴阳二气相互激荡，产生万物，但是，在阴阳二气分化出来之前，必然有一个二者相互共处的同一未分的整体，有合才有分。阴阳二气未分之前的和合状态，蕴含着二气分化的倾向性。二气激荡创生万物之后，又复归其和合的统一体状态。如此循环往复、周而复始的过程便是"通天下一气"。"圣人故贵一"的"一"，应理解为是一个由"气"的统一，再到气分阴阳，然后复归到"气"的统一的过程。庄子之"气"并不是仅仅简单地指称阴阳二气，还包括二气未分之前的"和合"，以及二气向和合的复归，应该从动态统一的运行过程来理解。通过对比老子和庄子的宇宙论，我们可以发现庄子对老子宇宙论的继承和突破。

第三节 "气"之"养"：
对"道"与"人"的贯通

人如何理解作为"无"的"道"呢？既然"道"是"无"，是不是意味着人对"道"就是不可知的呢？不是的。长时间以来，很多人认为庄子是不可知论。其实，庄子不仅不是不可知论，而且主张通过"气"的修养来认识"道"。"道"在庄子哲学中依然是最高的终极存在。但是，也正是"气"的关键而不可替代的贯通作用，使得"气"能够消除抽象的"道"与万物（包括人）之间的隔阂。当无形抽象的"道"被人感到是难以捉摸的时候，通过一定的修养，可感可知的"气"就成为理解"道"的桥梁和纽带。

庄子之"气"是对老子所说的概念中由"虚"到"静"中间环节的重要补充，也是对老子"守静"之法更为详细的说明。《老子》十章讲："涤除玄览，能无疵乎？"主张要去除掉各种私欲、巧智、成见等等束缚，使心像一面镜子一样让道本然朗现。为此，老子提到了一些重要的方法："致虚极，守静笃，万物并作，吾以观复。夫物芸芸，各复归其根。归根曰静，是谓复命。复命曰常，知常曰明，不知常，妄作，凶。知常容，容乃公，公乃王，王乃天，天乃道，道乃久。没身不殆。"（十六章）这是老子通过"虚"来"观复"的认识过程的表述。老子在这段话里面依次提到了"虚""静""命""常""明""天""道"等重要概念，但是并没有提到"气"。老子是通过"致虚"达到"静"的状态来认识事物，从而体"道"复命的。但是，"虚"怎样才能达到"静"，以及如何才能"守静"，老子并没有明确论述。《老子》里对"气"的直接叙述，除了用"万物负阴而抱阳，冲气以为和"来说明万物和生成万物的"气"的关系方面外，还一再强调人要守住身体中柔和之"气"。"载营魄抱一，能无离乎？专气致柔，能婴儿乎？"（十章）"心使气曰强。物壮则老，谓之不道，不道早已。"（五十五章）这两章中，老子实际上都在强调"气"的柔和性，所不同的是，第十章是从正面论述，第五十五章则是从反面论述，认为"气"走向"强硬"是不好的。尽管《老子》这两章中对"气"的论述从逻辑理解的角度上来说已经涉及"气"的认识作用，但是老子毕竟并没有像庄子那样把"气"和"虚""道"等直接联系起来，赋予"气"明确的认识意义。庄子的"气"恰好是对老子所说的从"虚"到"静"的补充。"气也者，虚而待物者也"（《人间世》），认为通过"虚"对感官与"心"的偏见层层否定和去除之后，就会产生"气"，从而认识大道，理解万物。庄子对于"气"的认识作用的论述是通过"心""气"关系的辨析逐步展开的。

一、"心""气"关系辨析

《人间世》里，庄子借孔子和颜回的对话，提出"心斋"的养气之法，来探讨"道""气""人"之间的关系。卫国国君独断专行，而不能反省，治理国家使人民死亡不计其数，老百姓苦不堪言。颜回向孔子辞行，说要到卫国去劝谏卫君。孔子曰："古之至人，先存诸己而后存诸人。所存于己者未定，何暇至于暴人之所行！"为了避免事与愿违，死于暴人之前，孔子劝颜回不要鲁莽行事，当颜回陈述的一系列劝谏卫君的方法均被孔子否定后，孔子提出了"心斋"之说。

> 仲尼曰："若一志，无听之以耳而听之以心，无听之以心而听之以气！听止于耳，心止于符。气也者，虚而待物者也。唯道集虚。虚者，心斋也。"
>
> 颜回曰："回之未始得使，实自回也；得使之也，未始有回也；可谓虚乎？"
>
> 夫子曰："尽矣。吾语若！若能入游其樊而无感其名，入则鸣，不入则止。无门无毒，一宅而寓于不得已，则几矣。"

孔子和颜回的对话起因是如何规劝卫君，但是在孔子看来，起身前往规劝一个暴君不能草率，要去规劝的人必须"先存诸己"，然后才能"存诸人"。

"先存诸己"是要保证自己人身的安全，不能触怒暴君以招来杀身之祸，然后才能去规劝。"存储己"关键是要"定己"，"所存于己者未定"，又怎么去向暴君进谏呢？也就是说要使自己的"心气"不浮动，不和听不进去规谏之人强辩。而"定己"的方法其实是"气"的修养方法，孔子称为"心斋"。庄子借孔子和颜回之口强调"心斋"是为了在当时充满危险的政治环境中穿梭与救世。"心斋"是集行动论、修养论、认识论为一体的概念，蕴含着庄子的入世方法与政治思想。在庄子看来，人在行动之前，为了避免盲目性和无谓的牺牲，必不可少的前提就是要通过"心斋""养气"。这里就"心斋"所主张的气论思想中"道""气""人"的关系进行分析。

"心斋"提出了三种"听"的层次："听之以耳""听之以心""听之以气"。"听之以耳"之"耳"其实泛指人的眼、耳、鼻、口等感官层面的认识；"听之以心"的"心"指人心灵的符验判断推理等活动；"听之以气"的"气"其实指的是庄子所说的"气也者，虚而待物者也"的虚静、澄明的境界。相比"听之以耳"的感官经验认识层面，"听之以心"的抽象认识更为重要，"听之以气"的认识还要更高于前面二者。"心斋"所说的三种"听"都需要"若一志"的凝志专一，只不过虚寂专一的程度和层次从"听之以耳"到"听之以心"，再到"听之以气"，是逐渐提高的。

"听之以心"的认识要高于"听之以耳"，比较好理解，毕竟感官层面的认识与"心"的符验和判断相比具有明显的局限性。但是，"听之以气"的认识为何要高于"听之以心"的认识呢？庄子这里为何认为"气"比"心"更具有优越性呢？这就必须先了解"心"在庄子这里所具有的含义。

《庄子》中所说的"心"主要有三种意思。第一种含义是指人体的器官，如"子胥沉江，比干剖心"（《盗跖》），"其妻望之而拊心曰"（《让王》）等。第二种含义指人内在的心灵状态，这时往往"形"与"心"对举。庄子主张要对此类之"心"进行涵养，如"形固可使如槁木，而心故可使如死灰乎"（《齐物论》）；"形莫若就，心莫若和"（《人间世》）；"万物无足以挠心者，故静也（《天道》）；等等。第三种含义指人的成心、偏见之类，《庄子》中运用了不少语句主张对此类之"心"进行消解与去除，如"其寐也魂交，其觉也形开，与接为构，日以心斗"（《齐物论》）；"彻志之勃，解心之谬，去德之累，达道之塞"（《庚桑楚》）。庄子也常常用"有蓬之心""成心""机心"来直接称呼此类之"心"，如《逍遥游》曰："今子有五石之瓠，何不虑以为大樽而浮乎江湖，而忧其瓠落无所容？则夫子犹有蓬之心也夫！"[1]《齐物论》曰："夫随其成心而师之，谁独且无师乎？"《天地》曰："有机事者必有机心"……

庄子在《人间世》里所说的"听之以心"的功能用庄子的话说是"心止于符"，也就是这里"心"的认识只限于对现象界事物的符验判断上，这种判断虽比起单纯感官认识，有一定的推理判断，但是由于人们对现象界事物的认识的时间、空间、价值取向等角度不同，人们对事物的认识所获得的结果往往大相径庭。这也使得人们各自囿于自己的经验或价值判断彼此争论不休。庄子在《齐物论》中针对人们对是非的态度进行的批判说明了这一点。庄子认为，人们之所以有是非的观念就是因为人们有"成心"的缘故。如果没有"成心"，也就没有是非。"未成乎心而有是非，是今日适越而昔至也。"庄子反问："夫随其成心而师之，谁独且无师乎？"（《齐物论》）人们都从自己的"成心"出发认识事物，形成是非观念，则人人都似乎说得有根有据，这就没有一个评判标准了。如果都从"成心"出发认识事物的话，彼此辩来辩去难以达成一致。若是让第三者出面裁决，裁决之人不管是站在争论的任何一方，同意或不同意争论双方的意见，都是基于成心，最终还是认识不了事物的本质。

> 既使我与若辩矣，若胜我，我不若胜，若果是也，我果非也邪？我胜若，若不吾胜，我果是也，而果非也邪？其或是也，其或非也邪？其俱是也，其俱非也邪？我与若不能相知也，则人固受

---

[1] 此处是《逍遥游》中庄子对惠子只重视"物"的有用性，而忽视"物"的无用性进行批评的话。惠子曰："魏王贻我大瓠之种，我树之成而实五石，以盛水浆，其坚不能自举也。剖之以为瓢，则瓠落无所容。非不呺然大也，吾为其无用而掊之。"庄子针对惠子的成见，认为惠子"犹有蓬之心"。郭象注"蓬"曰"非直达者也"。成玄英疏之曰："蓬，草名，拳曲不直也……而惠生既有蓬心，未能直达玄理……"（清）郭庆藩：《庄子集释》，北京：中华书局，2012年，第44页。

其黮暗。吾谁使正之？使同乎若者正之？既与若同矣，恶能正之！使同乎我者正之？既同乎我矣，恶能正之！使异乎我与若者正之？既异乎我与若矣，恶能正之！使同乎我与若者正之？既同乎我与若矣，恶能正之！然则我与若与人俱不能相知也，而待彼也邪？

何谓和之以天倪？曰：是不是，然不然。是若果是也，则是之异乎不是也亦无辩；然若果然也，则然之异乎不然也亦无辩。化声之相待，若其不相待。和之以天倪，因之以曼衍，所以穷年也。忘年忘义，振于无竟，故寓诸无竟。（《齐物论》）

庄子认为，从"成心"出发的是非之争等只能导致无穷无尽的争论，即使让别人来裁决，也还是不能正确认识事物，或许还会陷入更大的争论。那么庄子这里是否认为事物本来就无法认识，是不可知论，或者说庄子主张认识只能是相对的，无法调和？不是的。庄子只是认为，从"成心""偏见"出发各执己见无法认识事物。这并不等于说庄子认为事物无法认识，或者庄子是相对主义者。吴根友认为，仅从一般的知识论角度看，则不能说庄子是虚无主义者，也不能说他是不可知论者。因为他明确地肯定了人有获得"真知"的可能性。其前提是：当人的精神修养达到了"真人"的境界，就可以获得"真知"了。[1]要解决人们的"成心""偏见"所造成的不可知论、相对主义以及虚无主义等困境，方法就是庄子所说的"和之以天倪，因之以曼衍"。"和之以天倪"是超越人为之"成心"用自然的分别来看待是非。郭象注曰："天倪者，自然之分也。"成玄英疏之曰："天，自然也。倪，分也。"[2]陆西星曰："天倪者，天理自然之分；和之，则分而不分矣。"[3]林云铭则释"和之以天倪"曰："调和之以天钧，不参己意。"[4]关于"是以圣人和之以是非而休乎

---

[1] 吴根友：《比较哲学视野里的中国哲学》，北京：中国社会科学出版社，2012年，第167页。

[2]（清）郭庆藩：《庄子集释》，北京：中华书局，2012年，第114页。

[3]（明）陆西星著，蒋门马点校：《南华真经副墨》，北京：中华书局，2010年，第41页。

[4]（清）林云铭：《庄子因》，上海：华东师范大学出版社，2011年，第26页。

天钧，是之谓'两行'"中庄子解决是非之争的"天钧""两行"，林云铭认为："天钧"是"天然之则"，"两行"是在"天然之则"下"自无不均，可通为一，故两行而无分别也"。①"因之以曼衍"则是说顺任变化之意。"和之以天倪，因之以曼衍。"即是说要超越局限人为的是非观念，用天然的分别来看待是非，顺应无穷之变化。也就是《齐物论》所说"欲是其所非而非其所是，则莫若以明"之意。王先谦先生对"莫若以明"的解释便是："言莫若即以本然之明照之。"②"莫若以明"，是从"道"和"天"的角度来看"物"之是非，可与不可。③可见，在庄子看来，从"成心"出发认识事物是行不通的，而从"天然""自然"的角度出发"以道观之"才能得到正确的认识。所以《齐物论》曰："是以圣人不由，而照之于天，亦因是也。"《秋水》篇曰："以道观之，物无贵贱；以物观之，自贵而相贱；以俗观之，贵贱不在己……以道观之，何贵何贱，是谓反衍；无拘而志，与道大蹇。"人们"以物观之""以俗观之""以差观之""以功观之""以趣观之"等，从不同的"我"见出发，得出了各种各样的"成心"之见。可是，"以道观之"，从"道"的高度来看，本来就不存在人们所执着的"成心"之见。那么要得到正确的认识就要消除人们的成见，即庄子在这里说的"无拘而志，与道大蹇"。郭象注曰："自拘执则不夷于道。"④意即只有不拘执自己的偏见，才能领会大道。

这里有一个关键的环节，就是如何做到"照之于天""以道观之"？也就是说，人如何认识蕴含着"天然"之"理"的无形无状的"道"呢？怎么保证在认识大道、"天理"⑤的时候，获得的不是一堆主观成见呢？在庄子看来，关键在于"养气"。所以，《人间世》里当颜回提出了好几套劝谏卫君的方法后，都被孔子否决，孔子认为颜回"犹师心者也"。在孔子看来颜回还是有"师心""成心"。颜回认为自己已经没有更好的想法了，孔子于是通过"心斋"

---

① （清）林云铭：《庄子因》，上海：华东师范大学出版社，2011年，第18页。
② （清）王先谦：《庄子集解》，北京：中华书局，1987年，第24页。
③ 吴根友：《庄子〈齐物论〉"莫若以明"合解》，《哲学研究》2013年第5期。
④ （清）郭庆藩：《庄子集释》，北京：中华书局，2012年，第584页。
⑤ 这里的"天理"为"天然之理"之意，是《庄子·养生主》中所说"依乎天理，批大郤，导大窾，因其固然"之"天理"，并非指后世宋明理学的"天理"的概念。当然，后世宋明理学的"天理"概念明显受到了此处庄子"天理"的启发。

的说法，提出"无听之以心而听之以气"的命题，强调"心斋"乃是对"成心"的去除，从而归于"气"。

二、"听之以气"：人认识"道"的重要途径

既然"听之以耳""听之以心""听之以气"有着本质的区别，庄子为什么都用同一个"听"来形容？这一方面和古人重"听"的文化传统有关，同时也是庄子通过"气"来认识"道"的修养认识论的体现。

在已经能够辨认出来的殷商甲骨文中，出现了大约33个"从耳"之字。"听"的繁体写作"聽"。从"聽"的结构来看，说明对古人来说，"聽"与"耳""心"具有天然的联系。"耳"不仅具有最直接的表示"听觉"之意，还表示心灵对外在事物的判断和认识。这从"聪"（繁体作"聰"）字的结构从"耳"、从"心"可以看出来。《说文解字》故此释"聪"为"察也"。"耳"还表示与神灵的沟通。原始巫术的活动中巫师与神灵的沟通形式离不开用"耳"去倾听神灵的"声音"，当然这种特殊的"声音"被认为只有巫师才能听到，凡人听不到。巫师用"耳"去听，和用声音与神灵的交流在古时被视作具有至高的神圣性。这种神圣性是"圣"的含义的来源之一。"圣"繁体写作"聖"。"耳""口""王"的结构说明"聖"就是通过"耳"之"听"与"口"之"说"来达到至察至明的判断，从而进入某种神圣性。"圣"是抽象方式的"听"，可以通达"神"和"道"。①

庄子"听之以耳""听之以心""听之以气"的说法中连续出现三次"听"并不单单只是修辞技巧的运用，既包含着古人重"耳"之"听"的文化传统，也正好对应了"耳"之"听"的三种文化功能的传承、演变。"听之以耳"之"听"属于"听"的感官层次，我们可以用"闻"来说明；"听之以心"之"听"属于"听"的心灵理智判断层次，可用"聪"来说明；"听之以气"之"听"则属于人与"道"的沟通层次，则用"圣"来说明。"闻""聪""圣"这些从"耳"之字内涵的演变反映了古人通过"听"认识世界的演变。对庄

---

① 王小盾：《上古中国人的用耳之道——兼论若干音乐学概念和哲学概念的起源》，《中国社会科学》2017年第4期。

子来说，严格意义上，只有"听之以耳"的"闻"和人体的器官"耳"直接相关。而"听之以心"的"聪"和"听之以气"的"圣"则分别依赖的是"心"和"气"。

庄子把"心斋"说法中"听之以气"的方法与神圣性的"道"沟通所产生的认识效果称作"神明"。"神明"一词在《庄子》一书中共出现七次。《齐物论》曰"劳神明为一而不知其同也"。《天道》曰："天尊，地卑，神明之位也。"《知北游》曰："今彼神明至精，与彼百化。"《天下》曰："古之人其备乎！配神明，醇天地，育万物，和天下……""寡能备于天地之美，称神明之容。""澹然独与神明居""芴漠无形，变化无常，死与生与，天地并与，神明往与！"《天下》开篇自问自答曰："古之所谓道术者，果恶乎在？曰：'无乎不在。'曰：'神何由降？明何由出？''圣有所生，王有所成，皆原于一。'"成玄英曰："神者，妙物之名；明者，智周为义。""原，本也。一，道。"①

《汉书·地理志》曰："楚人信巫鬼，重淫祀。"这说明楚人原始宗教中具有泛神论的倾向，同时也指出了原始宗教活动在楚人生活中的流行。与庄子同时代且同为楚人的屈原在其《楚辞》中提到了众多的神灵，并描写了相当多的祭祀场面。《九歌》作为祭神歌，就提到了"东皇太一""云中君""东君"等天神以及其他众多神灵，实为整套神曲。②古时人神沟通的宗教职能是由巫或觋承担的。《国语·楚语下》曰："民之精爽不携贰者，而又能齐肃衷正，其智能上下比义，其圣能光远宣朗，其明能光照之，其聪能听彻之，如是则明神降之，在男曰觋，在女曰巫。"《说文》释"巫"曰："祝也。女能事无形，以舞降神者也。"歌舞是降神的一种最为古老的方式。③在巫师与"神灵"沟通的仪式中，巫师往往手舞足蹈、载歌载舞，并且口中念念有词，陷入了一种迷狂的境地。

不过，庄子理解的"神明"不再是原始宗教活动中巫师所要沟通的"神灵"，而是源于具有理性品格和规律性的"道"，是对通过"气"的涵养认识"道"的状态的说明。我们在第一章已经分析过，甲骨文中"气"字的意思之

---

① （清）郭庆藩：《庄子集释》，北京：中华书局，2012年，第1060—1061页。
② 苏雪林：《屈原与〈九歌〉》，武汉：武汉大学出版社，2007年，第128页。
③ 徐文武：《楚国宗教概论》，武汉：武汉出版社，2001年，第103页。

一就是"乞求"的"乞",代表向神灵乞求风调雨顺、谷物丰收、社稷永固、远离疾病等。到了庄子这里,则对巫师与神灵沟通的活动持反对态度,主张通过养"气"来实现与"道"的沟通,从而达到虚静、澄明的状态。庄子所说的"气"的涵养不再具有向神灵"乞求"之意,而是人为了认识"道"所进行的修养活动。《应帝王》中壶子、列子以及神巫季咸之间富有戏剧性的描写正是体现了"气"的涵养对神巫"预知"能力的否定。列子见到季咸后"心醉",告其师壶子曰:"始吾以夫子之道为至矣,则又有至焉者矣。"列子认为神巫的"预知"能力要比壶子之"道"高明。壶子于是先后给神巫出示了四种境界:"示之以地文,萌乎不震不正"是为"杜德机";"示之以天壤,名实不入,而机发于踵"是为"善者机";"示之以太冲莫胜"是为"衡气机";"示之以未始出吾宗",壶子认为这种境界不可名状,便说:"吾与之虚而委蛇,不知其谁何,因以为弟靡,因以为波流,故逃也。"陆西星注曰:"地文者,藏心于渊,将个生机萌于九地之下而不动,故曰:萌乎不震。不正,言不定也。曰萌则似生,不动又似死,故曰不正。是殆见吾杜德机,杜者闭义,德机即生机也。""天壤者,游心于虚,空诸所有,故名实不入,只有一段生气自踵而发。踵,即'真人之息以踵'之'踵',人之大中极也,人之生气出机入机皆本于此。是殆见吾善者机也,善机亦即生机,犹言好机。""太冲即冲漠之气,莫胜言无偏胜也。衡气机亦即生机。""未始出吾宗,即所谓'未始有始也者'。虚而委蛇,不知谁何,盖不惟杜机不动,连机亦无,顺化自然,委委蛇蛇,不可名状,故因以为颓靡,因以为波流,捉摸不定而走也。"[1]《应帝王》中的"机"指代的正是"气"。壶子所说的四种境界都和"气"有关,是"气"的修养层次的逐渐提高,最后达到"顺化自然,不可名状"的境界。神巫季咸始终弄不清楚壶子的真实境界,最后仓皇逃走。庄子通过这个戏剧化的故事表达的是"气"的涵养对"道"的认识,以及对巫术活动的否定与超越。《人间世》关于"心斋"的对话中也明显否定了祭祀的神圣性。颜回曰:"回之家贫,唯不饮酒不茹荤者数月矣。如此,则可以为斋乎?"孔子回答曰:"是祭祀之斋,非心斋也。"随后孔子便提出了"听之以气""虚而

---

[1] (明)陆西星著,蒋门马点校:《南华真经副墨》,北京:中华书局,2010年,第118、119页。

待物"的"心斋"的说法，并把对"道"的认识形容为"虚室生白，吉祥止止"。这里的"室"指"心"，"白"指通过涵养"虚而待物"之"气"而达到的澄明之状。庄子认为这是一种吉祥的状态。"虚"并不是死寂、什么也没有，而是其中孕育着似有似无、非有非无的东西，并显出光明。这一点非常重要。[①]孔子和颜回关于"心斋"的对话即将结束时，孔子带有感慨性地说道："夫徇耳目内通而外于心知，鬼神将来舍，而况人乎！"正如为了说明"道"作为万物的终极本原，《大宗师》中说"道"能"神鬼神帝，生天生地"一样。此处的"鬼神将来舍"是为反衬根窍内通，外于心知的"气"涵养对"道"认识作用的巨大。庄子实质上用"道"取代了神灵创造万物的至高地位，用"气"取代了神灵在认识上的作用。如果说原始宗教的巫术活动中，巫觋与神灵的沟通最终陷入的是一种兴奋和迷狂的话，庄子主张通过"虚而待物"之"气"对"道"所产生的认识则使人处于理性与直觉相统一的虚静与澄明之中。涵养"虚而待物"之"气"所产生的"澄明之状"，在《齐物论》中庄子也称作"莫若以明""葆光"。庄子"听之以气"的认识论不仅扬弃了原始宗教非理性的神灵崇拜，而且还否定了"绝地天通"后巫觋所代言的统治集团对意义世界解释的垄断。在庄子看来，每个人都能够通过"气"的涵养认识大道。

需要指出的是，庄子所说的"神明"一方面包含着对本原性的"道"的敬畏，另一方面也包含着对获得"道"的体认之后的澄明状态的珍视。庄子扬弃了原始宗教的神灵崇拜，"道"成为世界的本原，"气"成为人领会"道"的重要方式，但并不等于说庄子认为人就可以随心所欲地理解"道"，这样恰恰是庄子所反对的受"成心"驱使认识事物的表现。庄子反复强调"神明""莫若以明""葆光"等这些对大道的体认正是蕴含着对"道"以及"神明"的敬畏与珍视。《天下》发出"道术将为天下裂"的感叹，反对对大道的片面认识与离析，强调的是对大道的敬畏之心。"配神明"不仅是庄子认识的一种方法，同时也是庄子对认识的神圣性的说明。"心斋"的养"气"之法重在"虚而待物"，而"虚而待物"之"气"所以能够产生，则在于"唯道集虚"。

对"气也者，虚而待物者也"这句，郭象注曰："遣耳目，去心意，而符

[①] 郑开：《庄子哲学讲记》，南宁：广西人民出版社，2016年，第132、133页。

气性之自得，此虚以待物者也。"成玄英疏："如气柔弱虚空，其心寂泊忘怀，方能应物。此解而听之以气也。"①"心斋"关键在于"心"之能"虚"。故庄子说："虚者，心斋也。"要做到"虚其心"，就要"心斋"。"心斋"是一个"为道日损。损之又损，以至于无为，无为而无不为"（四十八章）的过程。颜回听完孔子"听之以气"的"心斋"教导之后若有所悟，说道："回之未始得使，实自回也；得使之也，未始有回也；可谓虚乎？"孔子答曰："尽矣。"可见，"虚而待物"的关键，用庄子的话来说就是要做到"吾丧我"。《齐物论》开篇曰：

南郭子綦隐机而坐，仰天而嘘，荅焉似丧其耦。颜成子游立侍乎前，曰："何居乎？形固可使如槁木，而心固可使如死灰乎？今之隐机者，非昔之隐机者也。"

子綦曰："偃，不亦善乎，而问之也！今者吾丧我，汝知之乎？女闻人籁而未闻地籁，女闻地籁而未闻天籁夫！"

子游曰："敢问其方。"

子綦曰："夫大块噫气，其名为风。是唯无作，作则万窍怒呺。而独不闻之翏翏乎？山林之畏佳，大木百围之窍穴，似鼻，似口，似耳，似枅，似圈，似臼，似洼者，似污者；激者，謞者，叱者，吸者，叫者，号者，宎者，咬者，前者唱于而随者唱喁。泠风则小和，飘风则大和，厉风济则众窍为虚。而独不见之调调，之刀刀乎？"

子游曰："地籁则众窍是已，人籁则比竹是已。敢问天籁。"

子綦曰："夫吹万不同，而使其自已也，咸其自取，怒者其谁邪！"

如果我们留意一下"人籁""地籁""天籁"的共同之处，就会发现三者都和庄子在行文中反复强调和暗示的"听"紧密相关。庄子是在修养论上说

---

① （清）郭庆藩：《庄子集释》，北京：中华书局，2012年，第153页。

明如何通过"听""虚"以养"气"来认识"道",而并非像郭象、成玄英所说是在生成论上谈论万物是如何"独化"的。

郭象对"夫吹万不同,而使其自已也,咸其自取,怒者其谁邪"这句注曰:"此天籁也。夫天籁者,岂复别有一物哉?……无既无矣,则不能生有;有之未生,又不能为生。然则生生者谁哉?块然而自生耳。自生耳,非我生也。我既不能生物,物亦不能生我,则我自然矣。自己而然,则谓之天然。"成玄英解释郭象之注时说:"寻夫生生者谁乎,盖无物也。故外不待乎物,内不资乎我,块然而生,独化者也。"①成玄英对庄子"天籁"的解释进一步强调了郭象的"独化"说,认为"天籁"说的是万物自生独化之"天然"。庄子这里确实说万窍的发声具有"咸其自取"的自然的一面,这也是"天籁"的一个方面。但是庄子这里并非强调万物自生自化的"独化"的"自然"或"天然",而是在强调对"自然""天然"的感受。也就是说,庄子这里并不是说生成论上的"独化"②,而是在修养论上通过描述性的语言阐释"听"与"虚",进而说明"气"的涵养。

用来形容"人籁"的"比竹"作为一种乐器当然是中空的,这样才能吹出动听的乐曲;用来比喻"地籁"的自然界的众窍则都必须是虚空的,这样当风吹过时才会发出不同的声音;"天籁"是对"吾丧我"消除"成心""偏见"之后虚静状态的说明,这时候"听"的是"无声",实则是对"天然""自然""道"的感受。"天籁"其实是指"道籁"之音(道音),是通过声音的途径来揭示"道"。③当子游看到子綦"隐机而坐,仰天而嘘,荅焉似丧其耦"的样子时,这里的"仰天而嘘"说的正是子綦缓缓出气时的样子,这正是子綦"吾丧我"的状态。"吾丧我"侧重养"气"以达到虚静之状的方法,"天籁"则侧重养"气"所达到的效果。子綦和子游的对话中提出了三种"气",分别是:人吹"比竹"时的"气";吹动"众窍"的"大块"之"气"——"风";子綦"仰天而嘘"时吹出的"气"。三种"气"可以说是有层级的:人吹动"比

---

① (清)郭庆藩:《庄子集释》,北京:中华书局,2012年,第55—56页。
② 郭象用其"独化说"来把握庄子的宇宙生成论也是不当的,因为"独化说"忽略了庄子宇宙生成论中非常重要的一环,即"气"在"道"生万物过程中不可替代的沟通作用。
③ 吴根友,王永灿:《"天籁"与"卮言"新论》,《哲学动态》2014年第9期。

竹"的"气"尽管能奏出悦耳的音乐,但只能让乐器发声,属于人为;吹动"众窍"的风作为"气"要比乐器之音更具不同的令人震撼的音调,但还是有声音的;而"天籁"则是无声的。正如傅佩荣所说,"天籁的重点不在发出的声音,而在听的主体,也就是不用感官和心去听,而是用'气'去听"。① 当子綦"仰天而嘘""形若槁木""心若死灰"时,他实质上处于高度虚静之中。"比竹"是乐器的虚空和自然界"众窍"的虚空,只有虚空才能让各自的"气"通达。子綦处于"吾丧我"中的高度虚静之中也更是让"气"通达。和"心斋""吾丧我"一样,《大宗师》里讲的"坐忘"之说,"堕肢体,黜聪明,离形去知,同于大通,此谓坐忘",也都是以虚心、养气为旨归的。

庄子养"气"之说的论述运用了"消解"与"复归"并用的方法。对于庄子来说,"道"是自然而然存在的,人要实现自身的本真存在,必须先行"消解"掉各种外在的束缚,从而认识"道",向"道""复归"。这正是庄子所谓:"离形去知,同于大通。""消解"是虚己待物的否定与排除,"复归"是返回到物之初的"天""地""人""气""道"各安其位的本然之境。"消解"是"复归"的前提,只有先行消解各种"成心"之见,才能够使本然之境呈现,也只有向着本然的道境"复归"的消解,才不会成为稀里哗啦的、走向虚无主义与相对主义的无根的"消解"。在形而上之"道"的意义诉求之下,通过"虚己待物"的养"气",庄子的"消解"才会成功地向"道""复归",具有意义。"消解"与"复归"的方法在《庄子》整个文本中形成了一种张力,这种张力只有在"气"之养的贯穿之下才能够始终联系在一起,不至于发生断裂。也正是在这种张力的存在之下,庄子最终得以向我们呈现人本真意义的生存状态。

---

① 傅佩荣:《逍遥之乐:傅佩荣谈庄子》,北京:东方出版社,2013 年,第 21 页。

第四节 "气"之"用"：
对"道"与"技"的贯通

老子深刻地认识到了技术的负面作用，认为技术的本质是一种"巧智"，其本身是对人心质朴状态的残害，为此他主张"绝巧弃利"（十九章）。老子认为，追逐"技巧"是失道的表现。他指出："民多利器，国家滋昏；人多伎巧，奇物滋起。"（五十七章）为此，人要避免"巧"，却要"拙"，也就是"大巧若拙"（四十五章）。人心的躁动产生出机巧之心，要去除机巧之心就必须"归静"，对大道直接体悟，正所谓："归根曰静，静曰复命。"（十六章）归静彰显为"朴"，"敦兮其若朴"（十五章），这是老子对古之善为道者的描述。他认为"朴"是"道"的一个本质属性，并说："道常无名，朴虽小，天下莫能臣也。"（三十二章）老子关于技术的论述，反映出老子在回归于"道"的诉求下对技术滥用的警惕与批判。

受老子"绝巧弃利"的技术批判思想影响，《庄子·天下》篇中也有对技术滥用的批判。不过，庄子又不是对"技"进行全盘否定，而是认为那些符合"道"的"技"是十分必要的。为了使这样的"技"达乎道境，庄子又引入了"气"。老子在讨论"技"时，在逻辑上是以真朴之"道"为归宿的。庄子的"技"最终也是以通达"道"为旨归，主张去除"机心"，回归人性之真朴状态。不过，在由"技"到"道"的过程，老子并没有具体论述，而庄子则进一步认为，在"技"进于"道"时，有一个中间环节，就是"气"的涵养。现今对庄子技艺思想的阐释，大多从"道"和"技"两个方面来展开，或者仅仅从技艺的角度论述，却忽视了"气"在"道"和"技"两个方面的贯通作用。其实，庄子主要是从"道""气""技"三个方面相互联系的角度来展开论述他的技艺观。这同时也说明，庄子对"气"的论述并没有仅仅停留于"气"在"道生万物"过程中的生成作用，以及"气"的认识作用这两个层面，而是进一步指出了对"气"的涵养与践行。

一、"气"在"道"与"技"中的重要作用

《达生》篇里讲到,梓庆削木为鐻,做成以后,见了的人都惊叹是鬼斧神工。鲁候好奇,问他是怎样做成的。梓庆的回答是:"臣将为鐻,未尝敢以耗气也,必齐以静心。齐三日,而不敢怀庆赏爵禄;齐五日,不敢怀非誉巧拙;齐七日,辄然忘吾有四肢形体也。"《庄子集解》里释"未尝敢以耗气也"曰:"李云:'气耗则心动,心动则神不专也。'"① 存守心中之"气",去除掉外界一切功名利禄,是非毁誉巧拙的羁绊,忘掉自己的形体,这就是"心斋""坐忘"的过程。达到"齐以静心"的状态后,进入山林,选择外形与鐻最为相合者,动手加工。梓庆认为这是一个"以天合天"(《达生》)、自然而然的过程。

> 纪渻子为王养斗鸡。十日而问:"鸡已乎?"曰:"未也,方虚憍而恃气。"十日又问,曰:"未也。犹应向景。"十日又问,曰:"未也,犹疾视而盛气。"十日又问,曰:"几矣。鸡虽有鸣者,已无变矣,望之似木鸡矣,其德全矣,异鸡无敢应者,反走矣。"(《达生》)

庄子用养斗鸡之人使斗鸡养"气",从而不战而胜的寓言,同样讲的是"气"之用。人要进行实践,必然要去除外在的虚骄之气,内心平和,凝练精神,这样才能取得成功。

> 子列子问关尹曰:"至人潜行不窒,蹈火不热,行乎万物之上而不栗。请问何以至于此?"关尹曰:"是纯气之守也,非知巧果敢之列。……壹其性,养其气,合其德,以通乎物之所造。夫若是者,其天守全,其神无郤,物奚自入焉!"(《达生》)

---

① (清)王先谦:《庄子集解》,北京:中华书局,2012年,第200页。

"郤"同"隙","其神无郤"是指神志专一、凝聚的意思。虽然"潜行不窒，蹈火不热"看起来有些夸张，似乎是庄子的一种修辞，不过，庄子的意旨在这里是明确的，便是通过列子和关尹的对话指出了"纯气之守""养其气"，然后"其神无郤"，从而达到高超之"技"的过程，道出了用其"气"的重要性。且《天下》篇云："关尹曰：'其动若水，其静若镜，其应若响。芴乎若亡，寂乎若清。同焉者和，得焉者失。未尝先人而常随人。'"可见，庄子是通过关尹之口来说明，通过"纯气之守"，人便能做到神志专一、心如明镜、虚己接物而不伤，从而具备达到道境之"技"。

《田子方》中列御寇与伯昏无人切磋射箭之术。列御寇能够在发箭时将一杯水放在臂肘上，发出的箭一根接着一根，列御寇则一动不动。伯昏无人于是说："是射之射，非不射之射也。"伯昏无人认为列御寇仍是有心之射，还不是虚己无心之射。伯昏无人给列御寇表演的射箭之术则是"登高山，履危石，临百仞之渊，背后巡，足二分垂在外"。当伯昏无人背对着深渊而站，脚的大部分悬在空中时，列御寇已经觉得十分惊险了，伏在地上，"汗流至踵"。伯昏无人于是说道："夫至人者，上窥青天，下潜黄泉，挥斥八极，神气不变。今汝怵然有洵目之志，尔于中也殆矣夫！"伯昏无人所说的"神气不变"正是关尹主张的"纯气之守"，都是在说通过"气"的涵养所达到的极为静定的状态。而列御寇与伯昏无人相比，"气"的修养显然还没有达到"神气不变"的境地，这就使得列御寇与伯昏无人外在的举动相差很大。在庄子看来，任何技艺的运用都必须以人的这种神气贯穿全身的、忘我的静定状态为前提。

《庄子》里"痀偻丈人承蜩"和"庖丁解牛"的寓言正是进一步说明了人在"纯气之守"后，"神志专一"的情况下技艺达于道境的情况。

孔子到了楚国，经过树林之中，看见一个驼背的人在黏蝉，动作轻巧自如，好像拾蝉一样容易。孔子很好奇，便问这样轻巧自如的动作是否有"道"？驼背者便对孔子说："我有道也。……吾不反不侧，不以万物易蜩之翼，何为而不得！"孔子顾谓弟子曰："用志不分，乃凝于神，其痀偻丈人之谓乎！"（《达生》）驼背者对孔子的回答是，他之所以能够轻松黏蝉，是因为他内心宁静，心无二念。孔子随后对痀偻丈人神志专一，从而达到纯熟技艺表示赞叹。"痀偻者凝神的妙技也就是上节（指论述关尹'纯气之守'一节）

所说的守纯气之功,亦及神全的作用。"①

"庖丁解牛"里不仅有养生思想,而且有庄子重要的"道""气""技"的技艺运用模式。文惠君问庖丁的技艺为何如此高超,庖丁回答曰:"臣之所好者道也,进乎技矣。……方今之时,臣以神遇而不以目视,官知止而神欲行。……虽然,每至于族,吾见其难为,怵然为戒,视为止,行为迟。"(《养生主》)对"臣以神遇而不以目视"这句,成玄英疏曰:"遇,会也。经乎一十九年,合阴阳之妙数,率精神以会理,岂假目以看之!亦犹学道之人,妙契至极,推心灵以虚照,岂用眼以取尘也!"②成玄英在这里所说庖丁"合阴阳之妙数",正是说庖丁经过长时间的实践,已经能够守住并调适心中阴阳二气了。庖丁在解牛时要达到以"神遇"而不以"目视",必然要先做到如关尹那样"纯气之守",而后才能凝神于心,用志不分。后面,庖丁进一步说他在解牛时遇到牛身上筋骨盘结的地方时,知道其难为,更要小心谨慎,神志专注,放慢节奏。正所谓:"怵然为戒,视为止,行为迟。"杨儒宾认为,道家"形—气—神"的身体观,本质上是神气的流通,神气既在此(庖丁),亦在彼(牛)。③对庄子来说,真正的技艺活动是在神气的流通下,物我的合一之状。

"痀偻丈人承蜩"与"庖丁解牛"都强调从"道"与"气"而来的"技"可以达到出神入化的境地。这两个寓言里虽然没有提到"气"字,但是并不代表"气"在"痀偻丈人承蜩"与"庖丁解牛"中不重要,而且这两个寓言在义理、逻辑方面本身就蕴含着"气"的重要性。通过"梓庆为鐻"中梓庆所说"未敢耗气"然后"齐以静心"才凝神专志做鐻,以及庄子借关尹之口指出的是先要做到"纯气之守",守住心中之"气",然后才能"其神不郄",神志专一,这样产生的"技"才能"行乎万物之上而不栗",可以说明,"痀偻丈人承蜩"和"庖丁解牛"在强调"凝神专一"的同时,必然会先有一个"纯气之守"的过程。这样便是一个由"道"到"气"再到"技"的完整的"气之用"的过程。庄子如此强调的"其神不郄""凝神专一",并不能简单地理

---

① 陈鼓应:《老庄新论》,北京:商务印书馆,2008 年,第 321 页。
②(清)郭庆藩:《庄子集释》,北京:中华书局,2012 年,第 126 页。
③ 杨儒宾:《技艺与道——道家的思考》,《原道》2007 年。

解为是日常生活中"专心"地做某事。因为庄子强调的"其神不邸""凝神专一"是从"道""气"而来，然后才能产生出"以天合天"、挥洒自如之"技"。

不过那些自身明心见道、身怀绝技的人却不能把他的一身技艺传授与人。轮扁在大堂之上当面指责齐桓公所读之书乃圣人糟粕，用自己斫轮的亲身经历说出了"技"与"言"的悖论："得之于手而应于心，口不能言，有数存焉于期间。"（《天道》）"技"不能言，以至于轮扁七十岁了还不能把自己顶尖的绝技传授给自己的儿子。那些"纯气之守"身怀绝技的人同样也不能把自己所守之"气"用语言表达出来。他人只能靠自己去领悟。"道"不可言，可言非"道"；从"道"而来的"气"也不可言，可言非"气"；从"道"和"气"而来的"技"也不能言，可言非"技"。"道""气""技"三者都必须靠自身在实践中体悟。

梓庆削木为鐻、痀偻丈人承蜩、庖丁解牛等并非只是手工技艺出神入化般的表演与运用，同时也是在隐喻人应以何种姿态入世。这些身怀绝技的人的共同之处都是懂得如何通过"纯气之守"的修养来使自己的"技艺"合于"道"。人世间各种情况的复杂状况就如牛的骨骼筋络一样。庖丁能够用一把牛刀游刃有余地解牛数千，而其刀依旧崭新如初。人在面对错综复杂的人际关系、危机四伏的人间世事、不知所措的两难处境时，也需要在保全自己的前提下应对自如。

通过"心斋"养"气"以入世，被孔子称为"先存诸己，而后存诸人"。在孔子和颜回的对话中，"心斋"中所涵养的"虚而待物"之"气"不仅仅只是在修养论上的一种境界。在孔子看来，是要通过"气"的涵养去除颜回的种种主观"成见"与"机心"，然后才能出使卫国。孔子提醒颜回，在面见卫君时："若能入游其樊而无感其名，入则鸣，不入则止。无门无毒，一宅而寓于不得已，则几矣。"孔子认为，颜回如果能在世间的樊笼里悠游而不再为名智所动，能听得进去就说，听不进去就止，既不封闭，也不急躁，凝神聚气，从自然的角度处理事情，这就差不多了。孔子指出，这样行动就不仅仅是出使他国的"人使"，而是合乎自然的"天使"，从而没有祸咎，吉祥就会到来。

通过"气"的涵养，顺着自然的情形去做，是庄子应世的一个重要原则。《人间世》里叶公子高受楚王之托出使齐国，可是齐国对待使者总是表面恭敬而实则办事拖延,要去催促寻常百姓都不容易,何况是诸侯?叶公子高深感责任重大,忧心如焚,于是向孔子求教。孔子认为,叶公子高作为人臣,既然接受了楚王的使命,去出使齐国,那就不能瞻前顾后、内心不定,而要符合人臣之"义"去自然地行动。孔子最后对叶公子高曰:"故法言曰:'无迁令,无劝成,过度益也。'迁令劝成殆事,美成在久,恶成不及改,可不慎与!且夫乘物以游心,托不得已以养中,至矣。何作为报也!莫若为致命。此其难者。"孔子在鼓励叶公子高遵照君命出使齐国的同时,又建议不要勉强成事,顺着自然的维度去做。这里的"游心""养中"说的便是"心斋"中建议颜回在出使卫君前进行的"虚而待物"之"气"的涵养。

在庄子看来,人秉"道"进行行动时,极其重要的一个环节就是"气"的涵养。对庄子来说,没有"气"的涵养对各种"成心""机心"的去除,没有从"天"或"自然"的层面展开的行动,不仅会招致失败,更有甚者,会像"子胥沉江,比干剖心"(《盗跖》)一样,虽然一腔热血却最后事败身亡。这在某种程度上也反映了庄子在他那个时代,作为一个孤独的个体,面对险象环生的政治局面和复杂艰难的人生处境所作的周旋。庄子通过"虚而待物"之"气"的涵养寻求在保全个体的情况下,穿行于纷繁复杂的社会。当我们把庄子的"道""气""技"的技艺运用模式作为庄子应世的策略时,就像颜回劝谏卫君、叶公子高出使齐国的行动一样,庄子的行动策略也有其救世的一面。

二、"绝巧""守气""返朴"的人性论

老子没有对"技"进行具体的区分,更多的是把"技"作为一种"机巧"的表现,进行批判。如《老子》五十七章曰:"民多利器,国家滋昏;人多伎巧,奇物滋起。"庄子在继承老子"绝巧弃利"(十九章)思想的同时,区分了"明心见道"之"技"与"丧失真朴"之"技"。庄子赞成能使人明心见道之"技",反对那些使人丧失真朴的"机心"之"技"。《天地》中对此作了意味深长的阐述:

子贡南游于楚，反于晋，过汉阴，见一丈人方将为圃畦，凿隧而入井，抱瓮而出灌，搰搰然用力甚多而见功寡。子贡曰："有械于此，一日浸百畦，用力甚寡而见功多，夫子不欲乎？"

为圃者仰而视之曰："奈何？"曰："凿木为机，后重前轻，挈水若抽，数如泆汤，其名为槔。"为圃者忿然作色而笑曰："吾闻之吾师，有机械者必有机事，有机事者必有机心。机心存于胸中，则纯白不备；纯白不备，则神生不定；神生不定者，道之所不载也。吾非不知，羞而不为也。"子贡瞒然惭，俯而不对。

种菜老人宁肯抱着沉重的水瓮浇地，也不愿用子贡向他推荐的省力高效的机械。在他看来，只要有机械，就会产生一系列的连锁反应："机械"产生使用"机械"所从事的"机事"，任何"机事"都会使人产生"机心"，而只要有"机心"，则"纯白不备"，而"纯白不备"则使人"神生不定"，"神生不定"则不能载"道"。如果"机械"的使用导致不能载"道"，背"道"而行，且渐行渐远，那么无论使用多高效的"机械"最终都只能是徒劳无益。这里所说的"神生不定"，正是不能守清虚之气。"纯白不备"的"白"正是指《人间世》里"虚室生白"之"白"，指的是通过"气"的涵养所达到的澄明之状。浇菜老人秉持的正是《人间世》里所说的"气也者，虚而待物者也"之气。种菜老人拒斥的正是工具理性思维模式。工具理性思维虽然省时、省力、省事、高效，实用性强，却是对大道的根本背离。因为其从根本上使人产生"机心"，从而使人不能秉持清虚之正气，从而不能载道。庄子所说的"纯气之守"同时也是对人性真朴状态的一种复归和守护。

庄子的人性真朴论来自老子。老子提出"大巧若拙"（四十五章），主张摒弃巧智，回归拙朴。关于"朴"，老子曰："道常无名，朴虽小，天下莫能臣也"（三十二章）；"敦兮其若朴"（十五章）；"绝智弃辩，民利百倍。绝巧弃利，盗贼无有。绝伪弃诈，民复孝慈。三言以为辩不足，又命之有乎属：

视素保朴，少私寡欲"（十九章）①；"为天下谷，常德乃足，复归于朴。朴散则为器，圣人用之则为官长。故大制不割"（二十八章）；"道常无为而无不为，侯王若能守之，万物将自化。化而欲作，吾将镇之以无名之朴。无名之朴，夫亦将无欲。不欲以静，天下将自定"（三十七章）；"我无为而民自化；我好静而民自正；我无事而民自富；我无欲而民自朴"（五十七章）。

老子认为，"朴"为"道"的本质属性之一，"敦兮其若朴"是"古之善为士者"在修养层次所要达到的一个要求。老子强调较多的是"朴"为治理天下的"侯王"推行无为而治所具备的一种素质和理想治理效果的体现。为此，老子呼吁统治者要处理好"朴"和"欲"之间的关系。在老子看来，要实现"复归于朴"的无为而治，统治者必须"少私寡欲"，对社会要少干预，让社会处于良性自然的发展状态。而对于"侯王"治理下的百姓来说，也要达到"朴"。老子认为，百姓之所以会失去淳朴之德，原因是在上者没有用具有淳朴之德的"无为而治"来治理天下，从而造成人与人之间互相倾轧，盗贼横行、奸伪丛生的混乱局面。可见，老子主要是在呼吁"无为而治"的政治层面论述"朴"的。

《庄子》中对于"朴"的论述在继承《老子》的基础上有明显突破。关于"朴"，《庄子》中说道："同乎无欲，是谓素朴；素朴而民性得矣"（《马蹄》）；"吾子使天下无失其朴，吾子亦放风而动，总德而立矣"（《天运》）；"德又下衰，及唐虞始为天下，兴治化之流，枭淳散朴，离道以善，险德以行，然后去性而从于心"（《缮性》）；"南越有邑焉，名为建德之国。其民愚而朴，少私而寡欲"（《山木》）；"然后列子自以为未始学而归，三年不出。为其妻爨，食豕如食人。于事无与亲，雕琢复朴，块然独以其形立。纷而封哉，一以是终"（《应帝王》）；"夫明白入素，无为复朴，体性抱神，以游世俗之间者，汝将固惊邪？且浑沌氏之术，予与汝何足以识之哉"（《天地》）；"静而圣，动而王，无为也而尊，朴素而天下莫能与之争美"（《天道》）；"既雕既琢，复归于朴"（《山木》）。

---

① 此为郭店楚简《老子》甲本对应于王弼本第十九章的内容。帛书甲乙本、王弼本等版本的"绝仁弃义"一句，楚简本作"绝伪弃诈"。这里当以竹简本为准。楚简本校订简文引自丁四新《郭店楚竹书〈老子〉校注》，武汉：武汉大学出版社，2010年，第3页。

《庄子》中对"朴"的论述可见受《老子》影响的痕迹，尤其呼吁统治者"无欲"以治国而使民风淳朴方面明显受到了《老子》的影响，"少私寡欲"则直接援引自《老子》第十九章。另外，相比老子，庄子在个人修养层面对"朴"要更加重视。《天地》中种菜老人修习浑沌氏之道术所达到的"无为复朴"的境界，《天道》中动静都体现出无为朴素的追求等，都是在谈论心性的修养。列子看到其老师壶子的道术变化莫测之后，才知道自己什么也没学会，便告辞回家，三年时间也不外出，为他妻子烧火做饭，喂猪如同伺候人一般，潜心修养，摒弃雕琢以回归素朴，超然独立，能够在纷扰的世间守住素朴本性，终身如此。这说的正是对"朴"的修养。北宫奢回答他为卫灵公募款造钟的速度为何那么快时说"既雕既琢，复归于朴"，认为即使寻思琢磨之后，也要复归于"朴"，显然也是在谈论做事情回归于"朴"的工夫修养。《天地》中对"机心"的批评根本上是基于对"朴"的追求。和老子一样，庄子同样认为"朴"是"道"的本质属性之一，追求"朴"其实是体"道"的表现。所以才强烈反对盲目追求机械的实用而产生的"机心"对"道"的残损。与老子不同的是，庄子更加重视"气"的涵养在人性复归于"朴"中的重要作用。《天地》中所说的"纯白不生"就是说在"机心"的作用下，不可能产生梓庆削木为鐻时的"纯气之守"的"纯气"。梓庆在削木为鐻时要经过一系列类似"心斋"般的去除成见以养"气"的过程，《天地》则侧重论述如何通过抵御外在的"机心"来守住所涵养的"纯气"。在庄子看来，人性回归本来质朴的状态，其实也是"气"的涵养与守护的过程。这也说明，庄子通过"气"来实现"技"向"道"的层面的复归过程，同时也是人性向本然的质朴之状的回归。

第五节 "气"之"游"：生命的本真自由

庄子认为，作为生命本原的"气"是不断运动变化的，身处气化流行中的人应该顺从并参与到这种变化之中，才能获得本真的自由。庄子称此为

"游"。庄子的"逍遥"之"游"植根于其气化理论之中，遵循"吾丧我"的原则，和西方"唯我论"的原子个人主义是截然不同的。尽管庄子时代还没有造出"自由"这样的现代词语，但庄子确是中国思想史上真正认真地探索过什么是自由的人。①庄子"游"的思想中有着中国传统的自由思想。庄子对中国古典自由思想的贡献最大。②本书使用《庄子》文本中的"游"一词来论述庄子最为向往的气化"逍遥"之"游"。

"游乎天地之一气"的论述说明庄子要通过参与到气化流行之中获得某种"超脱"。这种"超脱"并非任意妄为，也不是对外在的任何变化漠不关心，从而得过且过，更不是混世主义与自我安慰的阿Q精神。庄子是要参与到万物的气化之变中去，获得本真的自由。在庄子看来，要"游"于气化之中，首先必须以"无为""无用"的态度顺应万物的气化流行。"无为""无用"以顺应气化也成为庄子"游"的必要前提和重要方式。

庄子重"游"。《庄子》一书"游"字共出现了100多次，而老子却一字未提。这便反映了老子和庄子思想的一个重大差别，那就是，老子重"守"，而庄子重"游"。《老子》中"守"字出现了11次，如"多言数穷，不如守中"（五章）、"守柔曰强"（五十二章）、"以守则固"（六十七章）等。老子哲学很大程度上是内敛的，所以贵"柔"。诚然，庄子之"道"承继自老子，也重视"守"。"守"字在《庄子》中出现了38次，如"命物之化而守其宗也"（《德充符》）、"能守其本"（《天道》）、"唯神是守"（《刻意》）等。不过，庄子注意到，老子"守柔"的内敛倾向使得在"守柔"的同时与外物之间往往形成很大隔膜，从而使得在应物之时很难操作。与老子相比，庄子哲学则突破种种局限，更加开放，这在很大程度上是通过庄子之"游"实现的。但是，庄子哲学中"游"的开放性并不是随心所欲的主观妄为，而是基于其"无用"和"无为"理论的气化之"游"。

---

① 吴根友：《自由的表演与魅力：中国人的自由观》，南宁：广西人民出版社，2002年，第23页。

② 吴根友：《中国思想传统中的自由语词、概念与观念》，《吉首大学学报（社会科学版）》2006年第1期。

一、"无用"以游于气化

《庄子》中"无用"所彰显的生命气化的无限广阔性，使得对自由、闲适的"逍遥"之"游"的追求成为可能。对庄子来说，万有的气化流行无处不在，无时不在，这种"大而无用"的气化流行之所以比只注重某物的"有用性"可贵，在于人处在"无用"之气化中能够获得真正的自由。

关于"无用"的重要性，老子已经有所论述："三十辐共一毂，当其无，有车之用。埏埴以为器，当其无，有器之用。凿户牖以为室，当其无，有室之用。故有之以为利，无之以为用。"（十一章）王弼注曰："言无者，有之所以为利，皆赖无以为用也。"[1] 王弼在这里正确地把握了老子之意，即"有"是依靠"无"才发挥其作用的。有了车轮中间中空的地方，车才能行走；有了陶器中间中空的地方，陶器才能盛东西；有了房屋内部中空的地方，房屋才能住人。老子由此总结出：看得见摸得着的"物"之"有"给人们提供了便利，而看不见的、被人们所忽视的"道"之"无"却给"物"之"有"的便利性提供了其赖以发生的场域，正所谓"有无相生"（二章）。老子提醒世人不要一味只注意"物"的容易感知的便利性、有用性，"物"的意义存在于由"无"和"有""道"与"物"所构成的"域"中。关于"道"与"域"，《老子》二十五章曰："故道大，天大，地大，王亦大。域中有四大，而人居其一焉。人法地，地法天，天法道，道法自然。"老子在这里将个人与天地以及"道"共在于"域"中来理解。"道"是"物"所从出和最后的归宿，是"物"终极意义的依托；"域"是某"物"的意义所呈现的一个场所，是由当时在场的所有的"物"和"人"所组成的一个意义空间。

在继承老子"无之以为用"思想的基础之上，庄子提出"无用之用"。《人间世》曰："山木，自寇也；膏火，自煎也。桂可食，故伐之；漆可用，故割之。人皆知有用之用，而莫知无用之用也。"老子所说"无之以为用"重在指出，包括人在内的万有之"有用"依赖作为"道"的"无"之"无用"才能

---

[1]（魏）王弼注，楼宇烈校释：《老子道德经注校释》，北京：中华书局，2008年，第27页。

发挥作用。庄子与老子不同的一点是，庄子从他生活的乱世体验到，"有用"往往陷入困境，招致危险，而"无用"往往得以全生避害。在这样的基础上，庄子进一步追求个人在"无用之用"中的"逍遥"。与老子论说"无之以为用"的抽象厚重的风格相比，庄子的"无用之用"由于和其对"逍遥"之"游"的追求密切相关，则多了几分自在和飘逸。

庄子经常通过和惠子的论辩来阐释"无用之用"和"逍遥"之"游"之间的关系。惠子对庄子说他有棵大树，"其大本拥肿而不中绳墨，其小枝卷曲而不中规矩，立之涂，匠者不顾。今子之言，大而无用，众所同去也"（《逍遥游》）。惠子显然是在讽刺庄子的学说就像自己的那棵大树一样，虽然大，但是没什么用处，无人光顾。惠子站在世俗的立场，从常人的角度出发，把"物"的有用性当成衡量一切"物"是否有价值和是否为"物"的唯一标准。庄子则主张重视"物"的无用性，并告诫好友惠子，外物从功利的角度去看，往往十分诱人，但是背后却暗藏着很多凶险。庄子哲学的一大功劳，正在于要使人突破对于"有用之用"的局限。[1]庄子向惠子举例说，如果仅仅只重视物的有用性，就像狸狌一样，为了获取食物，上蹿下跳，看似无所畏惧又很灵活的样子，结果却踏中机关，死于网罗，丧生于隐蔽的陷阱之中。而且每个事物的有用性是相对的，斄牛很大不能捕鼠，是很自然的。但是这并不是说，大的事物就没有意义。庄子于是对惠子说："今子有大树，患其无用，何不树之于无何有之乡，广莫之野，彷徨乎无为其侧，逍遥乎寝卧其下。不夭斤斧，物无害者，无所可用，安所困苦哉！"释德清释之曰："此篇托惠子以嘲庄子之无用，庄子因嘲惠子以小知求名求利之为害，似狸狌之不免死于罔罟。若至人无求于世，固虽无用，足以道自乐，得以终其天年。岂不为全生养道之大用，是则无用又何困苦哉？"[2]《逍遥游》中还记载了惠子和庄子的另一段对话。惠子对庄子说魏王送给他一个葫芦种子，他种下后，长出的果实很大，但是这个大葫芦又没什么用。用它盛水太脆，"其坚不能自举"；用它来做瓢又太大，"瓠落无所容"。惠子认为葫芦大是大，但是没什么用处，

---

[1] 罗安宪：《"有用之用""无用之用"以及"无用"——庄子对外物态度的分析》，《哲学研究》2015年第7期。

[2] （明）释德清：《庄子内篇注》，上海：华东师范大学出版社，2009年，第17页。

就把它打碎了。这也是惠子在暗讽庄子的学说"大而无用"。等惠子说完后，庄子说惠子"拙于用大"，不是大的东西无用，是惠子不懂得怎么用。在庄子看来，用这个大葫芦做个腰舟，泛舟于江湖之上，逍遥自在多好。和上段对话庄子针对惠子说他的大树无用，而建议惠子"逍遥乎寝卧其下"相同，庄子在这里"以为大樽而浮乎江湖"也是以无用为用，以道为乐，凸显出"物"之"无用"在个人"逍遥"之"游"中不可替代的重要意义。

庄子和惠子关于"大树"和"大葫芦"，"有用"和"无用"等的讨论意在说明，人们如果以狭隘的功利眼光看待周围所有的一切，便不能"逍遥"。如果仅仅从有用性、功利性的角度将身边的人与物视作一个个孤立的对象，首先破坏的是物置身于其中的意义关联，这样去把握的人与物是一种单向度、残缺的人与物，不是人与物真正的意义，便不能获得人与人、人与物之间原初的开放性、自由性。

在《外物》篇庄惠二人的对话中，庄子则站在无用和有用相互联系的立场上，进一步道出"无用"对于"有用"的重要意义。

> 惠子谓庄子曰："子言无用。"
> 庄子曰："知无用而始可与言用矣。天地非不广且大也，人之所用容足耳。然则厕足而垫之致黄泉，人尚有用乎？"
> 惠子曰："无用"。
> 庄子曰："然则无用之为用也亦明矣。"

惠子在这里又说庄子的学说没有用处。庄子这次没有讲故事，而是直截了当表明态度：只有知道了无用才能谈论有用。天地如此之大，人能够用到的只不过是立足之地，够小了。庄子问惠子："如果把人立足以外的地方都挖掉，人所立足的这块地方还有用吗？"惠子回答："没有用。"连一向只关注"物"的有用性的惠子也不得不承认，如果忽视了"物"的无用性，"物"的有用性也最终失去意义。庄子于是说："可见无用的用处已经明了。""物"的无用性不仅和有用性相互联系，而且"物"的无用性要远远大于"物"的有用性。就像人站在天地之间一样，如果仅仅盯着"物"的那么一点有用性，而忽视更为广大的无用性,那么"物"的有用性也失去意义。

从庄子"气化论"的立场上来说,人与物都处在气化流行之中,这本来就是最大的"无用性"。任何"人"或"物"的有用性与生命本身的气化流行的"无用性"相比,只是沧海一粟。庄子并不否定人或物的"有用性"存在的价值,他只是反对仅仅盯着"有用性",而忽视"无用性"的做法。庄子所说的"何不树之于无何有之乡,广莫之野,彷徨乎无为其侧,逍遥乎寝卧其下"中的"无何有之乡,广莫之野",正是突出了"无用性"的广度所带给人的自由与闲适。透过庄子在这里的隐喻,如果我们将"无何有之乡,广莫之野"看作对广阔无垠又生生不息的气化流行的话,那么庄子的"彷徨乎无为其侧,逍遥乎寝卧其下"正是以无为、无用的态度参与并顺应气化流行,"游"于气化流行的表现。这样的话,就可以发现,庄子和惠子关于"有用""无用"的讨论其实在根本上是二人的视域不同造成的。惠子仅仅从"有用性"的角度认识"物"时,造成了人与物的对立,庄子从"无用性"的角度,站在气化论的立场上认识"物"时,人与物在气化流行中是互相转化的,人与周围物的关系对庄子来说不是分裂的,而是原初为一的。庄子认为,惠子仅仅关注物的"有用性",是"拙于用大",从而忽视了物本来在气化流行中的无用性。《天下》中说惠子"其书五车","惠施日以其知与人之辩"。惠施虽然才高善辩,但是却"弱于德,强于物","逐万物而不反,是穷响以声,形与影竞走也,悲夫!"在庄子看来,惠子困于"物"而不能超脱,从而不能体会生命气化之中的大自由。

二、"无为"以"游"于气化

当庄子重视人与物在气化流行中的"无用之用"时,就要求以"无为"的态度顺应一切气化转变。庄子这种"无为"的态度既是"游"于气化的必要前提,同时也是"游"于气化的必要方式。

"无为"是道家的核心命题之一。老子的"无为"和庄子的"无为"既有联系,也有着很大不同。

老子对"无为"有较多论述。老子提出"无为",主要是建议他心目中理想的统治者如"圣人""侯王"等实行"无为而治"。他说:"道常无为而无不为,侯王若能守之,万物将自化。"(三十七章)老子明显是把"无为"作为"万物将自化"的前提来论述的。对于老子来说,"道"的本性之一就是"无为",所以万事万物都要效法"道"的"无为",如"圣人处无为之事,行不言之教"(二章);"爱民治国,能无为乎"(十章);"无有入无间,吾是以知无为之有益"(四十三章);"为学日益,为道日损。损之又损,以至于无为。无为无不为。取天下常以无事,及其有事,不足以取天下"(四十八章)等。老子主要是从统治者治理国家要无为而治的角度来谈论"无为"的。

《庄子》中的气论也有继承老子在政治层面谈论"无为"的痕迹。《庄子》中关于无为而治的论述大多在外、杂篇,应为庄子后学对老子无为而治的政治思想的一种继承,如"汝徒处无为,而物自化"(《在宥》);"无为而万物化,渊静而百姓定"(《天地》);"玄古之君天下,无为也,天德而已矣"(《天地》);"天不产而万物化,地不长而万物育,帝王无为而天下功"(《天道》)。不过,庄子本人及其后学对老子在政治层面强调君主无为之治虽然同意,但并不十分感兴趣。如《在宥》中,云将向鸿蒙请教治理天下时,鸿蒙由于正在"拊脾雀跃而游",无暇告诉云将,云将于是不得问。过了三年,云将又碰见鸿蒙,便"再拜稽首",又十分谦虚地向鸿蒙请教同样的问题。鸿蒙这才说出了"汝徒处无为,而物自化"的话。而"云将"与"鸿蒙"确是庄子对"气"的拟人化的喻象。《让王》曰:"道之真以治身,其绪余以为国家,其土苴以治天下。"《逍遥游》则曰:"之人也,之德也,将旁礴万物以为一,世蕲乎乱,孰弊弊焉以天下为事!"又曰:"乘云气,御飞龙,而游乎四海之外。"这些都说明,庄子所言"无为",用意并不在社会政治层面的"无为而治",而在对个体的关怀上。

与老子论述"无为"的旨趣不同的是,庄子的"无为"常常与个体的"逍遥"之"游"紧密相连。晋代之前的"逍遥"意为"无事闲游"。如《诗经·郑风·清人》:"清人在消,驷介麃麃。二矛重乔,河上乎逍遥。"《楚辞·哀郢》:"去终古之所居,今逍遥而来东。"比郭象年代而稍早的张华,作有《情诗》五首,第五首写道:"游目四野外,逍遥独延伫。……不曾远别离,安知慕俦侣。"在郭象之前,"逍遥"基本作"游荡""徘徊"之义,带有散步消愁的含义。《庄子》中的"逍遥"作"无为""无事"以闲游时，继承了古之"逍遥""散步""闲游"的原始意义。如：

> 彷徨乎无为其侧，逍遥乎寝卧其下。(《逍遥游》)
> 芒然彷徨乎尘垢之外，逍遥乎无为之业。(《大宗师》)
> 古之至人，假道于仁，托宿于义，以游逍遥之虚，食于苟简之田，立于不贷之圃。逍遥，无为也；苟简，易养也；不贷，无出也。(《天运》)
> 芒然彷徨乎尘垢之外，逍遥乎无事之业，是谓为而不恃，长而不宰。(《达生》)

与老子相比，庄子更是明确主张通过涵养清虚之"气"，在修养上做到"无为"。《人间世》中通过"心斋"对"虚而待物"之"气"的涵养；《齐物论》中通过"吾丧我"，对"天籁"状态下"气"的体会；《大宗师》中"堕肢体，黜聪明，离形去知，同于大通"的"坐忘"对"大通"之"气"的强调，都是在说使修养之"气"与宇宙间流行的大化之"气"合一，从而达到"无为"的过程。在庄子看来，人无论是生还是死，动还是静，都要使自己的行为顺应气化之自然。

庄子通过"老聃之死"的故事进一步主张人要顺应气化流行。老聃死，秦失吊之，三号而出。其弟子不解，认为先生就简简单单地三号而出，这也未免太不近人情了。秦失则告诉弟子，生和死其实是一体的。老聃的生和死都顺应自然的变化。那些面对生欣然欢喜，面对死却伤心欲绝的人其实是不了解生死气化的究竟。"适来，夫子时也；适去，夫子顺也。安时而处顺，哀乐不能入也，古者谓是帝之悬解。"(《养生主》)老聃适时而生，适时而死，生死如来去的转换，昼夜的交替一样是气化的自然流行。人们以生为乐，以死为苦，其实是逃避自然变化的表现，庄子称之为"遁天倍情"。"遁天"指逃避天然，"倍"通"背"，指违背情实。"指穷于为薪，火传也，不知其尽也。"(《养生主》)旧的柴禾虽然燃烧完了，新的柴禾不断添加在火上，火能够依然旺盛。人的形体在生死转化中虽然消失了，但是"气"却一直存在。

庄子正是用"薪"比喻人的形体,用"火"比喻"气"的永恒存在。庄子提醒世人,面对生死的气化本质,应"安时处顺",这才是真正解除了"倒悬"之苦。

子舆有病,子祀前往探望,子舆就他的疾病说道:

> 浸假而化予之左臂以为鸡,予因以求时夜;浸假而化予之右臂以为弹,予因以求鸮炙;浸假而化予之尻以为轮,以神为马,予因以乘之,岂更驾哉!且夫得者,时也,失者,顺也;安时而处顺,哀乐不能入也。此古之所谓悬解也,而不能自解者,物有结之。且夫物不胜天久矣,吾又何恶焉!(《大宗师》)

在子舆看来,如果在气化流行中,他的左臂被变成了鸡,他就用它打鸣报晓;如果把他的右臂变成了弹弓,他就用来打斑鸠烤了吃;如果把他的尻骨变作车轮,把他的精神化作马,他就乘着这马车遨游,哪里还用得着普通的马车。《养生主》曰:"安时而处顺,哀乐不能入也,古者谓是帝之悬解。"《大宗师》曰"安时而处顺,哀乐不能入也。此古之所谓悬解也"。成玄英疏《养生主》之"帝之悬解"曰:"帝者,天也。为生死所系者为悬,则无死无生者悬解也。夫死生不能系,忧乐不能入者,而远古圣人谓是天然之解脱也。"成玄英疏《大宗师》之"悬解"曰:"处顺忘时,萧然无系,古昔至人,谓为悬解。若夫当生虑死,而以憎恶存怀者,既内心不能自解,故为外物结缚之也。"[①]可见,"悬解"一词为庄子之前古人所用,谓安时处顺,忧乐不如,不为生死所缚,从而达到天然之解脱。庄子是在古之"悬解"一词原本之义上使用该词的。庄子对生死气化所持的顺应的态度体现了庄子式的"无为"。

《庄子》文本结合"逍遥"提到"无为"时,是在强调"游"的闲适性。当结合人的"生死"提到"无为"时,是在强调"游"的本质结构,即自然无为以"游"于"气化"之中。老子曰"道常无为,无不为",庄子也认为,"道"的重要属性之一便是"无为"。《大宗师》曰"夫道有情有信,无为无形",

---

[①] (清)郭庆藩:《庄子集释》,北京:中华书局,2012年,第135、266页。

与老子从"道"的"无为"出发,强调"无为而治"不同,庄子则从"道"的"无为"出发,引申出人以"无为"的姿态"游"于"气化"之中。

《庄子》中的"无用"和"无为"都是根源于创生万物的"气"的。"无用"和"无为"又是相互联系的。"无用"往往要求"无为","无为"又促成了"无用"的闲适与洒脱。在气化流行中,由于认识到气化流行的"无用性",所以在行动上表现出"无为"的姿态。同时,也正是由于人能够"无为"顺应气化流行,从而能够"游乎天下之一气",在"通天下一气"中进行着看似"无用",实则又彰显生命之大自在与大自由的"逍遥"之"游"。

第三章
《管子》四篇的"浩然和平"之"精气"

《管子》四篇已经明确提出了"精气"的概念。《老子》中有关于"精"的论述，却没有"精气"一词。老子曰："孔德之容，唯道是从。道之为物，惟恍惟惚。惚兮恍兮，其中有象；恍兮惚兮，其中有物。窈兮冥兮，其中有精；其精甚真，其中有信。自古及今，其名不去，以阅众甫。吾何以知众甫之状哉？以此。"（二十一章）老子认为，"精"是形容"道"之真实性的一个词。《庄子》外、杂篇多提及"精"。《知北游》曰："精神生于道，形本生于精，而万物以形相生。"《庄子》中所说的"精"往往指代的就是"气"，但是《庄子》中并没有"精气"一词。而《管子》的《心术下》明确说道："非鬼神之力也，其精气之极也。"《内业》亦有"非鬼神之力也，精气之极也"。《管子》四篇也经常用到"精"，但"精"的含义与《老子》中的用法不同，其为"精气"之意。《管子》四篇的"精气"之意和《庄子》外篇《达生》中的"纯气"的用法基本相同，都是指"精纯之气"的意思。但是相较于《庄子》，《管子》四篇中不仅有"精气"的说法，"精"的使用也更为频繁，都在集中强调"精纯之气"的含义。另外，如果说老子的"气"重在强调"柔"，庄子的"气"重在强调"通"，那么《管子》四篇的"精气"则具有"浩然和平"（《内业》）的特点，关注到了"气"之"广大""繁多""平正"的一面。相较于《庄子》，《管子》四篇已经明确用"德""智"来说明"精气"。如《内业》曰："德成而智出，万物毕得。"又有"形不正，德不来；中不静，心不治"等。

在"气"的涵养方面，《管子》四篇和《老子》《庄子》一样，都是从"心"

与"气"的关系入手进行讨论,并都主张"心"不能主宰"气"。《老子》认为"心使气曰强"(五十五章),是不道的表现。《庄子》主张"无听之以心而听之以气"(《人间世》)。《管子》四篇同样不主张"心"对"气"的役使,认为"治心在于中",强调对感官欲望与各种成见之"心"要像老子所说的"为道日损"(四十八章)、庄子所说的"吾丧我"(《齐物论》)那样的消解与去除,认为只有这样,"精气"才能到来。①与《老子》《庄子》气论明显不同的是,《管子》四篇开始有意吸收儒家的修养理论,尤其是用礼仪之教的思想来充实其精气涵养说,认为"气"的涵养和"形"之"正"与"外敬"有关,主张通过"守礼"之"敬"来达到"形"之"正",进而做到"内静外敬"(《内业》)以涵养精气。

在"气"的作用方面,《管子》四篇从黄老之学的立场出发,进一步发展了老子气论与君主无为而治的联系,使老子气论最终服务于无为而治的政治诉求。但是老子并没有提出具体的制度设计层面来落实无为而治,黄老道家则在老子的基础上提出"法"的思想,进一步使老子的无为而治思想具有现实的可操作性。在《管子》四篇这里,则把君主"气"的涵养与"道""法"并重的治国之术结合起来,使"气"在"道"与"法"之间起着重要的贯通作用。君主通过蓄养"精气"实施法制被称作"静因之道"(《心术上》)。

---

① 《管子》四篇在《老子》之后,自不必说。关于《管子》四篇与《庄子》的先后,王叔岷列出了《管子》袭用《庄子》的七条原文,其中包括了《管子》四篇每篇对《庄子》的引文。又《管子》中《白心》等篇所引《庄子》之文多用"故曰"。故王叔岷认为,这些说明《管子》四篇受到了《庄子》的影响。参见王叔岷《先秦道法思想讲稿》,北京:中华书局,2007年,第153—155页。本书赞同王叔岷的上述观点。另外,《庄子》文本中屡言"精",且"精"已有"气"之纯粹者之意。但直到《管子》四篇才明确提出"精气"的概念,从概念的形成过程来看,《管子》四篇的"精气"概念当受到《庄子》的影响。

第一节 《管子》四篇问题由来

《管子》一书，是先秦学术遗产中一部极为重要的著作。①《管子》一书非管仲自著，且非成于一时一人之手，而主要是由春秋战国时期齐国的稷下学者所创作的。②《管子》这部书，是稷下学术中心的一部论文总集。③稷下学者中各家都有，其中道家颇盛。④学界对《管子》中的《心术上》《心术下》《内业》《白心》四篇的关注已久。刘节在20世纪40年代依据《庄子·天下》关于宋钘、尹文"不累于俗，不饰于物，不苟于人，不忮于众，愿天下之安宁以活民命。人我之养举足而止，以此白心"，以及"接万物，以别宥为始。语心之容，命之曰心之行"等记载，认为《心术上》《心术下》《白心》《内业》正是说"心之行"与"心之容"，主张《管子》中的这四篇乃宋钘、尹文一派作品。⑤郭沫若也认为《管子》四篇是宋钘、尹文的遗著。他的论据和刘节基本相同，主要是从《庄子·天下》篇中的相关记载来推断的。⑥

《管子》四篇与《庄子·天下》篇中所说宋钘、尹文的思想旨归是不一样的。《庄子·天下》曰："不累于俗，不饰于物，不苟于人，不忮于众，愿天下之安宁以活民命，人我之养毕足而止，以此白心。古之道术有在于是者，宋钘尹文闻其风而悦之，作为华山之冠以自表，接万物以别宥为始；语心之容，命之曰心之行，以聏合欢，以调海内，请欲置之以为主。"这里尽管提到了"白心"以及"心之行"，但是，这里的"白心"指的是"表白自己的心意"⑦，是宋钘、尹文对他们志向和主张的一种表露。而《管子》四篇中《白

---

① 萧萐父：《中国哲学史史料源流举要》，武汉：武汉大学出版社，1997年，第133页。
② 张固也：《〈管子〉研究》，济南：齐鲁书社，2006年，第14、15页。
③ 冯友兰：《中国哲学史新编》(上卷)，北京：人民出版社，1998年，第499页。
④ 萧萐父：《中国哲学史史料源流举要》，武汉：武汉大学出版社，1997年，第132页。
⑤ 刘节：《古史考存》，北京：人民出版社，1958年，第238—250页。
⑥ 郭沫若：《青铜时代》，北京：科学出版社，1957年，第250页。
⑦ 陈鼓应：《庄子今注今译》，北京：商务印书馆，2007年，第1005页。

心》所说的"白心"是"洁白其心。即《心术上》所说的'洁其宫'、'虚其欲'"①。庄子使用"白心"只是用来说宋钘和尹文对自己学说的一种表达。《管子》四篇的"白心"显然指的是"心"的修养,最后还要达到"精气"的涵养。而《天下》中宋钘、尹文并没有涉及"精气"的涵养。《天下》中说宋钘、尹文的"语心之容,命之曰心之行",这里的"心之容""心之行"与《心术上》所说的"宫者,谓心也,心也者,智之舍也,故曰:'宫'",以及"故曰心术者,无为而制九窍者也,故曰'君'"的说法是很不相同的。宋钘、尹文所说的"心之容"的"容"是宽容的意思。《韩非子·显学》称宋荣子"见侮不辱,世主以为宽而礼之",宋钘即宋荣子,韩非说宋荣子特点之一就是宽容。②另据《庄子·逍遥游》记载,宋荣子"且举世而誉之而不加劝,举世而非之而不加沮,定乎内外之分,辩乎荣辱之境,斯已矣。彼其于世未数数然也。虽然,犹有未树也"。《逍遥游》中宋荣子也有着"举世而非之而不加沮"之宽容的特点。《天下》中也说宋钘、尹文"见侮不辱"。可知,"语心之容,命之曰心之行"的"容"确为宽容,这句话是说宋钘、尹文主张以"宽容"作为"心"活动的准则。然而,《心术上》之"宫者,谓心也,心也者,智之舍也,故曰'宫'"的说法,以及《内业》"敬除其舍,精将自来"的论述是把"心"比喻成"智"或者"精气"的宫舍,强调要时常"洁其宫"以让"智"或"精气"到来。《心术上》之"故曰心术者,无为而制九窍者也,故曰'君'"的说法则明显是黄老之学无为而治的主张,和《天下》所述宋钘、尹文之说大相径庭。《天下》说宋钘、尹文"以禁攻寝兵为外,以情欲寡浅为内",此处的"以情欲寡浅为内"与《心术上》所说的"虚其欲,神将入舍"以及"去欲则宣,宣则静矣"又不同。如张岱年所说,宋尹之"情欲寡浅",认为人的本性就是要求不多,故要求有限,是"欲寡";而《管子》四篇则是要通过"去欲"使心保持虚静,是"寡欲"。"欲寡"和"寡欲"本身的内涵也不一

---

① 陈鼓应:《管子四篇诠释:稷下道家代表作解析》,北京:商务印书馆,2006年,第187页。
② 张岱年:《中国哲学史史料学》,北京:生活·读书·新知三联书店,1982年,第48页。

样。①

　　白奚认为，《天下》中虽宋、尹并称，但《天下》中其实说的是宋钘的学说。宋钘之说属于墨家。《尹文子》中有"见侮不辱，见推不矜，禁暴息兵，救世之斗，此仁君之德，可以为主矣"。与《天下》记载宋尹"见侮不辱""禁攻寝兵"基本相同，这说明尹文受到宋钘的影响。从《尹文子》中关于尹文思想的记述来看，尹文属于黄老道家。"宋尹学派"这一概念难以成立。②

　　《管子》四篇非宋钘、尹文之作。《天下》说宋钘、尹文"见侮不辱，救民之斗，禁攻寝兵，救世之战"，又说"其为人太多，其自为太少"，这正是墨家不计个人劳苦，以利天下的做法。据《孟子·告子下》所述，孟子和宋牼（即宋钘）相遇于石丘，孟子问宋钘要去哪里，宋钘曰："吾闻秦楚构兵，我将见楚王说而罢之；楚王不悦，我将见秦王说而罢之。二王我将有所遇也。"从宋钘对孟子说的话可以看出，宋钘确实在践行墨家"非攻"之主张。《荀子·非十二子》曰："不知壹天下、建国家之权称，上功用、大俭约而僈差等，曾不足以容辩异、县君臣；然而其持之有故，其言之成理，足以欺惑愚众，是墨翟、宋钘也。"《荀子》将墨翟、宋钘作为墨家思想的代表，而并未提到尹文。《天下》中也是在述说完墨子之学以后，紧跟着提到宋钘、尹文的。而《天下》中有关宋钘、尹文思想的记载也都是墨家方面的。《尹文子》曰："形名之于事物，无所隐其理矣。"又曰："万物皆归于一，百度皆准与法。"从《尹文子》重形名法制的思想来看，尹文的思想属黄老道家。结合历史上对相关文献的记述来看，宋钘属墨家，受墨家影响的尹文却属黄老之学。《天下》虽宋、尹并称，但从其提及的思想来看，应为宋钘之说。这样，《管子》四篇自然非墨家之宋钘所作。由于《尹文子》中并没有《管子》四篇极为重要的"精气说"，《尹文子》虽为黄老之学之作，但与《管子》四篇论述风格也有着明显差别。《管子》四篇也非尹文所作。

　　《管子》四篇的作者具体是谁，由于史料缺乏，很难断定。关于《管子》

---

① 张岱年：《中国哲学史史料学》，北京：生活·读书·新知三联书店，1982年，第48—49页。

② 白奚：《稷下学研究：中国古代的思想自由与百家争鸣》，北京：生活·读书·新知三联书店，1998年，第213页。

四篇属于稷下黄老道家之作的看法较多。白奚指出,《管子》中《心术上》《心术下》《白心》《内业》《枢言》《宙合》《九守》是今存战国中叶黄老之学成熟时期的主要代表作。① 丁原明认为,《宙合》《枢言》等从某些方面采用了道家的思想观点,还不能把这些篇章也视作稷下黄老之学的代表作。丁原明进而认为,在《管子》书中,真正构成黄老学体系的就是《心术上》《心术下》《白心》《内业》四篇。《管子》中的这四篇尽管每篇内容各有侧重,但其哲学观点大体相同,诸如修养内心、保蓄精气、抱虚守静、排除嗜欲与成见等,几乎为它们共同所论及;并且都强调治身与治国、内治与外治的统一等。不管《管子》四篇出自谁之手,但都属于同一个思想体系。② 冯友兰明确指出,《管子》四篇不是宋钘、尹文一派的著作。不过他认为这四篇的确很重要,是一个体系。这个体系就是稷下黄老之学。因为这几篇所讲的就是黄老之学的要点:治身与治国是一个道理。③ 本书认为,《管子》四篇的主旨、论述要点都具备黄老之学身国同构的特点。《管子》四篇对老子无为而治的治国理念在法制层面进行了进一步发挥和具体落实,其"精气"修养理论更是"道"与"法"之间的桥梁。

第二节 "精""气""神""道"概念的演进及其关系

《老子》第二十一章和第五十五章已经提到了"精",但《老子》全书并没有"精气"一词。《老子》曰:"孔德之容,唯道是从。道之为物,惟恍惟惚。惚兮恍兮,其中有象;恍兮惚兮,其中有物。窈兮冥兮,其中有精;其精甚真,其中有信。自古及今,其名不去,以阅众甫,吾何以知众甫之状

---

① 白奚:《稷下学研究:中国古代的思想自由与百家争鸣》,北京:生活·读书·新知三联书店,1998年,第220页。
② 丁原明:《黄老学论纲》,济南:山东大学出版社,1997年,第142页。
③ 冯友兰:《中国哲学史新编》(上卷),北京:人民出版社,1998年,第500页。

哉？以此。"关于本章所说"窈兮冥兮，其中有精"一句，河上公注曰："唯道窈冥无形，其中有精实，神明相薄，阴阳交会也。"对"其精甚真"一句，河上公曰："言道精气神妙甚真，非有饰也。"① 王弼则对二十一章老子关于"精"的论述释曰："窈冥，深远之貌。深远不可得而见，然而万物由之。……物反窈冥，则真精之极得，万物之性定。故曰'其精甚真，其中有信'也。"② 老子又曰："含德之厚，比于赤子。蜂虿虺蛇不螫，猛兽不据，攫鸟不搏。骨弱筋柔而握固，未知牝牡之合而全作，精之至也。终日号而不嗄，和之至也。"对"未知牝牡之合而全作，精之至也"这句，河上公注曰："赤子未知男女之和会而阴阳作怒者，由精气多之所至也。"③ 王弼则注曰："言含德之厚者，无物可以损其德、渝其真。柔弱不争而不摧折，皆若此也。"④

　　河上公与王弼对老子所说之"精"的理解有很大不同。河上公对老子所说的"精"作"精气"解释，这体现了河上公从气化的层面对老子之"道"的理解，以及从涵养精气的角度理解老子的养生思想。而王弼从"道"与"物"的关系入手，认为"道"深远不可得而见，但是万物则都遵从"道"，这体现了"道"之"真"。王弼用"真"来解释老子的"道"，认为老子所说的"精"就是形容"道"之真实存在。人在修养上能够达到老子所说"赤子"的状态，也是因为能够保其"真"的缘故。河上公把老子的"精"解释为"精气""阴阳交会"之"气"，可以说明显带有汉代气化论的色彩。在老子那里，尽管提到"精"时和"道""气"一起论述，对老子来说"精"也确实和"道"以及"气"有着微妙的联系。但是，老子毕竟没有说过"精气"这个概念，对老子来说，"精"与"道""气"并不能等同起来。

　　而王弼将老子提到的"精"解释为"道"相对于万有的"真"，人在养气时也其实是在保"道"之真，是比较符合老子本意的。王弼释"万物负阴

---

① 王卡点校：《老子道德经河上公章句》，北京：中华书局，1993年，第86页。
② （魏）王弼注，楼宇烈校释：《老子道德经注校释》，北京：中华书局，2008年，第52页。
③ 王卡点校：《老子道德经河上公章句》，北京：中华书局，1993年，第212页。
④ （魏）王弼注，楼宇烈校释：《老子道德经注校释》，北京：中华书局，2008年，第145页。

而抱阳，冲气以为和"曰："虽有万形，冲气一焉。"①释"专气致柔，能婴儿乎？"曰："言任自然之气，致至柔之和，能若婴儿之无所欲乎？"②王弼注意到了，老子那里"精"与"气"是有差别的，并没有用"精气"的概念来解释老子的"气"。

《庄子》全书多处提到"精"，但没有用"精气"这个词。《知北游》曰："精神生于道，形本生于精，而万物以形相生。"《刻意》曰："精神四达并流，无所不极，上际于天，下蟠于地，化育万物，不可为象，其名为同帝。"《天下》曰："不离于宗，谓之天人。不离于精，谓之神人。不离于真，谓之至人。"从《至乐》中"杂乎芒芴之间，变而有气，气变而有形"的气化生成论来看，上述《庄子》中所提到的"精""精神"其实都是"气"的代称。《天下》中所说的"天人""神人""至人"我们可以看作是并列的关系，是庄子对得道之人的称呼。"宗""精""真"其实都是对"气"的代称。庄子心目中的理想人格最为重要的一点就是"气"的修养已经达到了很高的境界。这也就是说，在《庄子》中，"精"开始指代"气"来说明宇宙的生成和人的修养。相比《老子》，《庄子》区分了"气"的种类，注重对"纯气"的养护。《达生》曰："是纯气之守也，非知巧果敢之列。"《庄子》中用"纯气""鸿蒙"(《在宥》)等来指称精纯之"气"，也用"精"指代精纯之"气"，但没有使用"精气"一词。

《管子·内业》曰："非鬼神之力也，精气之极也。"(类似句也见于《心术下》)，明确提出了"精气"的概念。《内业》曰："精也者，气之精者也。气，道乃生，生乃思，思乃知，知乃止矣。""精气"被认为是"气"里面最为纯粹者，并用"精"来指称"精气"。

《管子》四篇的"精""气"与"神"有着紧密的联系。《内业》曰："有神自在身，一往一来，莫之能思。失之必乱，得之必治。敬除其舍，精将自来。精想思之，宁念治之，严容畏敬，精将至定。"这里用"神"来指称

---

① (魏) 王弼注，楼宇烈校释：《老子道德经注校释》，北京：中华书局，2008年，第117页。

② (魏) 王弼注，楼宇烈校释：《老子道德经注校释》，北京：中华书局，2008年，第23页。

"精",强调的是"精气"经过修养从而体现在认识上的神妙作用。"抟气如神,万物备存。能抟乎?能一乎?能无卜筮而知吉凶乎?"(《内业》)以及"虚其欲,神将入舍;扫除不洁,神乃留处"(《心术上》)说的也是上述之意。《心术下》曰:"一物能变曰精,一事能变曰智。"《内业》曰:"一物能化谓之神,一事能变谓之智。"可见"精气"与"神"是可以互用的。这也说明,《内业》《心术》等篇认为"精气"作为"气"之中最为纯粹者,既生成万物也在万物之中存在,并促成万物发生一系列神妙的变化。"精气"并不单单是某种"物",而且具有"神"的一面,是人们认识事物的根本条件。《知北游》曰:"若正汝形,一汝视,天和将至;摄汝知,一汝度,神将来舍。德将为汝美,道将为汝居。汝瞳焉如新生之犊而无求其故!"《知北游》中所说的"神将来舍"与《内业》中所说的"神将入舍""神乃留处""精将自来"等一样,说的都是通过修养而获得对"精气"的体验的过程,只不过《庄子》全书中并没有用"精气"这个词,而用其他的词如"精"(《知北游》等)、"精神"(《刻意》)、"神气"(《田子方》)、"纯气"(《达生》)等表示。而《管子》的《内业》篇已经明确提到了"精气"的概念,在《管子》四篇中"精"的使用频率也比《庄子》中密集。

《内业》《心术上》《心术下》等篇中"气"与"道"的关系比较微妙。总体来说,在《内业》《心术上》《心术下》等看来,尽管"道"与"气"紧密相连、不可分离,但是"道"并不能等同于"气"。"气,道乃生"(《内业》)从生成论层面明言"气"是从出于"道"的。《内业》下面的这段话则在修养论上具体指出了"道"与"气"之间的关系:

> 凡人之生也,必以其欢。忧则失纪,怒则失端。忧悲喜怒,道乃无处。爱欲静之,遇乱正之。勿引勿推,福将自归。彼道自来,可藉与谋。静则得之,躁则失之。灵气在心,一来一逝。其细无内,其大无外。所以失之,以躁为害。心能执静,道将自定。得道之人,理丞而屯泄,匈中无败。节欲之道,万物不害。

此段主要在讲如何得"道"的问题。在《内业》看来,要得"道",就要排除忧悲喜怒的干扰，使"灵气"通达胸中，"静则得之"。这里其实指出得"道"的途径即"节欲"以养"气"，而并非在说"道"就是"气"。《内业》认为，得"道"是目的，养"气"是方法，在这段话中表述得很明确。再如《内业》曰："凡道无所，善心安处。心静气理，道乃可止。"还是在讲通过养"气"而得"道"的问题。无形之"道"是万物得以生成的总原因。"凡道，无根无茎，无叶无荣，万物以生，万物以成，命之曰道。"（《内业》）"道也者，动不见其形，施不见其德，万物皆以得，然莫知其极。"（《心术上》）这些文段都是在万物之所以如此的角度提到"道"。"气"则是促成万物生成的直接条件。《内业》曰："凡物之精，此则为生。下生五谷，上为列星。流于天地之间，谓之鬼神。藏于胸中，谓之圣人。"由于"道"与"气"的联系如此紧密，往往给人的印象是《管子》四篇中以"气"代"道"，"道"就是"气"，"气"也就是"道"。尤其是《内业》曰："夫道者，所以充形也，而人不能固，其往不复，其来不舍。"《心术下》又曰："气者身之充也，行者正之义也。"这里所说的"道"与"气"确是可以互换的。从这些对"道"与"气"的使用上来看，在对万物的作用上，"道"是伴随着"气"的。有"气"发生的地方，就有"道"存在。从万物生成的过程来说，是"气"直接化育了万物。但是"道"却表示"气"能够化育万物的原因。如在"夫道者，所以充形也，而人不能固，其往不复，其来不舍"之后，接着又说"不见其形，不闻其声，而序其成，谓之道"。这里的"序"值得注意，"序其成"为有序地成就万物之意。也就是说，"气"是直接生成万物的必要条件，但是"道"是万物能够如此这般有序生成的原因。"道"对事物规律性的概括是"气"不具备的。[1] 又因为"道"与"气"都是无形的存在，所以当人得"道"之时，可以说是"道者，所以充形也"；而当人养"气"时，则可以说是"气者身之充也"。由于"道"是通过人之"抟心养气"而可以证会之理，所以和"气"并不能分割开来，有"道"必有"气"，有"气"必有"道"，二者在时间上并无先后。说"道"在"气"之先也是在逻辑意义上之"先"，而非时间发生意义上的在先。这样，说"气者身之充"时，也可以说"道者，所以充形"。但这并不意味着"道"与"气"在《管子》四篇中是完全可以等同起来的。

---

[1] 张连伟：《〈管子〉哲学思想研究》，成都：巴蜀书社，2008年，第219页。

"道"作为使万物得其"序"的总原因在逻辑上是先于"气"的。"气"在"道"后，由"气"证"道"也是《老子》《庄子》里"道""气"关系的一个总原则。

《管子》四篇的作者正是以"精"这个概念为核心，并结合"气""神""精气"等概念来论述其"精气说"的。《管子》四篇中的"精"为"气"之纯粹者，也用"气""精气"来表示。另外，为了表示"精气"在生成万物上以及认识上的神妙作用，也用"神"来指代"精气"。"精气"是一种真实的存在，但"精气"并非指自然界某种具体物质，而是具有生养万物、认识万物等神妙作用的特殊存在。"精气"与"道"虽然二者并不能完全分离，但也不能等同起来。"精气"与"道"在时间上是同步的，不能分离的。有"道"必然有"精气"，有"精气"必然会呈现出"道"。"精气"能够有序生成万物的原因在于有"道"的存在，"道"也必须通过"精气"才能够被人所理解。但是，"精气"从逻辑上说来源于"道"的，通过对"精气"的修养能够认识"道。"

"精"在老子那里是对"道"之"真"的一种描述，至于"精"到底是什么，老子并没有给出明确的界定和描述。《庄子》和《管子》四篇作为老子的后学，在继承老子用"精"来把握"道"的内涵的同时，将"精"理解为"气"之最为纯粹者，相比于老子，其对"精"的属性有了更进一步认识。《管子》四篇中对"精气"的属性和《庄子》中对"精""纯气"等的属性的认识一方面有相同之处，另一方面也有明显的区别。首先，《庄子》中尽管也有了"纯气"这样的用法，也用"精"表示"气"之纯粹者，但是论述得相对比较零散。而《管子》四篇对"气"之纯粹者"精气"以及"精"的集中论述相较《庄子》则更集中。其次，《庄子》与《管子》四篇对"气"或"精气"的修养在具体方法上都涉及"心"的概念，二者在"心""气"关系上的处理方式有着明显差别。再次，《庄子》对"气"论述的主要关注点在个体的修养和生命的超脱上。而《管子》四篇则通过对"精气"的论述论证政治上的"无为而治"。对于《管子》四篇的"心""气"关系以及"精气说"之目的，我们在后文将详细论述。

第三节 "心""气""形"关系辨析

《管子》四篇中对"气"的涵养与"心""形"紧密相关。"心"被认为是"气"之宫舍。当"心"超越个体的主观偏见与私欲等，处于"中"的虚静之状时，"精气"就会聚集。《管子》四篇对"形"的重视则吸收了儒家以诗乐礼回归"敬"从而修身等思想，认为通过"形"在社会层面的修养也可以涵养"精气"。而对"精气"的修养则反过来又能促进形体与身心的健全。

一、"心"者"气"之"舍"

"心""气"关系是先秦道家关注的一个重要话题。老子反对用"心"去主宰"气"，而强调通过"心"的修养使"气"达到"柔和"的程度。《老子》曰："心使气曰强。物壮则老，谓之不道，不道早已。"老子主张"虚其心，实其腹；弱其志，强其骨"。在老子看来，"心"处在"虚"的状态，不逞其"志"，是理想的状态。在"心"虚静、"志"内敛的状态下，"气"便会如如呈现出柔和的境地，这是最好的。相反，如果"心"被感官之"五色""五音""五味"所诱惑，便会如同"驰骋畋猎令人心发狂"。如果"心"不虚静，反而"发狂"，那么这时的"气"就不会"柔和"，反而会走向刚强。老子认为："坚强者死之徒，柔弱者生之徒。"所以老子反对用"心"去主宰"气"。在老子看来，"心"与生俱来具有一定的盲动性，所以要"心善渊"，通过修养使"心"保持渊定、虚静、无欲、不争的状态，从而使"气"达到婴儿般柔和的境地。于是老子又有"专气致柔，能婴儿乎？"的说法。

庄子在"心""气"关系上继承了老子反对以"心"使"气"的主张，在对"心""气"重要程度的看法上，偏重"气"。与老子不同的是，庄子进一步指出通过去除"有蓬之心"（《逍遥游》）、"成心"（《齐物论》）、"机心"（《天地》）等人的主观偏见，从而涵养"气"的方法。《人间世》曰："无听之以心而听之以气。"在庄子看来，人在各种"成心""偏见"等的主宰下，就像"朝三暮四"(《齐物论》)的猴子，"名实未亏而喜怒为用"(《齐物论》)。庄子认为，要消除人们由"成心"而生的是非对错之争，就要通过"吾丧我"，"听之以气"，"以道观之"，达到"莫若以明"。庄子还认为，突破了各种"小我""成心"的束缚之后，就可以"游乎天地之一气"，"乘云气，御飞龙，而游乎四海之外"，从而获得逍遥与超脱。庄子在很大程度上是通过解构、否定、超越"心"，以回归到"气"。与此同时，庄子也注意到了"道""气""技"三者之间的联系，主张通过"纯气之守"的修养工夫去体"道"用"技"，并把"气"的涵养作为返归人性质朴状态的一种途径。

在"心""气"关系上，《管子》四篇也没有认为"心"必须要主宰"气"，这是和《老子》《庄子》中"心""气"关系相同的地方。与《老子》《庄子》不同的是，《管子》四篇认为"心"是容纳"精气"的所在，为"精气"之"舍"。《内业》曰："定心在中，耳目聪明，四肢坚固，可以为精舍。"《内业》又曰："敬除其舍，精将自来。"当用"神""神明""智"来指称"精气"的作用时，"心"也是"神""神明""智"的处所。如《心术上》曰："虚其欲，神将入舍；扫除不洁，神乃留处。"《心术上》又有经文曰："洁其宫，关其门，去私毋言，神明若存。"《心术上》解文中这句话的解释为"宫者，谓心也，心也者，智之舍也，故曰'宫'；洁之者，去好过也。门者，谓耳目也。耳目者，所以闻见也。"《心术上》"关其门"的说法承继自老子。老子提倡"少私寡欲"(十九章)，并说"塞其兑，闭其门，终身不勤"(五十二章)，主张减少私欲，杜绝耳目声色等外在感官诱惑的干扰。在老子的基础上，《管子》四篇作了进一步推进。《管子》四篇作者形象地把"心"比喻为"精气"的馆舍，"治心"之修养如同经常打扫馆舍，要不断地抵御并清除外在感官的袭扰，保持内心的清静，这样"精""气""神"才能留处。

相比《老子》和《庄子》，《管子》四篇特别重视对"精气"的蓄积。《老子》注重"气"之"柔"，曰："专气致柔。"《庄子》注重"气"之"通"，曰："通天下一气耳。"与老庄相比，《管子》四篇认为"精气"具有广大无边、浩然繁多的特征，称之为"浩然和平"。《内业》曰：

精存自生，其外安荣。内藏以为泉原，浩然和平，以为气渊。渊之不涸，四体乃固；泉之不竭，九窍遂通。乃能穷天地，被四海，中无惑意，外无邪灾，心全于中，形全于外；不逢天灾，不遇人害，谓之圣人。

在《内业》看来，"精气"这种"浩然和平"的特征离不开人对"精气"的涵养，《内业》称之为"内藏以为泉原"，其实说的是对"精气"的蓄积。当对"精气"的蓄养达到"浩然和平，以为气渊"的程度时，人的身心都会随之达到最佳状态。正所谓"中无惑意，外物邪灾。心全于中，形全于外"等。这说明《管子》四篇的精气涵养重视通过"精气"量的积累达到对人身心的促进。同时也说明《管子》四篇"精气"之"浩然和平"的特点，一方面说的是"精气"自身大量聚集的状态，另一方面也是对人的身心在精气聚集到一定程度时所达到的状态的描述。《内业》进而认为，当一个人"精气"蓄积到"浩然和平"的程度时，也就达到了圣人的境界。

二、"治心在于中"

《管子》四篇"治心"之说的一大特色是通过得"中"以蓄养精气。《内业》中所说的"定心在中，耳目聪明，四肢坚固，可以为精舍"便是强调对"心"的修养关键在于使其"静定"，从而得其"中"，这样精气才会到来。《内业》和《心术下》同时都有"治心在于中"这句话。"中"也用"心之中又有心"来形容。《内业》和《心术下》也都有"心之中又有心"之说。《内业》曰："治之者心也，安之者心也。心以藏心，心之中又有心焉。"《心术下》曰："岂无安处哉？我无安心。心之中又有心。"对"岂无安处哉？我无安心"这句，陈鼓应释曰："怎么没有安宁之处呢？只怕自己没有安善之心。"[①] 从《内业》和《心术下》中这两段关于"心之中又有心"的论述来看，第一个"心"泛指心的一切意识活动，包括正面的和负面的认识活动。而第二个"心"指

---

① 陈鼓应：《管子四篇诠释：稷下道家代表作解析》，北京：商务印书馆，2006年，第183页。

心正面的认识活动，是指不被心的喜怒哀乐欲利以及各种是非善恶偏见等左右的"中"的认知维度。《内业》和《白心》强调要通过对第一个"心"的否定而获得第二个"心"，即"中"。得"中"为养"气"之要。《白心》曰："故曰有中有中，孰能得夫中之衷乎？"这种对"中"的反复咏叹，说明了"中"之关键。可见，《管子》四篇对"心"之"中"是相当重视的。《管子》四篇认为"治心"首先要经过如老子所说的"为道日损"（四十八章）的过程。《内业》云："神明之极，照乎知万物，中守不忒。不以物乱官，不以官乱心，是谓中得。"从这句话中可以看出其受到了老子相当大的影响。老子曰："多言数穷，不如守中。"（五章）又曰："五色令人目盲，五音令人耳聋，五味令人口爽，驰骋畋猎令人心发狂，难得之货令人行妨。是以圣人为腹不为目，故去彼取此。"《老子》言"守中"，《内业》言"中守不忒"；《老子》言"为腹不为目"，意为内在重于感官，《内业》进一步将老子的思想明确化，指出"不以物乱官，不以官乱心，是谓中得"。"中"在很大程度上是相对于"心"与"官"的关系来说的。为了在纷乱的感官袭扰中获得清醒的认知，必须使"心"保持在宁静和不为所动的状态。老子曰："心善渊。"《管子》四篇将"心"这种渊静的状态称作"中"。《内业》把老子守中虚静的思想进行了进一步的提炼、阐释和扩展。"我心治，官乃治；我心安，官乃安。"（《内业》）"心"与感官的关系并不是单纯地使"心"排除感官的诱惑与扰乱，而还要使"心"居"中"以统御"感官"。

　　《管子》四篇之"中"并不仅仅指"心"与"官"的关系中"心"的渊静，以及对"官"的统御，还指"心"不被自身的喜好憎恶等偏见所左右。《心术上》云："人迫于恶，则失其所好，怵于好，则忘其所恶，非道也。"人要是以自己的好恶出发去认知行事的话，是不符合"道"的准则的，不偏于个人之好恶，取其"中"，则为最好的选择。"为善乎，毋提提；为不善乎，将陷于刑。善不善，取信而止矣。若左若右，正中而已矣。"（《白心》）《庄子·养生主》曰："为善无近名，为恶无近刑。缘督以为经，可以保身，可以全生，可以养亲，可以尽年。"对"为善无近名，为恶无近刑"一句，郭象注曰："忘善恶而居中，任万物之自为，闷然与至当为一，故刑名远己而全理在身也。"对"缘督以为经"一句，郭象注称"顺中以为常"；成玄英疏之曰："缘，顺也。督,中也。经,常也。夫善恶两忘,刑名双遣,故能顺一中之道,处真常之德,虚夷任物,与世推迁。养生之妙,在乎兹矣。"①"缘督"二字王夫之释为:"督者,居静,而不倚于左右,有脉之位,而无形质者也。缘督者,以清微奇妙之气循虚而行,至于所不可行,而行自顺以适得其中。"②庄子在《养生主》里所说的"为善无近名,为恶无近刑"与《白心》所说的"为善乎,毋提提;为不善乎,将陷于刑"十分相近,二者都十分重视"中"的作用。庄子这句话里虽然没有提到"中"字,但表达的却是"中"之"意"。庄子从养生的角度,认为不为虚名浮利所惑,取"善""恶"之中道可以"可以全生,可以养亲,可以尽年"。郭象、成玄英的注疏也都是围绕"中"来解释庄子这句话的。王夫之更是指出了庄子这里所说的"中"与"气"的关系,认为"清微奇妙之气循虚而行"便可"自顺以适得其中"。《白心》认为,在"善"与"不善"之间,如同在"左"与"右"之间,取其"正中"即可。得"中"便可治"心",进而可涵养"精气"。《管子》四篇也认为"治心""守中""养气"也可以达到养生的目的,正所谓"定心在中,耳目聪明,四肢坚固,可以为精舍"。相比《庄子》,《管子》四篇对得"中"蓄"气"的养生功效着墨不多。但是,《管子》四篇与《庄子》相比,较为重视在"形"与"心"、"形"与"性"的联系中涵养"气"。

三、"形"与"气":对儒家思想的吸收

《管子》四篇中经常提到"形"与"心"、"形"与"性",在呈现这些概念之间互相联系、互相作用的关系的同时,也表达了"形"对涵养精气的重要性。下面《内业》和《心术下》的两段相似的文句值得我们关注。

> 形不正,德不来;中不静,心不治。正形摄德,天仁地义,则淫然而自至。神明之极,照乎知万物,中守不忒。不以物乱官,不以官乱心,是谓中得。(《内业》)

---

① (清)郭庆藩:《庄子集释》,北京:中华书局,2012年,第122、123页。
② (清)王夫之:《庄子解》,北京:中华书局,1964年,第30、31页。

第三章 《管子》四篇的"浩然和平"之"精气"

> 形不正者德不来，中不精〈静〉者心不治。正形饰德，万物毕德。翼然自来，神莫知其极。昭知天下，通于四极。是故曰无以物乱官，毋以官乱心，此之谓内德。是故意气定然后反正。气者身之充也，行者正之义也。（《心术下》）

对《内业》和《心术下》中的"德不来"之"德"，陈鼓应均释为"精气"。① 在《内业》《心术下》等篇看来，人所具有的德性是随"气"进入的。② 《内业》《心术下》这里所说的"德"可以说是"气"的功用的一种指称。而"形不正者德不来"所说"德"的养成，和"形"又密切相关，没有"形"之"正"，"德"即"精气"便不会到来。何谓"正形"？《内业》与《心术下》曰：

> 凡人之生也，毕以平正，所以失之，必以喜怒忧患。是故止怒莫若诗，去忧莫若乐，节乐莫若礼，守礼莫若敬，守敬莫若静。内静外敬，能反其性，性将大定。（《内业》）

> 凡民之生也，必以正乎！所以失之者，必以喜乐哀怒。节怒莫若乐，节乐莫若礼，守礼莫若敬。外敬而内静者，必反其性。（《心术下》）

"内静外敬"（《内业》）或"外敬而内静"（《心术下》）是人的生命获得"平正"的关键。"内静"也就是"得中"所获得的心性之"静定"，是属于人内在的修养。而"外敬"则是相对于"内静"而言的"形之正"。上引《内业》与《心术下》的话可以看出《管子》最后落脚点在如何通过"敬"而达到"性"之"大定"，从而获得"平正"。《内业》指出，人之所以在生活中会失去"平正"，是因为人有"喜怒忧患"的缘故。所以人只要对"喜怒忧患"处理得当，就会不受内心情欲与外在因素的干扰，而获得"平正"。《心术下》也基本是这个意思，只不过具体表述上稍有不同。《内业》认为，"诗"能"止

---

① 陈鼓应：《管子四篇诠释——稷下道家代表作解析》，北京：商务印书馆，2006年，第106、168页。

② 张连伟：《〈管子〉哲学思想研究》，成都：巴蜀书社，2008年，第126页。

怒";"乐"能去"去忧";"礼"能"节乐";"敬"能"守礼"。落实到"敬"上，才能"内静外敬，能反其性"，从而"性将大定"。与《内业》所说的"止怒莫若诗，去忧莫若乐"不同，《心术下》认为"节怒莫若乐"。《心术下》后几句"节乐莫若礼。守礼莫若敬。内静外敬，能反其性，性将大定"的表述除了没有"性将大定"外，也与《内业》基本相同。

可见，《内业》与《心术下》认为，只要做到"守礼"之"敬"，就能实现"形"之"正"。《内业》《心术下》所说的"形"之"正"实为由"敬"而发端的"礼"之"正"，这明显受到了儒家思想的影响。众所周知，道家创始人老子对儒家"礼"的教化功能提出了批评。"夫礼者，忠信之薄，而乱之首。"（三十八章）在老子看来，"礼"往往带有华而不实的表面性，会导致忠信渐失，社会混乱。庄子及其后学更是从老子的立场出发揶揄儒家所倡导之"礼"。《庄子》中孟子反、子琴张面对挚友子桑户去世，"临尸而歌"（《大宗师》）。颜回与孔子讨论"坐忘"时，颜回曰："回忘礼乐矣。"孔子回应道："可也，犹未也。"孔子认为"忘礼乐"还不够，还要"堕肢体，黜聪明，离形去知，同于大通"（《大宗师》）。又如庄子妻死，庄子"鼓盆而歌"（《至乐》）等。这些都体现了庄子及其后学对儒家礼仪教化的否定。与老子、庄子及庄子后学否定儒家礼教的态度不同，《管子》四篇的作者不仅肯定，而且在一定程度上吸收了儒家礼义教化的思想。《论语·泰伯》曰："子曰：'兴于诗，立于礼，成于乐。'"《内业》肯定了孔子所说"诗""乐""礼"在使人之"性"获得"大定"上的作用。《八佾》曰："子曰：'居上不宽，为礼不敬，临丧不哀，何以观之哉？'"刘宝楠释此句曰："此先汉遗义。以'宽'为仁德，'敬'为义德也。"[①]孔子提倡居上者要宽以仁德。《内业》则表述为"宽舒而仁，独乐其身，是谓云气，意行似天"。《内业》并不仅不排斥孔子重"仁"的思想，而且还将"仁"吸收为一种身体层面的修养方法，认为只要做到"宽舒而仁"，其身心都能达到如"云气"般悠闲自在的状态。《内业》进而把"宽舒而仁"引申为"宽气而广"。这是《内业》把孔子提倡的"仁"作为一种气学上的修养来实践的理解。孔子认为"礼"并非一种形式，而要有发自内心之"敬"才可以行得通。《内业》所说"守礼莫若敬"在吸收孔子"为礼须

[①]（清）刘宝楠：《论语正义》，北京：中华书局，1990年，第137页。

敬"思想的同时，又进一步向"性将大定"的心性论层面作了引申。《卫灵公》中孔子说道："君子义以为质，礼以行之，孙以出之，信以成之。"在孔子看来，"义"是内在于人的实质，"礼"是外在行动的准则，谦逊是出言的要求，守信是成事的前提。《内业》曰："形不正，德不来，中不静，心不治。正形摄德，天仁地义，则淫然而自至。"此处提倡的"正形"与"中静"也就是上述《内业》和《心术下》所说的"外敬"与"内静"。"正形"的关键在"敬"，从而使"礼"得以落实。"内静"则要求"一意抟心"的修养工夫。《内业》用"敬"来作为"正形"的发端，并结合气论的修养，把孔子所说的"礼以行之"进一步具体化。

《管子》四篇所说之"敬"是在承认了儒家所说的"义"与"礼"的社会功用前提之下的"敬"。《心术上》经文曰："君臣、父子人间之事谓之义。登降揖让、贵贱有等、亲疏之体谓之礼。"《心术上》解文则释之曰："'义者'，谓各处其宜也。'礼'者，因人之情，缘义之理，而为之节文者也。故礼者，谓有理也；理也者，明分以谕义之意也。"这也就是说，当《内业》《心术下》提到"内静外敬"的思想时，力求使"形"与"心"并用，且保持和谐。内在之"虚静"须经过"抟气入神""一意抟心，耳目不淫"（《内业》）的修养工夫，对感官外物的干扰进行坚决的抵制。外在之"敬"在承认儒家礼仪教化的社会功用的同时，要做到"正形"，使行动符合礼仪的准则。这也就是说，《内业》所说的"性将大定"并不仅仅如老子、庄子所说的主要通过内在的"为道日损"或"吾丧我"就可以，还要通过遵守社会外在礼仪秩序来实现"性"之"大定"。这在一定程度上也反映出《管子》四篇把儒家的治世思想吸收进自己黄老治国理念中的努力。

《管子》四篇中对"形"与"心"的讨论目的是要回归到"气"上。"正形"与"治心"是分别从社会和个体角度提出的对"气"涵养的途径。"正形"在吸收孔子礼仪之教的前提下，最后的落脚点是在社会中以"敬"来实践"礼"。"治心"在延续老子"为道日损"理念的同时，将"心"又具体分为"感官"之"心"，和对感官之"心"的盲目性和不可靠性进行否定之后的"心"，即"心之中又有心"，也称为"中"或"内"。对"心之中之心"的涵养被称作"中得"或"内得"。"形"与"心"也并非对立无关的，而是互相联系在一起的。

社会活动层面的"正形"之"敬",是需要达到一定修养工夫之"敬"。这种修养工夫归根到底还是需要个体通过"治心"来实现。而个体"治心"的目的并非与世隔绝的"意念"之孤守,而是要经过静定的内心修养涵养"精气"以治世。"精气"的获得在作为"治心"工夫修养上证会之结果的同时,也成为"正形"之"敬"的工夫论保证。"精气"也就在"心"与"形"之间起着特殊而关键的沟通作用。与此同时,当"精气"修养达到一定的程度时,人的形体和内心都会呈现最好的状态,从而实现形气兼养。《内业》认为,在形气兼养的状态,"心全于中,形全于外",从而能够涵养"浩然和平"的精气。

第四节　气论与治国

尽管《管子》四篇的"气"具有《老子》《庄子》之"气""柔和""虚通"等特性,但是在"气"的功能上却和《老子》《庄子》中的"气"有很大不同。在气论与治国的关系中,《管子》四篇里治理国家的"圣人"之"精气"的涵养在贯通"道"与"法"中所起的纽带作用是《老子》《庄子》中所没有的。

一、融礼入道:"道""名""法"思想辨析

《管子》四篇认为"道"一方面是万物的本原,另一方面也是万物能够有序存在的根本保障。如《内业》曰:"凡道,无根无茎,无叶无荣,万物以生,万物以成,命之曰道。"又曰:"不见其形,不闻其声,而序其成,谓之道。"老子有"是以圣人处无为之事,行不言之教"(二章),以及"能知古始,是谓道纪"(十四章)等论述。《心术上》曰:"物固有形,形故有名,名当谓之圣人。故必知不言无为之事,然后知道之纪。"《心术上》这里明显有《老子》影响的痕迹。从"道"之"序其成"的论述以及强调"道纪"中,可以看出《管子》四篇致力于探索如何落实老子所说"道纪"的规律性,从而达

到"无为而治"。《心术上》又曰:"物固有形,形固有名,此言不得过实,实不得延名。姑形以形,以形务名,督言正名,故曰圣人。不言之言,应也。应也者,以其为之人者也。执其名,务其应,所以成之、应之道也。无为之道,因也。因也者,无益无损也。以其形,因为之名,此因之术也。名者,圣人之所以纪万物也。"这里提出了"名当,谓之圣人",以及"督言正名,故曰圣人"的说法,从"正名"与"因之术"的途径去落实无为而治。解文所说"名者,圣人之所以纪万物也"这是对老子提出的抽象之"道纪"在社会层面的发挥、说明和落实。

《老子》首章就涉及"名"与"实"的问题,曰:"道可道,非常道;名可名,非常名。无名天地之始,有名万物之母。"在老子看来,"道隐无名"(四十一章),"吾不知其名,字之曰道"(二十五章)。"道"本身是无可名状的,之所以称作"道",是不得已而给的称呼。在三十二章,老子对"名"又有另一番论述:

> 道常无名,朴虽小,天下莫能臣也。侯王若能守之,万物将自宾。天地相合以降甘露,民莫之令而自均。始制有名,名亦既有,夫亦将知止。知止可以不殆。譬道之在天下,犹川谷之于江海。

王弼注曰:"道无形不系,常不可名。以无名为常,故曰'道常无名'。也……始制,谓朴散始为官长之时也。始制官长,不可不立名分以定尊卑,故始制有名也。过此以往,将争锥刀之末,故曰'名亦既有,夫亦将知止'也。遂任名以号物,则失治之母也,故'知止所以不殆'也。"[1]

魏源注曰:"道,即所谓常道也。道以无名为常,故但可命以无名之朴而已。朴之为物,未雕未琢,其体希微而不可见,故无名。……侯王执道纪,莫之令而万物自宾,亦犹是耳。夫,侯王之守朴,守其无名者而已。守其无名,始可以制有名。制者,裁其朴而分之。礼乐政刑,皆自取也。然苟逐末

---

[1] (魏)王弼注,楼宇烈校释:《老子道德经注校释》,北京:中华书局,2008年,第81页。

而忘本,将愈远而失宗……复以有名守无名,故朴不散。"①

王弼和魏源从"正名"的角度,对《老子》三十二章中"道"与"名"的论述进行了解释。二人把老子提倡的"无为而治"与儒家的正名、礼治思想结合起来。魏源更是从"无名制有名"的立场出发,认为侯王执无名之朴以御礼乐政刑之纪,是老子这里要表达的意思。不过,王弼和魏源的解释并非老子本义。老子说"道常无名""道隐无名",老子那里的"道",可理解为"无名",老子也用"朴"来形容。但是,老子本人所说的"名"却并非后来儒家立场上的"礼乐政刑"之"名"。从老子"名可名,非常名"的论述来看,老子对"名"之局限性的认识是很清楚的。对老子来说,名号只是一种不得已的称呼,并不是称呼对象本身。"始制有名",人一开始就生活在各种名号之中,人又离不开各种名号。但是,"名亦既有,夫亦将知止。知止可以不殆","名"既然无法避免,那么就不能繁多,必须适可而止,这样才可以长久。老子并没有说"名"就是儒家之礼法。相反,老子却说:"失道而后德,失德而后仁,失仁而后义,失义而后礼。夫礼者,忠信之薄而乱之首。前识者,道之华而愚之始。是以大丈夫处其后,不居其薄;处其实,不居其华。故去彼取此。"在老子看来,只要坚守纯朴的"道",社会自然就会变好。儒家所提倡的"仁""义""礼"在老子看来,并不是治世的根本。等到倡导"礼"时,恰恰说明社会已经很混乱了。这里有着老子在他那个时代对春秋末期礼崩乐坏、天下失范之际时"周文疲惫"的反思。老子所说的"名"并非儒家基于礼治的"正名"思想。

王弼与魏源对《老子》"道"与"名"所作的"正名"解释,可能受到了《管子》四篇的影响。《心术上》强调"正名"的重要性,"正名"是对"道纪"的一种制度层面的建设,认为"名当,谓之圣人"。王弼则认为"朴散则为官长","不可不立名分以定尊卑"。魏源则进一步认为,"侯王执道纪,莫之令而万物自宾"的体现就是通过执"无名"之"朴"以御"礼乐政刑"之"名",然后通过"有名守无名",使"朴不散"。从《管子》四篇的作者到王弼,再到魏源,三者都在为老子的无为而治寻求一种现实政治层面可操作性的尝试。《管子》四篇把儒家的礼法思想融入老子无为而治的理念中的做法给王弼、魏

---

① (清)魏源:《老子本义》,上海:华东师范大学出版社,2009年,第68、69页。

源以启示。

毕竟在老子那里，无论是统治者还是百姓，只要都复归到人性朴真的状态，社会就能治理好。然而，这一理论在现实层面缺乏可操作性。最大的问题是，老子简短的五千言并没有给出具体制度层面的设计来保证他所说的"无为而治"的实行。相比老子的简约玄远，孔子往往立足于具体事务来提出方法。所以，《管子》四篇在现实制度层面"容礼入道"不仅变得可能，而且变得可行了。

以下是《论语·子路》中关于"正名"的记载：

> 子路曰："卫君待子而为政，子将奚先？"
> 子曰："必也正名乎！"
> 子路曰："有是哉，子之迂也！奚其正？"
> 子曰："野哉，由也！君子于其所不知，盖阙如也。名不正，则言不顺；言不顺，则事不成；事不成，则礼乐不兴；礼乐不兴，则刑罚不中；刑罚不中，则民无所措手足。故君子名之必可言也，言之必可行也。君子于其言，无所苟而已矣。"

在孔子看来，"正名"关系到政令是否畅通、百姓生活是否得当的问题，是为政的首要任务，不能马虎。孔子一生复兴的是周礼。孔子所说的"正名"是要纠正礼制上、名分上的用词不当。《管子》四篇将孔子的"正名"思想吸收过来，用以充实老子所说的"无为而治"的理念。《管子》四篇认为，只要名实相符、用名得当，君主治理国家就会非常顺利。《管子》四篇所说的"正名"并不完全是儒家的礼制，还包括使一切"形""名"得当的方式。《管子》四篇的主旨和落脚点还是要实现老子"无为而治"的理念，这从其对"法"的重视上可以看出来。对"法"的强调，是《管子》四篇政治思想和儒家礼制思想的一大区别。《心术上》曰：

> 虚无无形谓之道。化育万物谓之德。君臣父子人间之事谓之义。登降揖让，贵贱有等，亲疏之体谓之礼。简物小未一道，杀僇

禁诛谓之法。

这里,《心术上》区分了"道""德""义""礼""法"各自的作用。"道"是"无形"的本原性存在。"道"生养万物被称作"德"。"义"为人们在社会、家庭中各处其宜,"礼"则显先后、贵贱、亲疏之体。而"法"则无论先后、贵贱、亲疏,一以判之,以明平等无私。故《心术上》曰:"法者,所以同出不得不然者也。故杀僇禁诛以一之也。故事督乎法,法出乎权,权出乎道。"《心术上》把儒家意义上的"义"与"礼"纳入其道法相彰的治国方略中。《心术上》承认并维护君臣、父子之间的伦常关系,也将先后、贵贱、亲疏作为社会的仪则给予肯定。《心术上》最后提出"法"作为在社会治理中保障社会公平的一种强制手段。"法"与"礼"的关系,在《枢言》和《任法》中有着不同的表述。《枢言》曰:"人故相憎也。人之心悍,故为之法。法出于礼,礼出于治。治、礼,道也。万物待治、礼而后定。"因为"人之心悍",人性有"恶"的一面,所以"人故相憎",人与人之间会互相仇视、产生冲突,所以需要"法"作为一种强制性的手段来保证社会的秩序,这就是"法出于礼"的原因。"礼"则是为了治世的需要,才被应用的。而"治"与"礼"都应遵从"道"的原则。《任法》则曰:"故黄帝之治也,置法而不变,使民安其法者也。所谓仁义礼乐者,皆出于法,此先圣之所以一民者也。"《枢言》说"法出于礼",《任法》这里则认为"礼出于法"。"法出于礼"突出"法"是为了维护"礼"的秩序性,"礼出于法"则强调"礼"必须依赖"法"的保障才会起作用。"礼"与"法"其实是联系在一起的。《心术上》则进一步突出"法"的作用,认为"事督乎法",这里"事"的范围已经超出了儒家"礼"的范畴,而泛指一切小大之事。"法出乎权,权出乎道"把"法"和"道"联系在一起,"法"最后体现的是"道"之"纪"。《管子》四篇认为,"道"具有至高的神圣性、规律性和强制性,"法"在人间也具有不可侵犯的神圣性、规则性、强制性,"法"是"道"之"纪"在人间的具象化。推行法制则要"正名",使事物形名相符,并用法制保证"礼"的秩序性。儒家"正名"之说以及礼制等思想在一定程度上被融入了《管子》四篇道法形名的黄老之学之中。故《白心》曰:"名正法备,则圣人无事。"《管子》四篇更是指出无论赏罚都具有一定的局限性。《内业》曰:"赏不足以劝善,刑不足以惩过。气意得而天下服,心意定而天下听。"在黄老学派法哲学中,"法"更多的是规范意义,而不是单纯的刑罚。①"法"在《管子》四篇中具有"督事"的一定的强制性功能,同时,也往往是一种和君主个人"气"的修养下之躬身垂范紧密结合起来的规训和引导。

二、"气意得而天下服":"气"对"道"与"法"的贯通

《老子》中的"气"在宇宙论上处于"道"所生成的"天""地"之后,"万物"生成之前。"道生一,一生二,二生三,三生万物。万物负阴而抱阳,冲气以为和"的论述认为,"道"生成了具有统一性的"一","一"生成了"二"(即"天""地"),"二"生"三"(即阴阳二气的和气与阴阳二气),"三"则生成了万物。阴阳二气也同时成了万物之属性。老子注意到了人君治理国家必须"专气致柔",也反对"心使气曰强",反对统治者在治理国家时一意孤行。老子认为,只要统治者不专断、不妄为,能够守护住心中谦下柔和之"气",就能够实行无为而治,利泽天下。故老子曰:"载营魄抱一,能无离乎?专气致柔,能婴儿乎?涤除玄览,能无疵乎?爱民治国,能无知乎?天门开阖,能无雌乎?明白四达,能无为乎?生之、畜之,生而不有,为而不恃,长而不宰,是谓玄德。"(十章)"无为而治"是老子的理想治世方略。实行"无为而治"的理想统治者被老子称作"圣人"。如"是以圣人处无为之事,行不言之教,万物作焉而不辞,生而不有,为而不恃,功成而弗居。弗唯弗居,是以不去"(二章)等,都寄希望于"圣人"通过实行"无为而治"来使天下获得秩序。这样,统治者的修养对于天下的治理就显得非常重要。《老子》一书从各个角度探讨统治者的个人修养。老子通过描述"天道"谦下、守柔、不争、无为、无私等特性,以天道明人道,建议人君、侯王也效法天道,从而实行无为而治。"道常无为而无不为,侯王若能守之,万物将自化。"(三十七章)"天之道,利而不害。圣人之道,为而不争。"(八十一章)在第

---

① 关志国:《道家黄老学派法哲学研究》,北京:中国社会科学出版社,2016年,第151、152页。

十章，老子注意到了实行"无为而治"的"圣人"进行修养时也要"专气致柔"，注意"气"的涵养。在第五十五章中，老子也用"赤子"作比喻，暗示统治者不能受到私欲之心驱使，使"气"走向刚强，从而违背大道柔弱不争之本性，这样是不利于实行无为而治的。但是毕竟老子对"气"的论述较少，并没有进一步探讨以何种治理模式配合"气"的修养，来有效达到"无为而治"。

庄子相比老子也从更多的视角去分析"气"。但是，庄子的气论思想主要是围绕着个体生命的安顿与超脱来论述的。庄子敏锐地注意到了"气"的沟通作用。庄子之"气"在宇宙生成论方面是"道"与万物的中介。庄子之"气"在认识论方面是人认识"道"的桥梁。庄子之"气"在方法论上又是"道"与"技"的介质。庄子本人又通过"气"沟通生与死。在庄子看来，生死在气化流行中是一体的。庄子认为人以"无己"的超脱姿态"游"于"气化"流行之中是最高境界的"逍遥"之"游"。庄子对"气"的关注主要是围绕"个体"展开的。庄子往往对于治理国家表现出某种不屑。《逍遥游》曰："之人也，之德也，将旁礴万物以为一，世蕲乎乱，孰弊弊焉以天下为事！"在庄子看来，与个人的修身以达"逍遥"相比，治理国家并不是值得操心的事。《逍遥游》说到，尧自觉才能有限，让天下给许由，认为许由一旦即位，天下便获得大治。而许由却坚辞不受，说："归休乎君，予无所用天下为！庖人虽不治庖，尸祝不越樽俎而代之矣。"许由认为自己已经知足，天下对他来说没有什么用，他更不想越俎代庖去代替尧。《应帝王》中天根碰到无名人请教治理天下的方法。刚开始无名人便很厌烦这样的话题，说自己"方将与造物者为人，厌，则又乘夫莽眇之鸟，以出六极之外，而游无何有之乡，以处圹埌之野。汝又何帠以治天下感予之心为"，而不愿回答。天根又问，无名人才不情愿地说出了"汝游心于淡，合气于漠，顺物自然而无容私焉，而天下治矣"的话。《天地》曰："无为而万物化，渊静而百姓定。"《让王》曰："道之真以治身，其绪余以为国家，其土苴以治天下。"《应帝王》中"游心于淡，合气于漠，顺物自然而无容私焉，而天下治矣"的话表明庄子的政治观点还是主张统治者通过养"气"的个人涵养，去除私心私欲，实行无为而治。只不过庄子本人并不想参与到政治中去，而将重点放在对个体生命的安顿与超脱上。至于外、杂篇中的一些黄老养气治国的思想应是庄子后学吸收黄老道家的表现。

《管子》四篇的"精气"说在"气"的功能上是对老子之"气"的继承和发展。《管子》四篇的整体旨归则是要实现"名正法备，则圣人无事"(《白心》)的"无为而治"。《管子》四篇之"无为而治"的诉求显然受老子影响。老子虽提出"无为而治"的构想，也指出统治者要通过"气"涵养来实现"无为而治"。但是老子的表述过于简略，对于涵养"气"的具体方法，以及怎样通过制度层面的建设来实现"无为而治"，并没有详细论述。而作为稷下黄老之学代表作的《管子》四篇则试图回答老子遗留的上述两个问题。首先，《管子》四篇用其"精气说"极大地丰富了《老子》"气"的思想，并强化了统治者修养"精气"和治国之间的联系。其次，《管子》四篇把《老子》所说的"无为而治"进一步落实到了法制的制度层面。通过以上两个步骤，《管子》四篇用"精气"把抽象的"道"和具体制度层面的"法"连接起来。《黄帝四经》曰："道生法。"(《道原》)"道"与"法"之间缺少必要的连接。《管子》四篇则完成了黄老之学由"道"到"法"的过渡。

《心术上》解文云："法出乎权，权出乎道。"由"道"到"法"的落实过程中有一个中间环节，就是"权"，此处的"权"作"权衡"解。[1]因为君主本人是法令的实施者，权衡的最高主体就是君主本人。君主本人的修养直接关系到法令实施的公正性和有效性。《内业》曰："气意得而天下服。"在《管子》四篇的作者看来，国君通过"精气"的涵养就能够做到从"道"到"法"的衔接，从而保证法度的合理实施。

《心术下》和《白心》中论述了统治者通过"气"的涵养，从而保证名当法正的过程。《心术下》曰："气者，身之充也。行者，正之义也。充不美则心不得，行不正则民不服。是故圣人若天然，无私覆也；若地然，无私载也。私者，乱天下者也。凡物载名而来，圣人因而财之，而天下治；实不伤，不乱于天下，而天下治。"《白心》曰："然而天不为一物枉其时，明君圣人亦

---

[1] 陈鼓应、姜涛都认为此处的"权"作"权衡"解。参见陈鼓应《管子四篇诠释：稷下道家代表作解析》，北京：商务印书馆，2006年，第149页；姜涛《管子新注》，济南：齐鲁书社，2009年，第297页。

不为一人枉其法。天行其所行而万物被其利,圣人亦行其所行而百姓被其利,是故万物均既夸众矣。"《心术上》明确把"气"的涵养作为君主修养的核心,由"气"的涵养去除统治者个人的私心私欲,使君主的行为端正,从而保证名实得当,法制公正。《白心》则从君主效法天道的角度指出:天道运行,泽被万物不为私,人主也应效法天道,保证法度的公正,以惠泽百姓。当《白心》说"天下不为一物枉其时"或"天行其所行,而万物被其利"时,这里所说"天"的运行,具体则体现为"精气"的流行。《内业》曰:"凡物之精,此则为生。下生五谷,上为列星。流于天地之间,谓之鬼神。藏于胸中,谓之圣人。是故民气,杲乎如登于天,杳乎如入于渊,淖乎如在于海,卒乎如在于己。""气"具有生养万物的神奇性时,也具有惠泽万物的公正性。治理天下的"圣人"在涵养具有公正性之"精气"时,就会去除掉自己的私心私欲,从而保障法制得以公正实施,百姓得以均泽惠济。"气"在《管子》四篇中被稷下黄老道家赋予了保障社会公平正义的功能,实现了对"道"与"法"的沟通,这是《老子》与《庄子》中的"气"所没有的。

君主通过涵养"精气"沟通"道"与"法"的治理国家的方式也被称作"静因之道"。《心术上》曰:

> 人之可杀,以其恶死也。其可不利,以其好利也。是以君子不怵乎好,不迫乎恶。恬愉无为,去智与故。其应也,非所设也。其动也,非所取也。过在自用,罪在变化。是故有道之君,其处也若无知,其应物也若偶之,静因之道也。

对于"因",《心术上》又曰:"因也者,舍己而以物为法者也。"所谓"因",也就是摒除自己的主观好恶,以事物本身的形态作为判断的依据。另外,"因者,因其能者,言所用也"(《心术上》)。"因"也同时是君主对臣下的一种驾驭之术。"心之在体,君之在位也;九窍之有职,官之分也。心处其道,九窍循理。嗜欲充益,目不见色,耳不闻声。故曰上离其道,下失其事。毋代马走,使尽其力;毋代鸟飞,使弊其羽翼;毋先物动,以观其则;动则失位,静乃自得。"(《心术上》)君主与大臣的关系如心与九窍的关系。

如果心能虚静，则九窍各尽其职。如果心中充满私欲，则"目不见色，耳不闻声"，九窍就发挥不了应有的作用。人不能代替马跑，而要驾驭马，使其尽力奔跑；不能代替鸟飞，而要役使鸟，使鸟努力飞翔。所以君主不应该盲动，而应该处于虚静的位置，观察事物的通则，以静制动，让臣下各尽其能，充分发挥各自的作用，才是最好的选择。《心术上》的解文对上述文字的解释曰："故曰心术者，无为而制窍者也，故曰'君'。'无代马走'，'无代鸟飞'，此言不夺能，能〈而〉不与下〈成〉也。'毋先物动'者，摇者不定，躁者不静，言动之不可以观〔其则〕也。'位'者，谓其所立也。人主者，立于阴；阴者静，故曰'动则失位'。阴能制阳矣，静则能制动矣，故曰'静乃自得'。""静因之道"实质上是围绕君臣关系对老子无为而治思想的一种具体化解释，如《心术上》说"无为之道，因也"。当君主不从自己的好恶出发去判断事物时，就必须以上述"则"出发，这里的"则"也就是《管子》四篇所说起着正名作用的"法"。如《心术上》解文曰："以其形，因为之名，此因之术也。"这里将与"法"紧密相关的正名作为"因之术"的重要内涵。另外，在《心术上》看来，君主以静制动，统御臣下，使臣下各尽其才，也是"静因之道"的内容，同时也是无为而治的一种重要方式。君主在统御群臣时，也必须按照一定的仪则制度行事，不能妄为。"名"固为思维的概念，也是用以明职分和发号施令的语言工具。一切政务按照"名"所定义的"实"去实施，就可以不紊乱了。这样"静因之道"实质上是说君主如何去除私欲、按照法规行事，以达到无为而治的。其关键就在于君主对自己主观偏见以及私心私欲的摒除，而这就又涉及对"精气"的涵养。君主通过修养精气对"道"与"法"进行沟通，以实现无为而治同样贯穿在"静因之道"的命题中。

　　由此可见，《管子》四篇提出"精气说"的目的在于为其道法形名的无为而治理论服务。"道""法""精气"之间有着不可忽视的联系。"道"作为万物的最终本原、社会的根据，具有自己的规律性即"道"之"纪"。人间的"法"本身也是君主、大臣以及百姓共同遵守的准则，其最终来源只能是本原性的"道"。治理国家的"圣人"是法制得以实施的现实保障，而君主必须摒除主观偏见以及私心私欲才能使法制得以公正有序地实施。这样，君主修养"精气"对于道法形名的无为而治理论就十分重要。"精气"也就成了沟通形而上的"道"与形而下的"法"的一个至关重要的中介。老子虽然留意到了养"气"对统治者实施无为而治的重要性,但老子并没有具体而详细地展开,更没有论述到法的重要意义。老子对于法治抱有一定的批评,曰:"法令滋彰,盗贼多有。"(五十七章)"气"在庄子那里有多重维度的贯通作用,如"气"在宇宙生成论上对"道"与万物的贯通,"气"在认识论上对"道"与"人"的贯通,"气"在方法论上对"道"与"技"的贯通。但是庄子本人的关注点始终在"气"对个体生命的意义,并没有将关注点放在"气"的社会功能上。《管子》四篇中"精气"在"道"与"法"之间所起的贯通作用是其区别于《老子》与《庄子》气论的重要特点。

第四章
《鹖冠子》中生于"泰一"的"元气"

先秦道家"气"的概念发展到《鹖冠子》这里，出现了"元气"说。这说明先秦道家对"气"的内涵认识越来越强调"气"的"纯一"性。老子赋予"气"以哲学意义，在老子那里，"气"具体分为阴阳二气及阴阳二气相互中和作用后形成的和气。关于"万物负阴而抱阳，冲气以为和"的"和气"到底是什么，老子并没有明确论述。到《庄子》这里，"气"的含义较为丰富，《庄子》关心的是"纯气"。《庄子》中关于"鸿蒙"的描写其实说的正是阴阳二气未分时的"合一"状。《老子》中关于"万物负阴而抱阳，冲气以为和"的论述与《庄子》中有关"纯气""鸿蒙"的说法启迪了同为楚地文献的《鹖冠子》的"元气"概念。《泰录》曰："天地成于元气，万物乘于天地。"《环流》曰："有一而有气。""元气"一方面创造天地万物，另一方面，"元气"也指阴阳二气未分的合一之状。《鹖冠子》所提出的"元气"概念相比较《庄子》中的"纯气"、《管子》四篇中的"精气"，不仅具有"气"的"精纯"性的一面，而且还指出了"精纯之气"所具有的阴阳未分的原初性与生成万物的初始性。"元气"说比较关心"气"的统一未分之状。

在"气"的涵养方面，《鹖冠子》"卫精擢神致气"（《泰录》）的方法受到了《老子》、《庄子》、《管子》四篇的影响。老子中有"治人事天莫若啬"，"多言数穷，不如守中"，"专气致柔"等说法，其实已经在逻辑上涉及了对精气的养护，只是没有明言。《庄子·刻意》言"圣人贵精"，同样主张对"气"的养护。《德充符》中庄子批评惠子"外乎子之神，劳乎子之精"，认为惠子忙于"坚白"的辩论是不利于"神"与"气"的涵养的。《管子·内业》曰："是故此气也，不可止以力，而可安以德。"又曰："抟气如神，万物备存。"这些都对《鹖冠子》关于"气"的涵养与守护的理论产生了影响。另外，《鹖冠子》关于"内圣者，精神之原也"（《泰录》）等"气"的修养理论，明显受到了《庄子·天下》"内圣外王"一词之"内圣"含义的影响。《鹖冠子》的精气涵养理论是要通过"内圣"的修养使"精气"通达，并使人能够明晰地认识事物。

作为黄老道家的文献，《鹖冠子》在"道"与"法"之间与《管子》四篇一样特别注意到了"气"的作用。相比较《管子》四篇，《鹖冠子》中"气"在"道"与"法"之间的贯通作用更加明确，而且增加了从"气"到"法"之间的诸多环节以保障法度的有效实施。在《鹖冠子》那里，"气"从"一"（即"道"的统一性）出发，所构筑的由"气"到"法"之间的环节包括"气""意""图""名""形""事""约""时""期""功""法"等。尽管《鹖冠子》中所说的"气"主要还是指君主"气"的涵养。但是，《鹖冠子》在制度层面增加的这些理论环节，相比《管子》四篇单从君主"气"的涵养来保证"法"的实行，在一定程度上能够从制度层面有效保证"法"的实施。《鹖冠子》同时也把儒家的仁孝忠信等思想融入其从"刑"到"德"的规约教化中。

第一节　鹖冠子其人其书
——从楚简《太一生水》看

对于鹖冠子其人，古代典籍记载较少。《汉书·艺文志》道家类著录有《鹖冠子》一篇，班固自注曰："楚人，居深山，以鹖为冠。"颜师古注云："以鹖鸟羽为冠。"《隋书·经籍志》注曰："楚之隐人。"应劭《风俗通义·佚文·姓氏》曰："鹖冠氏，楚贤人，以鹖为冠，因氏焉。鹖冠子著书。"《艺文类聚·隐逸上》："鹖冠子，曰楚人，隐居幽山，衣弊履空，以鹖为冠。莫知其名，因服成号。著书言道家。冯谖常师事之，后显于赵。鹖冠子惧其荐己也,乃于谖绝。"孙以楷、吴光、黄怀信等当代学者亦认为鹖冠子为楚道家隐士。① 从古今学者的相关记载和研究可知,鹖冠子乃楚隐士,著有《鹖冠子》一书。

但是从柳宗元始,《鹖冠子》在很长一段时间被当作伪书。柳宗元的理由是《鹖冠子》一书"读之尽鄙浅言也","吾意好事者伪为其书,反用鹏赋以文饰之,非谊有所取之,决也",以及司马迁在《史记·伯夷列传》中引用了贾谊《鹏鸟赋》中"贪夫徇财,烈士徇名,夸者死权"一句,而《鹖冠子·世兵》中也有相似的表达,即"夸者死权,自贵矜容。烈士殉名,贪夫徇财"。如果贾谊这句话出自《鹖冠子》,那么太史公"博极群书,假令当时有其书,迁岂不见耶"？如果当时真有《鹖冠子》,其词出自《鹖冠子》,博览群书的司马迁怎么会不知道？另外,《史记·屈原贾生列传》中收录了贾谊的《鹏鸟赋》,却未提《鹖冠子》。以上几点构成了柳宗元认为《鹖冠子》是伪书的理由。可是,认为《鹖冠子》"读之尽鄙浅言",却是柳宗元自己的主观认识,对于其他人来说,就未必觉得《鹖冠子》"鄙浅"了。柳宗元认为是《鹖冠子》袭取了贾谊《鹏鸟赋》中的话,则是在没有直接证据的情况下,断定今本《鹖冠子》为伪书,以其逻辑,既然是伪书,那自然就有袭取贾谊《鹏鸟赋》的嫌疑了。至于司马迁在《史记》中引用、收录了《鹏鸟赋》,而未提及《鹖冠子》的确是事实。但是太史公没有提及《鹖冠子》的原因想必有很多,未必就因为《鹖冠子》是伪书。柳宗元认为《鹖冠子》是伪书的原因虽然并不充分,但是影响却很大,以至于后世的晁公武、王应麟、陈振孙、胡应麟等学者均受其看法的影响。②

直到1973年长沙马王堆汉墓出土有被学者认为是《黄帝四经》的帛书,且帛书上的不少语句与《鹖冠子》相同或类似,于是《鹖冠子》被有关专家

---

① 参见孙以楷《鹖冠子淮河西楚人考》,《安徽大学学报(哲学社会科学版)》2001年第4期;吴光《黄老之学通论》,杭州:浙江人民出版社,1985年,第156页;黄怀信《鹖冠子校注》,北京:中华书局,2014年,"前言"第1—3页。

② 林冬子:《〈鹖冠子〉研究》,银川:宁夏人民出版社,2016年,第5页。

认定并非伪书①，而是一部先秦古籍。该书也从以前长时间受冷落，到现在得到越来越多的关注。这样，认为《鹖冠子》袭取了贾谊《鵩鸟赋》的看法就不能成立了，而反倒很有可能是汉时的贾谊引用了《鹖冠子》的相关语句。

笔者不揣拙陋，认为郭店楚简中的道家文献《太一生水》与《鹖冠子》之间存在的相似表达与紧密联系也说明《鹖冠子》并非伪书。

出土有《老子》甲乙丙本和《太一生水》②的郭店一号楚墓其时间位于战国中期后段，不会晚于公元前300年。③郭店《老子》和《太一生水》的成文年代要更早。简本的出现证明《老子》的成书年代下限应早于战国早期。④与简本《老子》丙本一同出土的《太一生水》，其作者作为老子的后学，生活年代距离老子并不远。2000多年前的春秋战国时期，交通和文化传播的速度与今天不可同日而语。将墓主人生前看到《太一生水》的年龄考虑进去，算上《太一生水》成文、流传的过程，《太一生水》的成文年代应在战国前期。

《太一生水》与《鹖冠子》具有共同的概念语境。在语句的表达上也有着一定的相似性与承接性。《鹖冠子》在受到同为楚文化作品《太一生水》影响的同时，对《太一生水》中探讨的一些问题进行了进一步深入讨论。

首先，《太一生水》中所提到的宇宙生成链条，如"太一""水""天""地""神明""阴阳""四时""湿燥"等在《鹖冠子》中都具体论述到了。不过，《鹖冠子》在沿用《太一生水》中论说宇宙生成的基本概念的同时，其气化论的色彩是对《太一生水》主"水"主张的一种扬弃。《泰鸿》篇曰："泰

---

① 参见李学勤《〈鹖冠子〉与两种帛书》，陈鼓应主编：《道家文化研究·第1辑》，上海：上海古籍出版社，1992年，第333页；丁原明《鹖冠子及其在战国黄老之学中的地位》，《文史哲》1996年第2期；黄怀信《鹖冠子校注》，北京：中华书局，2014年，"前言"第10页；徐文武《鹖冠子籍贯与生平事迹考略》，《南通大学学报（社会科学版）》2005年第2期。

②《太一生水》校订简文，参见荆门市博物馆《郭店楚墓竹简》，北京：文物出版社，1998年，第125页；刘钊《郭店楚简校释》，福州：福建人民出版社，2005年，第42页；丁四新《楚简〈太一生水〉第二部分简文思想分析及其宇宙论来源考察》，《学术界》2002年第3期。

③ 参见李学勤《郭店楚墓文献的性质与年代》；艾兰、魏克彬原编：《郭店〈老子〉：东西方学者的对话》，邢文编译，北京：学苑出版社，2002年，第7页。

④ 陈鼓应：《老子今注今译》，北京：商务印书馆，2003年，第485页。

一者，执大同之制，调泰鸿之气，正神明之位者也。"陆佃注曰："泰一含元气者，故曰调泰鸿之气。鸿蒙，元气也。泰鸿，元气之始也。"《泰鸿》篇又曰："天也者，神明之所根也。醇化四时，陶埏无形，刻镂未萌，离文将然者也。地者，承天之演，备载以宁者也。"《泰录》则曰："天地成于元气，万物乘于天地。"又曰："在天地若阴阳者，杜燥湿以法义，与时迁焉。""太一"一词在《鹖冠子》中往往写作"泰一"。和《太一生水》一样，《鹖冠子》对于"一"和"太一"的论述受到了老子"道生一"与"得一"思想的影响。与《太一生水》不同，《鹖冠子》将"太一"作为"含元气者"。"元气"也被称为"鸿蒙"，以形容"元气"的广大无边和初始地位。"天地"由"元气"所生。"天"是"神明"的根据，促成"四时"的兴作，"地"则备载万物。《鹖冠子》在承接《太一生水》对"天地"的看法时，则作了进一步的推进。《太一生水》曰："下，土也，而谓之地。上，气也，而谓之天。"其认为"地"为"天"下之"土"，"天"为"地"上之"气"，是在直观的层面来谈"天地"。而《鹖冠子》似乎有意对《太一生水》的"天地"观进行评论，曰："所谓天者，非是苍苍之气之谓天也；所谓地者，非是膊膊之土之谓地也。所谓天者，言其然物而无胜者也；所谓地者，言其均物而不可乱者也。"（《度万》）《鹖冠子》没有局限于从直观层面来论述"天地"，而着重于从"天地"的功能来认识。虽然，"天也者，神明之所根也"受到了《太一生水》"天地（复相辅）也，是以成神明"的影响，不过，《鹖冠子》则认为"神明"并不是"天地"互相辅助所生成的，而是"天"独自所为。"天"也并非仅仅是《太一生水》所说的"苍苍之气"，而且更重要的是其"然物而无胜"，它具有生养万物而莫之能胜的神圣性。

其次，与《太一生水》一样，《鹖冠子》也认为"水"和"天""地""湿""燥""阴""阳"等具有紧密的联系。不过，不再像《太一生水》中"水"居于宇宙生成链条上仅次于"太一"的重要位置，并和"太一"相辅以生成"天"。在《鹖冠子》中，因为"天燥"，则必然会生成"水"，"天"和"水"是相互依存的关系。而且"水""火"与"天""地"的关系在《鹖冠子》中最终呈现为"阴""阳"之间相依相存的关系。《度万》篇曰："天者神也，地者形也，地湿而火生焉，天燥而水生焉……水火不生，则阴阳无以成气。"张金成曰:"地气阴湿,反而应之,则火生焉。天气阳燥,凝而聚之,则水生焉。"①《鹖冠子》认为,"水"为"阴","火"为"阳",有"阴"必有"阳",有"阳"必有"阴","火""水"与"阴""阳"二气紧密相关,《鹖冠子》中"水""火"已经具有"阴""阳"的属性了。对于《鹖冠子》来说,其论说天地万物的生成,是为了通过揭示天道运行的规律性,主张君主效法天道,在人间实行法治。《天则》篇曰:"领气,时也。生杀,法也。循度以断,天之节也。"对于治理天下的圣人来说,还必须要有"卫精擢神致气"(《鹖冠子·泰录》)的涵养和提升精气的修养工夫,这在一定程度上受到了《管子》四篇守精养气的精气修养论的影响。《太一生水》前边的宇宙论说"太一生水",又说"太一藏于水",这是对第九只简所云"天道贵弱"的理论铺垫,之后第十、十一、十二只简又曰:"以道从事者,必托其名,故事成而身长。圣人之从事也,亦托其名,故功成而身不伤。"《太一生水》全篇贯穿着推天理以明人事的理路。相比《太一生水》以天道明人道,最终仅落实到圣人的无为而治来说,《鹖冠子》在指出天道运行规律的同时,则建议君主效法天道,进一步实行法治,这是对《太一生水》思想的发展。

以上分析了《太一生水》与《鹖冠子》共有的概念体系,以及二者在一些句子表达上的承接性和相似性;探讨了《鹖冠子》的气化宇宙观与《太一生水》"水"论宇宙观的联系,及其对后者的扬弃;以及《鹖冠子》对《太一生水》无为而治主张从法治层面的推进等。从这些方面来看,《鹖冠子》确实为先秦黄老道家的著作。

今本《鹖冠子》的最终撰作时代,当在公元前236年至前228年之间,②属战国晚期。当然今本《鹖冠子》中也有后人增益的一些内容。《鹖冠子》一书中的《世贤》《武灵王》两篇当系《汉志·兵权谋家》之《庞煖》,乃鹖冠子弟子庞煖所作,而《鹖冠子》中其余的十七篇,内容上有完整性,是一个有机的整体,当为《汉志·道家·鹖冠子》之旧,系楚隐士鹖冠子本人所作。③

---

① 黄怀信:《鹖冠子校注》,北京:中华书局,2014年,第130页。
② 黄怀信:《鹖冠子校注》,北京:中华书局,2014年,"前言"第10页。
③ 黄怀信:《鹖冠子校注》,北京:中华书局,2014年,"前言"第5、6页。

第二节 "泰一"与"元气"论

一、先秦"太一"概念的演进及"太一"与"道"的关系

先秦、秦汉时众多古籍提到"一""太一""泰一""大一",这些称呼往往可以互称。《鹖冠子》中既有"泰一",又有"太一"一词,只是写法不同。《鹖冠子》中关于"太一"的说法与先秦时期对于"太一"的神格理解有关。《鹖冠子》吸收了在其之前的《老子》、《庄子》、《管子》四篇等道家文献中用"一"或"太一"指称"道"的传统。这使得《鹖冠子》中的"太一"既有上古宗教与星象学中至高无上的神格地位,又同时是对具有反思上古宗教与巫术活动的"道"的指称。那么,如何理解《鹖冠子》中"太一"概念内部的神格品性与具有理性特征的"道"之间的内在张力呢?这得从先秦时期"太一"观念的产生和发展说起。

上古宗教活动中,"太一"往往是最崇高的"神"。屈原生活的时代,"太一"就被当作至尊之"天神"。《楚辞》中就有"东皇太一"的记载。《楚辞·九歌》曰:"吉日兮辰良,穆将愉兮上皇。"王逸注曰:"上皇,谓东皇太一也。言已将修祭祀,必择吉良之日,斋戒恭敬,以宴乐天神也。"关于"东皇太一",王逸曰:"太一,星名,天之尊神,祀在楚东,以配东帝,故云东皇。"[1]《九歌》随后描写了灵巫载歌载舞以悦神灵的祭祀场面。这说明了"太一"神在楚人心目中的地位极为崇高。对"太一"神的崇拜有可能要远远早于屈原所生活的战国时期。天象图是汉代墓室壁画中十分重要的内容。受古楚文明影响的"神灵图"便是"天象图"中的一种类型。"神灵图"所描绘的神灵,多来自远古的创世传说,特别是先秦时期保留在古楚地区的神话人

---

[1]（宋）洪兴祖著,黄灵庚点校:《楚辞补注》,上海:上海古籍出版社,2015年,84—86页。

物。①

"太一"或"一"在先秦道家文献里往往是对"道"的代称，而"道"对于先秦道家来说是对上古宗教活动中所崇拜的创世神的一种否定。

《庄子·天下》篇说关尹、老聃"建之以常无有，主之以太一"。关尹著作已经佚失。《老子》一书没有提到"太一"，但多处提到"一"。老子所说的"一"常指从"道"而来的整体性，也可理解为"道"本身。"道生一，一生二，二生三，三生万物。万物负阴而抱阳，冲气以为和"的宇宙生成过程中并没有"神"的参与。"昔之得一者，天得一以清，地得一以宁，神得一以灵，谷得一以盈，万物得一以生，侯王得一以为天下贞"，此处明言"神"也需要"一"即"道"才会显示其灵验。"载营魄抱一，能无离乎？""是以圣人抱一，为天下式。"这两处则强调修养"道"的重要性。老子"以道莅天下，其鬼不神"明确用"道"对鬼神进行了否定。《老子》一书提到"大"字的次数较多。在老子看来，"大"和"道"具有同样的属性。"吾不知其名，强字之曰'道'，强为之名曰'大'。"老子直接用"大"来描述"道"的至高无上、无所不在、无所不包的属性。老子又曰："故道大，天大，地大，王亦大。"此处的"大"是"道""天""地""人"都具有的属性。

郭店楚简《太一生水》的出土，使得我们对"太一"②的认识有了更多的材料。在《太一生水》中"太一"被写作"大一"。《太一生水》中"太一"是"神明"所从出的总根源。《太一生水》开篇就说"太一生水"，叙述了一个由"太一"（"道"）、"水""天""地""神明""阴阳""四时""沧热""湿燥""岁"所组成的前后相继的生成序列。接着，简文说从"太一"所生成的"天""地""神明"等又复归于"太一"。由此形成了一个由"太一"生成万有，万有又复归"太一"的循环过程。在这个循环过程中，《太一生水》显然认为"太一"即"道"产生了"神明"，虽然不是由"道"直接产生"神明"，

---

① 杨匡：《汉代墓室壁画天象图的类型与文化溯源》，范淑英主编：《陕西汉唐墓葬美术研究》，北京：中国社会科学出版社，2016年，第1—7页。

② 丁四新认为，以"太一"一词的流传线索，及郭店楚简《太一生水》一文衡之，"太一"一词应出现在《老子》《论语》之后、《庄子》《楚辞》之前。参见丁四新《郭店楚墓竹简思想研究》，北京：东方出版社，2000年，第98页。

而是"太一生水，水反辅太一，是以成天。天反辅太一，是以成地。天地〔复相辅〕也，是以成神明"，但"神明"确实在"道"之后产生，在总的根源上"神明"也是由"道"产生。《太一生水》又曰："神明者，天〔地〕之所生也。天地者，太一之所生也。""神明"及万有最后也复归到"太一"。

庄子认为"道"能够"神鬼神帝，生天生地"，更是直截了当地将"道"作为本原的地位。《庄子》中有"太一形虚"的说法，"太一"便指"道"。《庄子》中比较重视"一"，《天下》开篇曰："古之所谓道术者，果恶乎在？曰：'无乎不在。'曰：'神何由降？明何由出？''圣有所生，王有所成，皆原于一。'"庄子认为，"内圣外王"之理都源于原初的、具有整体性的"一"，即"道"。但是"一而不可不易者，道也"（《在宥》），"道"又时刻处在变化之中。但《庄子》中也用"一"来表示"气"。"泰初有无，无有无名；一之所起，有一而未形。"（《天地》）这里所说的"泰初"指"道"，"一"指"气"，与《至乐》所说"杂乎芒芴之间，变而有气，气变而有形"的意思是一致的。

《管子》四篇在用"一"代指"道"的同时，也用"一"指代"精气"，从而否定了"鬼神之力"。《心术下》曰："能专乎？能一乎？能毋卜筮而知吉凶乎？能止乎？能已乎？能毋问于人而自得之于己乎？故曰：思之思之，不得，鬼神教之。非鬼神之力也，其精气之极也。"《庄子·庚桑楚》也有类似的话："老子曰：'卫生之经，能抱一乎？能勿失乎？能无卜筮而知吉凶乎？能止乎？能已乎？能舍诸人而求诸己乎？'"结合老子"得一""抱一"之说，《庄子》和《心术下》中类似的话来自老子应是无疑。再如《内业》曰："能守一而弃万苛。"《心术下》曰："执一之君子，执一而不失，能君万物，日月之与同光，天地之与同理。"《管子》四篇在吸收老子用"一"来表示"道"的整体性的同时，也用"一"称呼"精气"。

《鹖冠子》中，"太一"在有的篇目中写作"泰一"。《鹖冠子》一方面将"太一"作为"天神"，另一方面也把"太一"作为"道"的代名词。《泰鸿》曰："泰一者，执大同之制，调泰鸿之气，正神明之位者也。"陆佃注曰："泰一，天皇大帝也。泰一无所不同，故曰执大同之制。"《鹖冠子》在把"太一"作为至高之天神的同时，又强调"道"在"神明"之先，"道聚在神明"。"中央者，太一之位，百神仰制焉，故调以宫。道以为先，聚载神明。"《史记·天官书》言："中宫天极星，其一明者，太一常居也。"陆佃曰："北极，天地之中，其一明者，太一之座。夫道至矣，而更推以为先。"陆佃在指出北极星为"太一之座"，以显至高的同时，又说"道"作为本原的存在，"更推以为先"。《鹖冠子》中使用"道"的次数要远远大于把"太一"称作为"天神"的次数。《鹖冠子》将"太一"作为"天神"是对"道"至高无上本原性的一种形象化的比拟和说明。《鹖冠子》用古时人们对星象的崇拜来说明具有理性特征的"道"的本原性。

与《楚辞》同为楚地文献的《鹖冠子》在保留"太一"作为"天神"的痕迹时，却把"道"作为万物之先，并明言楚人世界里至高无上的"神明"——"太一"也要靠"道"来"聚载"，《鹖冠子》实质上已经取消了"太一"作为"神明"的宗教属性。《泰鸿》曰："泰皇问泰一曰：'天、地、人事，三者孰急？'泰一曰：'爱精养神，内端者所以希天。'"黄怀信释曰："人事，人君之事。"① 作为证会"天道"的方法，此处借"泰一"之口所说的"爱精养神，内端者所以希天"明显受到《庄子》和《管子》四篇的影响。《庄子·德充符》曰："今子外乎子之神，劳乎子之精，倚树而吟，据槁梧而瞑。"就是在主张"爱精养神"。《人间世》则曰："内直者，与天为徒。"《管子》四篇关于蓄精养神的论述就更多了。例如，《内业》曰："敬除其舍，精将自来。"《心术上》曰："虚其欲，神将入舍；扫除不洁，神乃留处。"可见，《鹖冠子》否定了楚人早期通过盛大的祭祀场面、丰盛的祭品，以及灵巫的歌舞活动等来取悦"太一"之"神"的做法，而主张通过精气的修养来理解"道"。"道"在鹖冠子这里不仅吸收了老子、庄子以及稷下道家之"道"所具有的否定原始宗教之创世神的方面，而且还吸收了庄子和稷下道家的气论修养方法，进而否定了原始宗教祭祀活动与灵巫的作用。

即使到了汉代的《淮南子》，"太一"也兼指"天神"或"道"，其在处理"太一"概念中"天神"与"道"的关系时的方法与《鹖冠子》相似。《淮南子·诠言训》曰："洞同天地，浑沌为朴，未造而成物，谓之太一。同出于一，所为各异。"《原道训》曰："夫道者，覆天载地，廓四方，柝八极……"《天文训》又曰："太微者，太一之庭也。紫宫者，太一之居也。"高诱注曰：

---

① 黄怀信：《鹖冠子校注》，北京：中华书局，2014年，第217页。

"太微，星名也；太一，天神也。"《要略》曰："《原道》者，卢牟六合，混沌万物，象太一之容，测窈冥之深，以翔虚无之轸。"高诱注曰："太一之容，北极之气，合为一体也。"《要略》这里明言《原道》中对"道"的各种论说是为了"象太一之容"。《要略》实质上用远古宗教和星象学中遗留下来的对"太一"的"天神"崇拜，来论证和凸显具有理性特征的"道"在创造万物上的本原地位。这种论述风格，或许受到了《鹖冠子》的影响。

值得注意的是，在用"太一""泰一""一"指称"道"时，虽然《老子》、《太一生水》、《庄子》、《管子》四篇、《鹖冠子》以及《吕氏春秋》等先秦道家文献，都用具有理性特征的"道"否定并置换了"太一"在上古宗教中的"天神"属性，这无疑是哲学对原始宗教的一种突破。但是，"道"并非完全是一种逻辑上的概念，更不是物质性的本原，"道"或"一"本身又具有着天然的神圣性与神妙性。老子"神得一以灵"的说法也暗含着"一"对"神"统摄时所具有的神圣性。据庄子《天下》记载，关尹与老聃"澹然独与神明居"。《太一生水》认为"神明"最后复归于"太一"，"神明"成为"太一"及"道"的重要特征。庄子自述其学时曰："芴漠无形，变化无常，死与生与，天地并与，神明往与！芒乎何之，忽乎何适，万物毕罗，莫足以归，古之道术有在于是者，庄周闻其风而悦之。"庄子认为"配神明"（《天下》），是古人之德一个重要的内涵。庄子进而主张"称神明之容"（《天下》）。《鹖冠子》主张"泰一"本来就具有"正神明之位"的作用。"道以为先，聚载神明"说明《鹖冠子》中的"道"或"泰一"具有融合"神明"的特性。《管子》四篇将"精气"用"神"来称呼，"有神自在身，一往一来，莫之能思。失之必乱，得之必治。敬除其舍，精将自来"。《吕氏春秋》中则认为"知神之谓得一"。《论人》曰："无以害其天则知精，知精则知神，知神之谓得一。凡彼万形，得一后成。"从先秦道家对"神"或"神明"一脉相承的论述来看，都是认为"道""一""泰一"含有"神"或"神明"的特性。

在先秦道家看来，"神"或"神明"并不是原始宗教中"太一"崇拜或其他崇拜中的"天神"或某种神灵，而是一种神性的品格。这种神性的品格可以理解为对所有具体神灵的神圣性或神妙作用的一种高度抽象，摒弃了神灵崇拜中神的人格性或具象成分，而保留了其神圣性和神妙性的神格品性。然后再将这种神格品性放在本原性的"道""太一""一"之后的同时,又把古人对万物本原的神格理解充实到"道""太一""一"之中。在这个过程中,对"气"的涵养起到了至关重要的作用。正是由于"气"的涵养取代了原始巫术的活动,人对神格品性产生了一种理性意义上的理解,使得"人"与"道"的沟通成为可能。这样就形成了先秦道家哲学概念中虽没有具体神灵参与,但又具有神格品性的、独特的"神"或"神明"概念,同时也使"道""太一""一"这些本原性的范畴具有重要的神圣性。先秦道家在处理与原始宗教的关系时,用"道""太一""一"的概念虽然否定了上古宗教"天神"等具体神灵在创造、主宰世界等方面的作用,但同时也保留了上古宗教文化神格品性中的合理性。这也说明先秦道家在处理与原始宗教的关系时,并非与宗教"一刀两断"、完全排除宗教在认识上的作用,而是对之进行了合理扬弃。

二、"元气"论与"卫精擢神致气"的养气之法

(一)"元气"论

在先秦,《鹖冠子》首次提出了"元气"论。在先秦道家著作对"气"或"精气"的阐释中,《鹖冠子》"元气"论的提出标志着一个重要的进步。[①]"元气"观念的出现,可以看成元气论自然观形成的标志。[②]《鹖冠子·泰录》曰:

> 行其道者有其名,为其事者有其功。故天地成于元气,万物乘于天地,神圣乘于道德,以究其理。

对于"天地成于元气,万物乘于天地",陆佃注曰:"元气,太虚也。太虚含天地,天地含万物,故其言如此。"[③]《庄子·知北游》曰:"外不观乎宇宙,内不知乎大初,是以不过乎昆仑,不游乎太虚。"庄子有"游乎天地之一

[①] 吴光:《黄老之学通论》,杭州:浙江人民出版社,1985年,第160页。
[②] 程宜山:《中国古代元气学说》,武汉:湖北人民出版社,1986年,第8页。
[③] 黄怀信:《鹖冠子校注》,北京:中华书局,2014年,第244页。

气"(《大宗师》)之说,虽然庄子此处没有明说,但"太虚"当指"气"。《说文解字》释"元"为"始也",段玉裁注曰:"元者,气之始也。"《鹖冠子》使用"元气"一词突出了"气"在生成万物过程中的先在性。在《鹖冠子》看来,"元气"生成天地,天地又备载万物,神圣离不开道德。《鹖冠子·泰录》又云:"精微者,天地之始也。"此处的"精微者"也就是"元气"。《鹖冠子》中也用"泰鸿"来指称"元气"。《泰鸿》曰:"泰一者,执大同之制,调泰鸿之气,正神明之位。"对"调泰鸿之气",陆佃注曰:"泰一,含元气者,故曰调泰鸿之气。鸿蒙,元气也。泰鸿,元气之始也。"吴世拱曰:"泰鸿,蒙鸿也。言调天之元气。"① 陆佃与吴世拱的解释有不同之处。陆佃其实把"泰一"当作"泰鸿",认为"泰一"或者"泰鸿"是"含元气"者、"元气之始",在"元气"之先,而"元气"则为"鸿蒙"。吴世拱则认为"泰鸿"为"蒙鸿",也就是"鸿蒙",而调"泰鸿之气"的是"泰一"。此处吴世拱的解释较为合乎《鹖冠子》原意。"泰一"与"泰鸿"在《鹖冠子》那里是两个概念,因为在"泰一者,执大同之制,调泰鸿之气,正神明之位"中,"大同之制""泰鸿之气""神明之位"是"泰一"三个不同意义上的宾语,是"泰一"作用的不同体现。此处的"泰鸿"也即《鹖冠子·泰录》中所说的"元气"。"泰鸿"作为"元气"受到了《庄子》的影响。《在宥》曰:"云将东游,过扶摇之枝而适遭鸿蒙。"前文已经引成玄英的解释指出,这里庄子所说的"云将"指的是"云主将","鸿蒙"其实指的就是"元气"。这里我们进一步分析,还可发现,随后在云将和鸿蒙的对话中,云将也一直以一种向鸿蒙请教的姿态出现,庄子的安排也是有其深意的。这暗含着庄子对"云气"和"元气"两种"气"的态度。在庄子看来,"元气"即"鸿蒙",其实在"云气"亦即自然之"气"之先,"元气"生成了"云气"。在云将和鸿蒙的对话中,所说的"六气之精",也指的是"元气"。虽然庄子没有直接提到"元气",但是庄子用"鸿蒙"指称初始之"气"的做法启迪了《鹖冠子》的"元气"与"泰鸿之气"。

但是,在《鹖冠子》中,"元气"虽然直接生成万物,却并不是万物最终的本原。《鹖冠子·环流》曰:"有一而有气。"此"一"即"泰一",也即"道"

---

① 黄怀信:《鹖冠子校注》,北京:中华书局,2014年,第214页。

本身的"统一性""均一性"。说"泰一"或者"道"作为万有的本原产生了"元气"，从严格意义上来说，是从"泰一"或者"道"本身的"统一性"中产生了"元气"。"泰一"或者"道"在《泰鸿》中"调泰鸿之气"也是通过"泰一"或"道"本身的"一"或"和"的作用来说。另《泰鸿》中也有"调其气，和其味，听其声，正其形"之说。既然"泰鸿之气"为"元气"，那么如何"调泰鸿之气"或者"调其气"？"调"意在突出作为阴阳二气之"和"的"元气"。《鹖冠子·环流》曰："阴、阳不同气，然其为和同也。"阴阳二气虽属不同性质的"气"，但正是因为二者"气"不同，二者又可以统一在一起。万物产生之初，阴阳二气统一未分之"和"的状态就是"元气"。

《鹖冠子》注重结合事物之间的差异性来论述体现事物整体"同一性"的"一"。而"一"在本质上又促成了"元气"的"同一性"和"流通性"的形成。《鹖冠子·环流》曰：

> 故东西南北之道踹，然其为分等也。阴、阳不同气，然其为和同也。酸、碱、甘、苦之味相反，然其为善均也。五色不同采，然其为好齐也。五声不同均，然其可喜一也。故物无非类者，动静无非气者。是故有人将得一人气吉，有家将得一家气吉，有国将得一国气吉。其将凶者反此。故同之谓一，异之谓道；相胜之谓执，吉凶之谓成败。贤者万举而一失，不肖者万举而一得，其冀善一也，然则其所以为者不可一也。知一之不可一也，故贵道。空之谓一，无不备之谓道，立之谓气，通之谓类，气之害人者谓之不适，味之害人者谓之毒。

在《鹖冠子》看来，事物由于"类"之不同，具有差异性，但是这种差异性之间又具有某种统一性。这种"统一性"往往凝聚着不同属性之间要达到的整体功能。东西南北虽方位不同，但是其功分从整体的角度来看，却是一定的。阴阳二气虽不同，但是二者可以组成统一的"和气"。味道有别，但可以用于调制美食。色彩各异，但在使人产生喜好之情上是一致的。声音不同，但组合在一起，旋律优美，使人喜悦。所以，由于有了"类"，才有了这样那样的"物";由于有了阴阳之"气"的不同,才有了静与动的差别。

《鹖冠子》比较强调这种基于差异性的"统一性",认为得到这种"统一性"的"一"就可以使不同种类的"气"得吉,即"是故有人将得一,人气吉;有家将得一,家气吉;有国将得一,国气吉"(此句为笔者的断句)。此句较为难解,有不同的断句之法。陆佃认为此句的"将"为"主帅""主将"之意,"〔人将〕一人之将""〔家将〕一家之将""〔国将〕将一国者"。按照陆佃之意,此句应断为"是故有人将,得一人气吉;有家将,得一家气吉;有国将,得一国气吉"。张金城曰:"注谓'人将'为一人之将云云,义殊难通……当以'有人将得''有家将得''有国将得'句绝,则义明,殊不必牵合战将之说也。"按照张金城之意,此句应断为:"是故有人将得,一人气吉;有家将得,一家气吉;有国将得,一国气吉。"黄怀信同意张金城之说,认为此句意为,"言有一人将得之气,则一人气吉;有一家将得之气,则一家气吉;有一国将得之气,则一国气吉"[①]。

各家对《鹖冠子》中"气吉"句的解释可谓是仁者见仁、智者见智,都有各自的道理。前辈学者的注解似乎都把此句中的"一"作为数量词来理解,认为是"一人气吉""一家气吉""一国气吉"。但是,此句中的"一"还可理解为"得一"之"一"。前文已经指出,在先秦,上古宗教与星象学就有着浓厚的"太一"神的崇拜。老子的"得一说""抱一说"等开启了道家贵"一"的传统。《太一生水》的"太一说"、庄子的"原一说""贵一说"、《管子》四篇的"抱一说"、《吕氏春秋》的"太一说""执一说",甚至汉代《淮南子》对"太一说"的论述等都是明证。《鹖冠子》作为先秦道家文献,其关于"太一""一"的论述受到了上古宗教、星象学以及《老子》《庄子》《管子》四篇等道家文献相关思想的影响。《鹖冠子》之前的道家文献中关于"太一""一"的具体论说,前文已述,此处不再赘述。在道家思想中,"一""大一""太一"是三个"道"的别称概念。"一"是表示道家"大一"思想的最直接、最直观、最重要的概念。[②]而"太一""一"在《鹖冠子》中也是极为重要的概念。《鹖

[①] 黄怀信:《鹖冠子校注》,北京:中华书局,2014年,第78页。

[②] 顾瑞荣:《道家"大一"思想及其表达式研究》,上海:上海人民出版社,2008年,第45页。

冠子》中多次论述到"泰一""太一""一"。《鹖冠子》中除了前文所提到的"泰一""太一""同之谓一"的说法，还有"天之不违，以不离一。天若离一，反还为物"（《天则》），"有一而有气"（《鹖冠子·环流》）等论述。笔者不揣拙陋，认为《鹖冠子》关于"气吉"之句主要受到了从老子那里开始的道家"得一"思想的影响。而"是故有人将，得一人气吉；有家将，得一家气吉；有国将，得一国气吉"，以及"是故有人将得，一人气吉；有家将得，一家气吉；有国将得，一国气吉"的断句正好漏掉了《鹖冠子》中的"得一"思想。前一种断法，虽有"得一"一词，但"一"却是"数词"。后一种断法，直接将"得一"分开，用分开的"一"也表示数词。但是，"一"在此句中并不是一个可有可无的表示"一人""一家""一国"的数词，而是从道家贵"一"的传统而来的，表示"太一"或"道"本身所具有的"统一性"的重要概念。故此句似应断为：是故有人将得一，人气吉；有家将得一，家气吉；有国将得一，国气吉。此句是说只要"人""家""国"三者各自都能"得一"，"人气""家气""国气"则相应获得吉祥。此前各家所断之句中的"一人气吉""一家气吉""一国气吉"，根据古汉语的特点完全可以表述为更为简略直接、又意思一致的"人气吉""家气吉""国气吉"。但是，从"得一"之后断句，关键则使"得一"的思想凸显出来，这不仅符合先秦道家整体贵"一""得一"的思想传统，也符合《鹖冠子》文本中"太一说"之重"一"的特征。

再联系"气吉"句所在的上下文强调"一"的事实，可知应按照"得一"的断法来断句。"气吉"句所在的《环流》开篇就有"有一而有气"。可见"一"是本篇的一个重要的关键词。"有一而有气"之后，"气吉"句之前，又通过方位、阴阳、味道、五色、五声等来说明事物的差异性与"统一性"或"同一性"之间的关系，侧重强调"统一性"的"一"对于"差异性"的重要意义。"气吉"句后紧跟着说"其将凶者反此"，认为不"得一"将凶。之后又紧跟着说的一段话，"故同之谓一，异之谓道；相胜之谓执，吉凶之谓成败。贤者万举而一失，不肖者万举而一得，其冀善一也，然则其所以为者不可一也。知一之不可一也，故贵道。空之谓一，无不备之谓道，立之谓气，通之谓类，气之害人者谓之不适，味之害人者谓之毒"。在不断提到"一"的同时，还是在论述"一"与"异"的关系。"空之谓一"的提法更是指出了"一"

作为"同一性"的重要性,"无不备之谓道"其实将"一"追溯到"道"那里,"一"的"同一性"又具有从"道"而来的"全备性"。

　　黄怀信认为,在"立之谓气,通之谓类"中,"气""通"二字疑互误,应为"立之谓类,通之谓气"。他引《后汉书·郎颛传》注,认为"立"为"定也",《说文》释"通"为"达也",即流通,旁达。黄怀信曰:"类为固定之物,气为流通旁达之物。"①"类"作为一种区别,需要有既定的边界,故用"立",谓"立之谓类"。《庄子·知北游》中的"通天下一气耳"即是说"气"具有流通性、沟通性。故《环流》此处应为"通之谓气"。黄怀信的校正给我们很大启示。然则按照黄怀信上述分析,互误的应是"立"与"通",此句也应为"通之谓气,立之谓类"。否则,若"气"与"通"互误,则变成"立之谓通,气之谓类",亦不通。另外,此句也有可能是"气"与"类"互误,为"立之谓类,通之谓气"。不管是哪种情况,作"通之谓气,立之谓类"或"立之谓类,通之谓气"句意是一样的。"味之害人者谓之毒"之"味",张金城认为应该作"类"。②张说是。因前句说到"气"与"类",后面则跟着说"气之害人者谓之不适,类之害人者谓之毒",是符合行文逻辑的。

　　"一"的同一性是"元气"未分为阴阳二气,以及阴阳二气未分离后又聚合的原因。从上述《环流》篇的分析来看,因为"同之谓一,无不备之谓道,通之谓气,立之谓类"。"道"或"泰一"作为大全的本原概念产生了具有"同一性"的"一",而"同一性"的"一"则使"气"能够体现出其流通性,事物由于属性等不同,有各自既定的种类,但是这些种类都由"一"来统一、由"气"来贯通。《泰鸿》中的"泰一者,执大同之制,调泰鸿之气"所说的从"泰一"而来的"大同之制",便是《鹖冠子·环流》中所说的"同之谓一"的"一"。正是"一"使得"元气""泰鸿之气"作为阴阳未分的初始之"气",具有"同一性"与"流通性"。故《鹖冠子·环流》曰:"有一而有气。""元气"与"泰鸿之气"分为阴阳二气,生成天地万物。天地万物虽然各有其类,千差万别,但最后又复归到具有"同一性"和"流通性"的"元气""泰鸿之气"上来。这种秩序性和完备性就是"道"或"泰一"。

---

①② 黄怀信:《鹖冠子校注》,北京:中华书局,2014年,第80页。

（二）"卫精擢神致气"的养气之法及其对之前道家相关思想的融会

《鹖冠子》中也提出了涵养"气"的具体方法。

> 精神者，物之贵大者也。内圣者，精神之原也。莫贵焉，故靡不仰制焉。制者所以卫精擢神致气也，幽则不泄，简则不烦，不烦则精明达。故能役贤，能使神明，百化随而变，终始从而豫。(《泰录》)

在鹖冠子看来，"精""神"来源于"内圣"之修养。"内圣"修养的方法为"卫精擢神致气"，具体为"幽""简""不烦"。"幽"为"静"之意，"泄"同"泄"，"渊静"则"精气"不泄。"简"谓"无为"，"无为"则"不烦"，"不烦"则"安闲"，"安闲"就会使"精气"蓄积，从而使人"明达"。上述《鹖冠子·泰录》中的"精神者"以及"精神之原"的"精神"，并不是今天我们所说的复合词"精神"，而是"精"与"神"的并列使用，这从后文对"精""神""气"的单独使用可以看出来。陆佃对"卫精擢神致气"的解释较为精辟，其曰："精欲塞，神欲养，气欲专，故其辞如此。擢者，秀拔之辞。"[1]"精"侧重身体层面的"精气"，"神"为"道"之"神妙"属性，"气"为先天之"元气"。通过"精气"的蓄积，"神"的养护，使"气"更加精纯、专一，达到先天的"元气"之状，这样就会在认识以及实践中发挥"明达""神妙"的作用。这也说明对"元气"的涵养和"精""神"的修养既有不同，又是相互联系的。在鹖冠子看来，通过"精""气""神"的涵养会使人达到"内圣"的境界。

鹖冠子并没有停留在个体修养的"内圣"层面，而是进一步将"内圣"拓展到"外王"的维度。鹖冠子建议君王通过"卫精擢神致气"的修养以"役贤"，达到驾驭群贤的作用。"内圣"的修养不仅能够"役贤"，而且"能使神明"，以应万变。

《鹖冠子》中关于"内圣外王"的论述显然受到《庄子》的影响。《天

---

[1] 黄怀信：《鹖冠子校注》，北京：中华书局，2014年，第250页。

下》自问自答曰:"'神何由降?明何由出?''圣有所生,王有所成,皆原于一。'"在庄子那里,"内圣外王"与"神明"紧密相关,并都从出于"一"。庄子关于"内圣外王"的直接论述也主要是要避免"道术"之裂,使"道术"恢复到原来完备的"一"。《天下》曰:

> 天下大乱,贤圣不明,道德不一,天下多得一察焉以自好。譬如耳目鼻口,皆有所明,不能相通。犹百家众技也,皆有所长,时有所用。虽然,不该不遍,一曲之士也。判天地之美,析万物之理,察古人之全,寡能备于天地之美,称神明之容。是故内圣外王之道,暗而不明,郁而不发,天下之人各为其所欲焉以自为方。悲夫,百家往而不反,必不合矣!后世之学者,不幸不见天地之纯,古人之大体,道术将为天下裂。

庄子首提"内圣外王"之说。庄子在《天下》篇批评当时各家之学如"耳目鼻口,皆有所明,不能相通"。各家凭一曲之见争执不休,"各是其所非,而非其所是"(《齐物论》),致使大道愈辩愈暗,"内圣外王之道,暗而不明,郁而不发""道术将为天下裂"。庄子于是提出"彼是莫得其偶,谓之道枢。枢始得其环中,以应无穷""和之以天倪""莫若以明"等说法,就是为了消解是非偏见,而重回到古时完整纯一的"内圣外王"的理路上。钱基博认为,庄子的"内圣外王"中的"圣"为"通"之意,所以适己性也,故曰"内";"王"之为言往也,所以与物化也,故曰"外"。① 钱说也有一定道理。庄子认为"死生为徒"(《知北游》),生死在气化流行中是互相转化的,是一体的,人应顺应万物的自然变化,与气化为一体。这在某种程度上也体现了庄子万物"皆原于一"的思想。另外,《天道》中又说明了"天道"的变化后,"以此退居而闲游江海,山林之士服;以此进为而抚世,则功大明显而天下一也。静而圣,动而王,无为也而尊,朴素而天下莫能与之争美"。《天道》中"静而圣,动而王"的论述明显有着以外王用世的倾向。从庄子本人重视个体生

---

① 钱基博:《读〈庄子·天下篇〉疏记》,张丰乾编:《〈庄子·天下篇〉注疏四种》,北京:华夏出版社,2009年,第104页。

命的安顿与超脱方面来说，《庄子》中主张通过"内圣外王"消除各种偏见，顺应气化流行，以达到"道术"本来完备的"一"，这应是庄子本人的思想。而《天道》中"静而圣，动而王"中所体现的"内圣外王"的用世倾向，当为庄子后学的思想。

回过头来再看《鹖冠子》中《泰录》篇的"内圣外王"思想，《泰录》"卫精擢神致气"的修养方法其实也就是要达到其所强调的"同之谓一"的"一"。《泰录》吸收了《庄子》中关于"贵精""凝神""养气"等关于"内圣"的思想，其中"百化随而变，终始从而豫一"的论述也吸收了庄子通过气化视万物为一的思想。鹖冠子通过"内圣"的修养而"使神明"的思想也与庄子认为"神明"从出于"一"的主张有关。《鹖冠子·泰录》通过"内圣"的修养"能役贤"的论述则受到《庄子》中《天道》等篇中庄子后学思想的影响。当然《鹖冠子》中"卫精擢神致气"的修养也同时有《老子》和《管子》四篇等气论修养方法的痕迹，其通过"气"的涵养"能役贤"的外王理论也受到了《管子》四篇"气意得而天下服"（《内业》）的影响。

《鹖冠子》中关于"内圣"的修养思想大多来自于《老子》、《庄子》、《管子》四篇等文献。不过《鹖冠子》的外王思想在吸收上述文献的同时，还有自己的特色，尤其是其在黄老之学的立场上关于"气"与"法"的关系的理论，有着在它之前的文献所没有的独特内容。

第三节 "领气，时也。生杀，法也"：
由"气"到"法"的展开

相比《老子》《庄子》，在《管子》四篇那里，虽然"气"开始在"道"与"法"之间起着重要的贯通作用，但是《管子》四篇那里起贯通作用的"气"是"精气"，且主要靠统治者通过"一意抟心"（《内业》）的修养而形成。法律的公正性也主要靠去除君王的私欲、修养其"气"使之达到理想状态来保证。也就是说，在《管子》四篇那里，"气"在"道"和"法"之间所起的贯通效果难免会因统治者的个人偏好和修养的不同而有所不同。这往往会影响律法的颁布、执行的效果等。尽管《鹖冠子》中从"道"到"法"之间的落实，也同样依赖最高统治者对"气"的修养。但是，与《管子》四篇等在《鹖冠子》之前的文献不同的是，《鹖冠子》试图克服因君主"气"的修养不同而导致的律法的制定、实施的偏差。《鹖冠子》为此凸显了四时之"气"本身的规律性。另外，《鹖冠子》中从"道"到"法"的中间环节除了"气"的参与外，又多了诸多具体环节，这使得黄老道家的道法思想在"气"等其他条件的共同参与下变得更为丰富和具体，从而有效保证了法制的落实。

一、"领气，时也。生杀，法也"

鹖冠子注意到，通过体现天道运行秩序的四时之"气"来强调代表"生杀"的"法"的规律性，能够在一定程度上避免人为因素对律法的破坏，从而树立法制的权威。《天则》曰：

> 故天道先贵覆者，地道先贵载者，人道先贵事者，酒保先贵食者。待物，□也。领气，时也。生杀，法也。循度以断，天之节也。

此段论述从"天道""地道"过渡到"人道"，指出"人道"的特征为"先贵事者"。具体所"贵"者为何事呢？之后进行了具体说明。"待物，□也"句有缺字。吴世拱引《庄子·人间世》"气也者，虚而待物者也"句，认为所缺应为"气"字。[1]吴说是。庄子认为"气"的特性为"虚"，故能待物。《天则》作"待物，气也"，与庄子意同。"领气，时也"一句，极为简洁，但是意蕴却较为丰富。陆佃注曰："四时各领一方之气。"吴世拱认为，"领，理也，有检括义"，并引《鹖冠子》中《夜行》篇之"四时，检也"来说明。张金城认为此句是说"四时领气之异也"。黄怀信同张说。[2]另《说文》释"时"曰："四

---

[1] 黄怀信：《鹖冠子校注》，北京：中华书局，2014年，第35页。
[2] 黄怀信：《鹖冠子校注》，北京：中华书局，2014年，第35、36页。

时也。"段玉裁注曰："本春秋冬夏之称。"可见，"领气，时也"之"时"为"四时"之意当无异议，此句意谓四时所领之"气"各有不同，但还不是此句真正的意图。随后"生杀，法也。循度以断，天之节也"的论述说明鹖冠子是要通过四时之气运行的规律性来论证人间法律的权威性与秩序性。

《鹖冠子》中关于"四时"的论说较多，大多都用来说明法度的重要性。《夜行》曰："天，文也；地，理也；月，刑也，日，德也。四时，检也。度数，节也。阴阳，气也。五行，业也。五政，道也。五音，调也。五声，故也。五味，事也。赏罚，约也。此皆有验，有所以然者。"《度万》曰："'天人同文，地人同理，贤、不肖殊能，故上圣不可乱也，下愚不可辩也。''阴阳者，气之正也；天地者，形神之正也；圣人者，德之正也；法令者，四时之正也。故一义失此，万或乱彼，所失甚少，所败甚众。'"《度万》与《夜行》的逻辑基本相同，同样从"天文"与"地理"之天道与地道的运行开始，然后经过论述阴阳、四时最后落脚到法令。在《度万》看来，既然天道、地道、阴阳、四时都有其"理"，有其"正"，那么人道效法天道、地道、阴阳、四时而制定的法令也自然有其"理"，有其"正"。这种"理""正"是"一"的体现。如《鹖冠子·环流》曰："一为之法，以成其业，故莫不道。一之法立，而万物皆来属。"世间万物得"一"则有其序，失"一"则乱。而法令则是秉承"一"之"义"，以使天下"正"。比利时学者戴卡琳探讨了《鹖冠子》中是否存在西方意义上的"自然之法"（laws of nature）的问题。虽然她并没有对此问题给出是或否的回答，但她明显注意到了《鹖冠子》中有自然秩序构成社会秩序的理论。① 孙福喜则指出，在《鹖冠子》中，"法"更是指贯穿于天、地等宇宙万物中的自然法则或规律。这种自然法则与宇宙中天体等自然物体运动变化时所呈现的秩序性是和谐一致的。而由人类行为和社会制度构成的人类社会秩序的变化也应与这一法则相一致。②《鹖冠子》中对于"天"的观察常以从星象学的角度来显示列星运行的恒常性与秩序性的形式出现。鹖冠子通过"天者，因时其则"的论述，正是为了论证人间法度的不可或缺。

---

① 〔比〕戴卡琳：《解读〈鹖冠子〉——从论辩学的角度》，杨民译，沈阳：辽宁教育出版社，2000年，第209—215页。

② 孙福喜：《〈鹖冠子〉研究》，西安：陕西人民出版社，2002年，第264页。

二、由"刑"到"德"的"约定"及其对儒家思想的融摄

《鹖冠子·环流》中集中提出了鹖冠子法治思想的诸多重要环节，曰：

> 有一而有气，有气而有意，有意而有图，有图而有名，有名而有形，有形而有事，有事而有约。约决而时生，时立而物生。故气相加而为时，约相加而为期，期相加而为功，功相加而为得失，得失相加而为吉凶，万物相加而为胜败。莫不发于气，通于道，约于事，正于时，离于名，成于法者也。

《鹖冠子·环流》此段文字依次集中呈现了若干黄老学中的重要概念，分别为"一""气""意""图""名""形""事""约""时""期""功""法"等。鹖冠子认为，"一"从"道"而来，"有一而有气"，有了"一"的同一性，便产生了元气。元气产生了人之意念，意念产生了"象"。[①]"象"产生了"名"，有"名"便会有"形"。名实相符，有"形"则会有"事"。此处的"事"应为君王所要治理的天下之事。有了所要治理之事，就必须有"约"才能治理得当。有了约定就会有时限。如同四时之气，各有定准，然后百物生长。阴阳之气互变相加而成四时。有了相互约定就会有期许。有了相互期许就会有功效。有功效便会有得失，有得失也就会有吉凶。万物互相作用就会有胜败。最后则带有总结性地说道："莫不发于气，通于道，约于事，正于时，离于名，成于法者也。"万事万物都直接产生于"气"，又"通于道"。此处的"通于道"也可理解为"通于一"。约定一定事情的时候，还要顺时立事。[②]这样，

[①] "有意而有图"句，陆佃、吴世拱、张金城、黄怀信都认为"图"为"象"。参见黄怀信《鹖冠子校注》，北京：中华书局，2014年，第65页。

[②] "正于时"句，张金城曰："此言顺时立事，则无失也。"参见黄怀信《鹖冠子校注》，北京：中华书局，2014年，第68页。

所要治理的事就会合乎其名称①，而最后由"法"来促成。

《管子》四篇中《心术下》的有关论述给《鹖冠子》以启迪。《心术下》曰："心之中又有心。意以先言，意然后形。形然后思，思然后知。"《鹖冠子·环流》上段话也涉及了《心术下》所说的"意""形"的概念，也论述了人如何"知"的问题。虽然《管子》四篇最终也落实到了"法"上，但是《心术下》这里并没有通过具体的概念来详细论证，《管子》四篇全文的论证从"道"到"气"，再到"法"的理论建构，也没有《鹖冠子》显得周密。《环流》中由"一"到"气"再到"法"的论证过程详备具体，且环环相扣，可谓是鹖冠子本人思想的一个浓缩式表达。

上述《环流》中"法"的"约定"与"期许"的特性也来源于四时的运行。春夏秋冬四时的更替既是"天道"运行规律的体现，也是上天与人们之间的一种"约定"，给人们的一种期许。"时"的观念当来自于古代的农业生产。人们的农业生产由四时之气中的节气决定，到了一定的节气，就必须进行相应的播种和收获。人们生活中的起居坐卧等都要和四时之气相应，如《环流》所说，万事万物"莫不发于气"，而"气相加而为时，约相加而为期"。与人们生产和生活密切相关的"法"的"规约"性自然也是以四时之气运行中"约定"为参照。《鹖冠子》中的"法"承载的内容是比较多的。"法"既要体现"四时"的规律性，又要使事物的名实相合，还是人们之间的一种约定和期许。名实相副是《鹖冠子》与《管子》四篇"法"的内涵相同的一面。不同的是，《鹖冠子》用"四时"之气来论证"法"的规律性和权威性，比《管子》四篇从抽象的"道"来论证要更加具体，也更加容易让人理解。《鹖冠子》的"法"还有一个特点，就是强调"约"与"期许"的重要性。在《鹖冠子》看来，"法"还是人们之间的一种约定，所谓"有事而有约"。这就将"法"置于人与人之间的生产和生活之中去考量。这也会使人们的行动具有一定的规则性，而避免了人肆意妄为，这就是"约决而时生"。如果说在《管子》四篇那里法在很大程度上是在上的人君对臣民的一种规范的话，《鹖冠子》中的"法"虽在本质上是要靠君主来制定和保障实施，但是，《鹖冠子》中已经开始注意让

---

① "离于名"句，张金城曰："离，相偶合也。"参见黄怀信《鹖冠子校注》，北京：中华书局，2014年，第68页。

每一个人都把"法"作为一种"约定"来遵守，使得每一个人都有一种规则意识，并通过这种基于相互约定的规则去行动办事，产生期许，进而取得成功，正所谓"约相加而为期，期相加而为功"。

《鹖冠子》法理思想重视"约定"的重要性反映了其法治思想的另一个侧面，就是特别注重制度的具体构建，使"为善者可得举，为恶者可得诛"（《王铁》）。没有具体法制条约的构建与赏罚机制，"约定"就会只是一种空谈。《鹖冠子》的"无为"既以法天地而治为前提，又以法制度而治为条件，从而成为从战国黄老学的"无为"向汉初黄老学的"无为"转化的过渡环节。①

但是，"法"的目的并不是仅仅使人畏而不敢犯，而且要使"法"最终成为"俗"，也就是成为人们文化中的一种自觉认同。《王铁》曰：

> 莫敢道一旦之善，皆以终身为期，素无失次，故化立而世无邪。化立俗成，少则同侪，长则同友，游教同品，祭祀同福，死生同爱，祸灾同忧，居处同乐，行作同和，吊贺同杂，哭泣同哀，欢欣足以相助，圣谋足以相止，安平相驯，军旅相保，夜战则足以相信，昼战则足以相配，入以禁暴，出正无道，是以其兵能横行诛伐而莫之敢御。故其刑设而不用，不争而权重；车甲不陈，而天下无敌矣。

《鹖冠子》之"法"赏罚并举等措施在一定程度上吸收了法家的思想，但是鹖冠子"刑设而不用"，重视法制，又提倡教化对法制有着无形巩固的作用，体现了其黄老思想中无为而治的诉求，从而超越了法家一味崇尚严刑峻法的主张。另外，从"法"的约定性开始到使人们最终形成一定文化认同的过程并不是一蹴而就的，而是潜移默化的，在这个过程中，《鹖冠子》所吸收的儒家思想则起了不可忽视的作用。"父与父言义，子与子言孝，长者言善，少者言敬，旦夕相熏炙以此慈孝之务。若有所移徙去就，家与家相受，人与人相付，亡人奸物，无所穿窬，此其人情物理也。"（《王铁》）对儒家孝慈

---

① 丁原明：《黄老学论纲》，济南：山东大学出版社，1997年，第123页。

善敬等思想的吸取，使得《鹖冠子》的法治思想和法家之刻薄少恩的主张又不同。

《鹖冠子》对儒家思想的吸收和其"刑德"思想是相互配合的。除了《王铁》中"宰以刑德"的论述外，《泰鸿》中也提到了"刑德"，曰："立置臣义，所谓四则，散以八风，揆以六合，事以四时，写以八极，照以三光，牧以刑德，调以五音，正以六律，分以度数，表以五色。"黄老之学的早期文献《黄帝四经》就有关于"刑德"的论述。《十大经·观》曰："是〔故〕赢阴布德，〔重阳长，昼气开〕民功者，所以食之也；宿阳修刑，童〔重〕阴长，夜气闭地绳（孕）者，〔所〕以继之也。不麋不墨，而正之以刑与德。春夏为德，秋冬为刑。先德后刑以养生。姓生已定，而適（敌）者生争，不谌（戡）不定。凡谌（戡）之极，在刑与德。刑德皇皇，日月相望，以明其当，而盈〔绌〕无匡（枉）。"《十大经·姓争》又曰："天德皇皇，非刑不行，缪（穆）缪（穆）天刑，非德必倾。刑德相养，逆顺若成。刑晦而德明，刑阴而德阳，刑微而德章（彰）。其明者以为法，而微道是行。"《黄帝四经》的刑德思想也是以四时之属性不同来作为理论基础的。"春夏"为"阳"，乃生生之"德"，"秋冬"为"阴"，则主刑罚。《黄帝四经》认为，"刑德"应该交相使用，"刑晦而德明，刑阴而德阳，刑微而德章（彰）"，既重视"法"所起的底线作用，又要提倡"德"，以使人最终形成自觉之行动。《鹖冠子》吸收了《黄帝四经》的"刑德"思想。相比《黄帝四经》，《鹖冠子》在主张"刑"的必要性前提下，又更加重视由"刑"到"德"的"约定"在文化中对人潜移默化的影响。由此，《鹖冠子》将儒家的孝慈忠信等思想融入由"刑"到"德"的规约教化的过程中。《鹖冠子》对儒家思想的融摄和《管子》四篇又不同。《管子》四篇所说的"法"吸收的是儒家"正名"的思想，来论证上下尊卑之序的恒常性。而《鹖冠子》吸取儒家思想则主要是为了使法治和德治相配合，最终形成一种由法的"约定"与人们的文化间的"共识"（即风俗）相互配合的局面。

《鹖冠子》不仅直接吸收了《黄帝四经》、《管子》四篇等黄老学思想，也明显继承了老子、庄子的一些重要主张。道家之外，《鹖冠子》也把阴阳家、法家、儒家、兵家等的思想融入其黄老体系之中。

《鹖冠子》的气论也是服务于其黄老之学的治国理念的。《鹖冠子》通过四时之气各自的独特性论证"法"在生杀上的不同面向，又通过四时之气运行的规律性强调"法"的秩序性。在《鹖冠子》看来，四时之气作为阴阳二气的不断变化其实体现了"元气"的流行分化与复归。"元气"又由"一"来保证其强有力的整合性和同一性，而"一"则从作为本原的"太一"或"道"而来的。四时之气的分殊、运行与统一协调，最终其实是由"太一"和"道"来完成的。与之相应，人间的法制秩序最终要依赖君主来协调，正所谓"天用四时，地用五行，天子执一以居中央，调以五音，正以六律，纪以度数，宰以刑德"。这说明在鹖冠子心目中，君主依然是法律得以实施的保障。但是，从《鹖冠子》强调法制制度建设的效果来看，其目的在于通过确保君主有至高权威，最终实现法制健全且有效运行后的无为而治状态，这也是黄老道家的共同追求。而《鹖冠子》相比在其之前的道家文献，则尤为重视制度层面的建设，也更加重视文化习俗对制度规约的维系作用。

  《鹖冠子》一书，不可避免地有着楚国这一时期由盛转衰的深刻烙印。从《鹖冠子》中，我们看到作者对佞臣的指责和对大国一蹶不振的失望情绪。[①]《鹖冠子》的黄老之学最终并没有在正走向没落的楚国得以实行。

---

① 徐文武：《鹖冠子籍贯与生平事迹考略》，《南通大学学报（社会科学版）》2005年第2期。

第五章
《吕氏春秋》的"精行四时"之"气"

《吕氏春秋》在"气"的内涵上把《老子》、《庄子》、《黄帝四经》、《管子》四篇、阴阳家关于"十二纪"的相关思想融会到其"圜道"说中。《吕氏春秋·圜道》曰:"精气一上一下,圜周复杂,无所稽留。"又曰:"精行四时,一上一下,各与遇,圜道也。"《吕氏春秋》的"精气"注重的是"气"的循环运动。老子认为天道具有"周行而不殆"的特征。《庄子·齐物论》曰:"枢始得其环中,以应无穷。"《则阳》曰:"冉相氏得其环中以随成,与物无终无始,无几无时。日与物化者,一不化者也,阖尝舍之!"《寓言》又曰:"万物皆种也,以不同形相禅,始卒若环。"在庄子看来,作为物化之本旨的万物的气化流行是不断循环的,万物在气化中是互相转化的。《黄帝四经》也认为天道具有周行不息的特点。《十大经·姓争》曰:"天道环〔周〕",又云:"天稽环周。"《经法·四度》曰:"日月星辰之期,四时之度,〔动静〕之位,外内之处,天之稽也。"《黄帝四经》认为四时的轮转是天道周行的具体表现。《吕氏春秋》在吸收道家天道周行、气化循环等观点的同时,又吸收了《管子》四篇"精气"说,以及阴阳家关于"十二纪"的思想。

《吕氏春秋》的"精气"涵养理论吸收了《老子》、《庄子》、《管子》四篇的相关思想。老子劝告君主要"少私寡欲",并认为"多言数穷,不如守中"。受老子影响,《吕氏春秋》既不主张穷奢极欲,也不主张"灭欲",其在"精气"的涵养上反复强调要"适欲"(《重己》),即对欲望要控制在适中的程度。老子曰:"治人事天莫若啬。夫唯啬,是谓早服。早服谓之重积德,重积德则无不克，无不克则莫知其极，莫知其极，可以有国。有国之母，可以长久。是谓深根固蒂，长生久视之道。"（五十九章）《吕氏春秋》把老子爱身治国的思想进一步发挥，《情欲》中提出"知早啬则精不竭"的主张，强调节制嗜欲，贵精爱身以养生。《吕氏春秋》还认为，"精气"的涵养并不是一味端坐在那里的玄想，还需要使形体适当运动，促使精气流通，而精气的流畅又能促进人体的健康。通过"静"与"动"的相互配合，使"精气日新，邪气尽去"（《先己》）。《吕氏春秋》认为，音乐可以养气，从而使人达到静定。《吕氏春秋·大乐》云："凡乐，天地之和，阴阳之调也。"在《吕氏春秋》看来，音乐以呈现天地之和与阴阳二气的完美协调为最高境界。

在"气"的作用方面，《吕氏春秋》主要吸收了老子"圣人抱一，为天下式"的无为而治思想，以及黄老道家文献《黄帝四经》《管子》四篇等关于"道""一""气""法"等的相关论述。"圜道"说的目的主要是通过精气的周行说明天道运行的畅通无阻，然后再以天道明人道，强调臣下对君主法令执行的畅通无阻。如《圜道》曰："令出于主口，官职受而行之，日夜不休，宣通下究，灌于民心，遂于四方，还周复归，至于主所，圜道也。"《吕氏春秋》把"天道"的周行称作"一"，认为"王者执一，而为万物正"（《执一》）。君主应该"执一"，才能无为无不为，有效治理国家。先秦道家一直有尊"一"、重"一"的传统。老子首先在无为而治的诉求下探讨"抱一"和"治国"的关系，老子那里的"圣人抱一，为天下式"给后世庄子与黄老道家以重要影响。《庄子·知北游》曰："通天下一气耳。圣人故贵一。"庄子主要从个体的修养层面论"一"。黄老道家则进一步发展了老子的"一"与治国的紧密联系。《黄帝四经·成法》曰："罷（彼）必正人也，乃能操正以正奇，握一以知多，除民之所害，而寺（持）民之所宜。抱凡守一，与天地同极，乃可以知天地之祸福。"《管子·心术下》曰："执一之君子，执一而不失，能君万物，日月之与同光，天地之与同理。"不过，老子所说的"抱一"很大程度上依赖于理想化的统治者在谦下、不争、柔弱、无为等层面的修养而治国，在法制的确立等环节，老子并没有论述，在气论与君主修养上，也没有过多展开。黄老道家主要是从法制的制度建设以及君主精气的修养两个层面进一步落实老子的无为而治的诉求。《黄帝四经》的"执一"注重与刑德法度的结合，但是其中对君主精气的涵养论述较少。《管子》四篇相对重视统治者"精气"的涵养，对法度层面的关注在吸收儒家正名思想的同时，偏重法度的公正性。《吕氏春秋》的"执一"较为重视"太一""一"的周行不殆与畅通无阻。在法度建设层面，《吕氏春秋》主张效法天道，侧重保证君主法令的畅通性，百官各司其职、有条不紊执行号令的有效性。《吕氏春秋》通过综合、发展道家的"精气"养生说，建议君主节制嗜欲，礼贤下士，重任贤能，以达到黄老道家无为而治的诉求。

第一节 《吕氏春秋》其书

《吕氏春秋》的编纂者吕不韦一生颇有传奇色彩。关于吕不韦的情况，《战国策·秦策五》《史记》《汉书》《新论》，以及高诱《吕氏春秋序》都有记载。吕不韦乃战国末年卫国濮阳人，为当时阳翟之地的富商，家累千金。据《史记·吕不韦列传》记载，吕不韦在邯郸经商时，见到在赵国作质子的秦国王孙子楚，认为"此奇货可居"，决定在子楚身上进行政治投资。在吕不韦的外交斡旋与帮助下，子楚从赵脱身，回到秦，又被立为太子，是为秦庄襄王。"庄襄王元年，以吕不韦为丞相，封为文信侯，食河南洛阳十万户。"（《史记·吕不韦列传》）秦庄襄王死后，太子政立为王，尊吕不韦为相国，号称"仲父"。就在吕不韦的政治生涯达到巅峰时，却在秦王嬴政的逼迫下自杀而死。从富甲一方的商人，到权倾朝野的相国，再到自杀身亡，吕不韦的一生是以悲剧收场的。本书不对秦始皇和吕不韦之间宫廷争斗中的个人恩怨，以及其中的是非曲直等作过多评论。就吕不韦主持门客编就《吕氏春秋》这一巨著来说，吕不韦对中国文化的传承也是有一定贡献的。《史记·吕不韦列传》曰：

> 当是时，魏有信陵君，楚有春申君，赵有平原君，齐有孟尝君，皆下士喜宾客以相倾。吕不韦以秦之强，羞不如，亦招致士，

厚遇之，至食客三千人。是时诸侯多辩士，如荀卿之徒，著书布天下。吕不韦乃使其客人人著所闻，集论以为八览、六论、十二纪，二十余万言。以为备天地万物古今之事，号曰《吕氏春秋》。布咸阳市门，悬千金其上，延诸侯游士宾客有能增损一字者予千金。

"增损一字者予千金"说明吕不韦是相当重视《吕氏春秋》的。《吕氏春秋》并不是杂乱无章拼凑在一起的"杂家"之作，而是一部以黄老思想为主，吸收融会诸家思想的黄老道家作品。《汉书·艺文志》把《吕氏春秋》列为"杂家"。当今一些学者也认为《吕氏春秋》为"杂家"作品。李家骧说："吕书是杂家的魁首。"①刘元彦认为，《吕氏春秋》是以摄取各家思想为特点的杂家。②陈奇猷认为，《吕氏春秋》是以阴阳家思想为主导的杂家。③许维遹说《吕氏春秋》是"杂家之管键"。④不少学者对《吕氏春秋》"杂家说"从不同角度进行了反思。《四库全书总目提要》曰："是书较诸子之言独为纯正，大抵以儒为主，而参以道家、墨家。"洪家义认为，《吕氏春秋》这样一部著作是不应该属于"杂家"的，也不应该属于某家的附户，应该自立门庭，不妨定作"吕家"。⑤陈鼓应认为，《吕氏春秋》是集先秦道家之大成的一部晚周巨著。⑥学者们越来越重视《吕氏春秋》的黄老道家性质。吴光指出，《吕氏春秋》"杂而有章"、自成体系，是黄老学派的著作。⑦熊铁基认为，《吕氏春

---

① 李家骧：《吕氏春秋通论》，长沙：岳麓书社，1995年，第45页。
② 刘元彦：《〈吕氏春秋〉：兼容并蓄的杂家》，北京：生活·读书·新知三联书店，2008年，第220页。
③ 陈奇猷：《〈吕氏春秋〉成书的年代与书名的确立》，《复旦学报（社会科学版）》1979年第5期。
④ 许维遹：《吕氏春秋集释》，北京：中华书局，2009年，"自序"第7页。
⑤ 洪家义：《论〈吕氏春秋〉的性质》，《南京大学学报（哲学·人文·社会科学）》1999年第4期。
⑥ 陈鼓应：《从〈吕氏春秋〉看秦道家思想特点》，《中国哲学史》2001年第1期。
⑦ 吴光：《黄老之学通论》，杭州：浙江人民出版社，1985年，第170、171页。

秋》绝非"杂家",而是黄老道家或"新道家"。① 萧汉明强调,《吕氏春秋》的学派属性无疑为黄老道家。② 李霞则指出,《吕氏春秋》是先秦黄老道家的集大成之作。③

关于黄老道家的特征,司马谈在《论六家要旨》里说得较为清楚:

> 道家使人精神专一,动合无形,赡足万物。其为术也,因阴阳之大顺,采儒墨之善,撮名法之要,与时迁移,应物变化,立俗施事,无所不宜,指约而易操,事少而功多。
>
> 道家无为,又曰无不为,其实易行,其辞难知。其术以虚无为本,以因循为用……故曰:"圣人不朽,时变是守。虚者道之常也,因者君之纲也。"群臣并至,使各自明也。

从《黄帝四经》、《管子》四篇、《鹖冠子》到《吕氏春秋》,这些文献都符合《论六家要旨》里所说的黄老道家的特征。从司马谈的论述来看,博采众说之长实为黄老之学的重要特点,不应因为黄老道家取诸家之长而误以为是杂家或其他学派的著作。而到了战国晚期,为顺应时代发展的趋势以及为即将统一全国的秦王朝制定意识形态上的指导思想,《吕氏春秋》对各家学说的吸收更为明显。④ 但是,《吕氏春秋》都是把他家之说融合到黄老无为而治的学术旨归之中。这一点,为《吕氏春秋》作注的高诱已经注意到了,他在《吕氏春秋序》中说:"然此书所尚,以道德为标的,以无为为纲纪,以忠义为品式,以公方为检格。"⑤ "以道德为标的,以无为为纲纪"说的正是《吕

---

① 熊铁基:《再论"秦汉新道家"》,《哲学研究》2007年第1期。相似论述参见熊铁基《从〈吕氏春秋〉到〈淮南子〉——论秦汉之际之新道家》,《文史哲》1981年第2期;熊铁基《秦汉新道家略论稿》,上海:上海人民出版社,1984年;熊铁基《秦汉新道家》,上海:上海人民出版社,2001年,第217页。

② 萧汉明:《也论〈吕氏春秋〉的学派属性与学术定位》,《诸子学刊》2010年第2期。

③ 李霞:《道家生命气化论的历史发展》,《黄山学院学报》2007年第1期。

④ 关于《吕氏春秋》的成书年代,《序意》说:"维秦八年,岁在涒滩,秋甲子朔,良人请问十二纪。"秦始皇八年即公元前239年。

⑤ 许维遹:《吕氏春秋集释》,北京:中华书局,2009年,第3页。

氏春秋》全书以黄老道家的"道""德"主张为旨归，以黄老道家的"无为"学说为全书的纲纪。作为《吕氏春秋》全书之序的《序意》所提倡的"法天地""无为而行"确是黄老道家主张君主以天道明人道、实行无为而治经常谈论的主题。而《吕氏春秋》"圜道"说关于"精气"循环运动、周行不息的论述正体现了司马谈所说的黄老道家以"因循为用"的特点。《吕氏春秋》"精气"涵养理论所提出的"适欲"的节欲观也体现了高诱所说的"以道德为标的，以无为为纲纪"的黄老特点。而关于《吕氏春秋》气论自身的特点，以及在实现黄老道家无为而治的目标中气论所起的重要而独特的作用，下文将详细论之。

第二节 "精行四时"的"圜道"说

一、"圜道"说对老庄及黄老之学的承继与融合

先秦气论史上，《吕氏春秋》首提"圜道"说。《说文》释"圜"曰："天体也。"段玉裁引《吕氏春秋·圜道》中的话，注曰："精气一上一下，圆周复杂。"段玉裁随后又特别说明："许言天体，亦谓其体一气循环。无终无始。非谓其形浑圆也。"段玉裁在注解中还指出了《说文》中"圜""圓""圆"三者含义的不同："依许则言天当作圜。言平圆当作圓。言浑圆当作圆。"通过段玉裁的说明，可知许慎释"圜"为"天体"，并不是说"天体"为一形状浑圆的实体，而是本质上为"一气循环，无终无始"的本原概念。《吕氏春秋·圜道》又曰："精行四时，一上一下，各与遇，圜道也。""圜道"说之气论的核心观点实质上就是用精气的循环周行来说明天道的运行。"圜道"所说的体现天道之周行的精气的循环运动实质上是四时之"气"的流通与往复。"圜道"说以道家"道""气""精气""一"的概念为主，同时也吸收了一些星象学与阴阳家等的思想。

"圜道"说用"精气"来说明"天道"运行的规律性的主张继承、融会了

《老子》、《庄子》、《黄帝四经》、《管子》四篇等的相关思想。

早在《老子》那里，就已经指出天道具有周行不殆的特性。老子在第二十五章中说："有物混成，先天地生，寂兮寥兮，独立不改，周行而不殆，可以为天下母。吾不知其名，字之曰道，强为之名曰大。"在老子看来，生成天地万物的"道"自身是不断循环往复运动着的，正所谓"反者，道之动；弱者，道之用"。万物从"道"而生，又复归于本根之"道"，如此往复。十六章说："夫物芸芸，各复归其根。"不过，老子虽已经较为明确地提出了天道周行的说法，但是老子那里并没有用"精气"来说明"天道"的运行状态。一方面是因为老子并没有使用"精气"的概念；另一方面，老子尽管说到"气"，但是经常用"气"来说明万物本身具有的属性，以及人通过"专气致柔"所达到的婴儿般的状态。"气"在老子那里主要是一种修养工夫论上的概念。

"圜道"之说与《庄子》的"环中"之"环"的气化流行也有一定的关系。庄子认为万物都处于"物化"之中，"物化"的本质是气化流行。万物形态各异，以不同形态相互变化、传接，实质上却都是一气的流行。《庄子·寓言》曰："万物皆种也，以不同形相禅，始卒若环。"《则阳》曰："冉相氏得其环中以随成，与物无终无始，无几无时。日与物化者，一不化者也，阖尝舍之！"庄子的"气"是宇宙生成的重要环节和实际的促成者，以及万物之"物化"的本质力量。庄子的"环中"强调的是人面对处在气化过程中的"始卒若环"之"物化"的一种顺遂达观的人生态度。"圜道"之"圜"与"环中"之"环"同样是强调气化流行的循环往复，只不过《庄子》中并没有用"精气"一词，而是用"气"来说明这种循环的过程。

作为早期黄老之学的《黄帝四经》，其中也有不少关于天道周行的论述。《十大经·姓争》曰："天道环〔周〕。"又有"天稽环周"，强调人应该效法天道运行规律，适时采取行动。《黄帝四经》在说到"天道"之"环周"运行规律的同时，也非常重视"四时之度"，认为"四时"的轮转是天道运行的体现。《经法·四度》曰："日月星辰之期，四时之度，〔动静〕之位，外内之处，天之稽也。"《黄帝四经》认为四时的运行是"天"的属性，并以此说明天道的周行。《吕氏春秋》曰："精行四时，一上一下，各与遇，圜道也。"《吕氏春秋》在吸收《黄帝四经》上述观点的同时,则用"精气"的循环运动来说明四时的运行,进而更为明确地彰显出天道周行不殆的规律性。

《吕氏春秋·圜道》中的"精气"概念直接来源于《管子》四篇。《内业》曰:"凡物之精,此则为生。下生五谷,上为列星。流于天地之间,谓之鬼神。藏于胸中,谓之圣人。"《内业》又曰:"思之思之,又重思之。思之而不通,鬼神将通之。非鬼神之力也,精气之极也。"(相似表述见于《心术下》)《管子》四篇的"精气"在生成万物的同时,又具有流动性。《圜道》中所说的"精气""精"也都具有运动性。《管子》四篇虽提到了"四时",如"春秋冬夏,天之时也"(《内业》),但是并没有直接把"精气"和"四时"结合起来论述。而《圜道》则直接说"精行四时",这是把《内业》的"精气说"往前推进了一步。《内业》曰:"有神自在身,一往一来,莫之能思。失之必乱,得之必治。敬除其舍,精将自来。"精气(这里用作"神")也是一往一来具有往复性。相比《内业》这里的表述,《圜道》对精气的"圆周"运行特征说得更为透彻。

《圜道》的主旨并不是通过"精行四时"来说明天道周行,而是通过精气在四时的各种规律性变化,来让人君在出台法律、发出号令、制定政策时不随心所欲,而有"天则"可依。《圜道》开篇就点明其论说的意图:"天道圜,地道方,圣王法之,所以立上下。""一不欲留,留运为败,圜道也,一也齐至贵,莫知其原,莫知其端,莫知其始,莫知其终,而万物以为宗。圣王法之,以令其性,以定其正,以出号令。令出于主口,官职受而行之,日夜不休,宣通下究,濊于民心,遂于四方,还周复归,至于主所,圜道也。"(《圜道》)《吕氏春秋》又用"一"来指代"道",认为圣王应该效法"一"的这种周行不殆的特性,以发出号令。号令从君主之口一旦发出,官员们应该各自受命行事,不得延误,而且还要贯彻到底,合于民心,广泽四方,最后"环周复归,至于主所",向君主交令,圆满完成使命,这就是君主在治国环节对"圜道"的天道周行之纪的效仿和落实。《吕氏春秋》重视将"一"与法度的建立结合起来。《不二》曰:"故一则治,异则乱;一则安,异则危。"《知度》曰:"凡朝也者,相与召理义也,相与植法则也。""法则"是使君主和各级有司各司其职的依据,"理义"则是统一君主与各级有司思想的要求。①

二、阴阳家"阴阳五行"思想对道家"精气"概念的充实

《吕氏春秋》对阴阳家的思想有大量的吸收。辨析《吕氏春秋》中的阴阳家思想与其气论之间的联系与区别,对于认识《吕氏春秋》气论思想尤为重要。值得注意的是,《吕氏春秋》吸收阴阳家的"五德终始说""月令"等思想也并不是漫无目的,杂乱无章的,而是将其纳入黄老道家的"精气"理论体系之中,以实现"法天地"(《序意》)、"植法则"(《知度》)之无为而治的目的。

司马谈《论六家要旨》中首先谈论的就是阴阳家之学。

> 尝窃观阴阳之术,大祥而众忌讳,使人拘而多所畏,然其序四时之大顺,不可失也。……
>
> 夫阴阳、四时、八位、十二度、二十四节各有教令,顺之者昌,逆之者不死则亡,未必然也,故曰"使人拘而多畏"。夫春生夏长,秋收冬藏,此天道之大经也,弗顺则无以为天下纲纪,故曰"四时之大顺,不可失也"。

班固《汉书·艺文志》曰:

> 阴阳家者流,盖出于羲和之官,敬顺昊天,历象日月星辰,敬授民时,此其所长也。及拘者为之,则牵于禁忌,泥于小数,舍人事而任鬼神。

阴阳家为战国时期主要学派之一,这从司马谈《论六家要旨》的叙述中便可看出来。《汉书·艺文志》将阴阳家列为九流之一。阴阳家主要代表人物为战国末年齐国人邹衍。邹衍在当时受到各个诸侯国国君礼遇的规格非常高。

---

① 萧汉明:《也论〈吕氏春秋〉的学派属性与学术定位》,《诸子学刊》2010年第2期。

他的学说受到了统治者相当大的重视。可是邹衍的著作已经失传。我们现在对阴阳家思想的了解只能借助一些其他文献的记载。司马谈认为阴阳家以"阴阳、四时、八位、十二度、二十四节"等作为教令,以"春生夏长,秋收冬藏"作为天道的规律,故"序四时之大顺,不可失也"。司马谈尤为肯定阴阳家关于遵守四时之序的观点,但是他同时又指出,阴阳家教令繁多,而且要求苛刻,难免使人"拘而多所畏"。班固指出,阴阳家出于羲和之官。羲氏、和氏相传为唐虞时掌管天地四时之官。班固于是说阴阳家之长为"敬顺昊天,历象日月星辰,敬授民时"。这里所说的"民时"当为与百姓农业生产以及生活相关的四时、节气等。对于阴阳家之短,班固认为会使人"牵于禁忌,泥于小数,舍人事而任鬼神",使人多拘。

邹衍是总结先秦阴阳数度之学的集大成者。① 体现邹衍学说主要特点的"五德终始"说就保存在《吕氏春秋·应同》篇,其文曰:

> 凡帝王者之将兴也,天必先见祥乎下民。黄帝之时,天先见大螾大螻,黄帝曰:"土气胜。"土气胜,故其色尚黄,其事则土。及禹之时,天先见草木秋冬不杀,禹曰:"木气胜。"木气胜,故其色尚青,其事则木。及汤之时,天先见金刃生于水,汤曰:"金气胜。"金气胜,故其色尚白,其事则金。及文王之时,天先见火赤乌衔丹书集于周社,文王曰:"火气胜。"火气胜,故其色尚赤,其事则火。代火者必将水,天且先见水气胜。水气胜,故其色尚黑,其事则水。水气至而不知,数备将徙于土。

在阴阳家看来,王朝的兴衰是按照"土木金火水"五行相克的顺序循环的,帝王必须顺应"五行"的运转,按照其顺序做好相应的准备与工作,这样就会保证其统治合乎天时而稳固。"五德终始"说之强烈的天人感应色彩,显然会对战国时期觉得有能力统一天下的各个诸侯国统治者产生强大的吸引力。而吕不韦也看到了这一点,于是阴阳家的"五德终始"说便被吸收进了《吕氏春秋》的政治思想中。

---

① 萧萐父:《〈周易〉与早期阴阳家言》,《江汉论坛》1984年第5期。

另外,《吕氏春秋》"十二纪"中对阴阳家思想也进行了吸收与融会。"十二纪"以"春""夏""秋""冬"四季为大的叙述框架,每一季节又分为"孟""仲""季"三纪。每纪又配以五篇文章,这些文章又都和"春生""夏长""秋收""冬藏"的规律相适应。君主在一年四季所划分的每一时节都必须做与该时段的"天时"相应和的事,否则就会有灾异。如孟春主生,天子斋戒后,就要在立春之日率领众官"迎春于东郊外",命三公颁布"德合令,行庆施惠,下及兆民"等,以顺孟春生生柔和之德。又"是月也,不可以称兵,称兵必有天殃"。如果违反这个时节上天主生之德,而轻易兴兵,则会有天灾。其他时节也都有相应严格的规定,以使人事顺应天时。《吕氏春秋》的"十二纪"每纪之首篇,与《礼记·月令》文字相同。关于这两个文献的先后,历来说法不一。无论怎样,两种文献相同之部分都应出自同一手笔。而"十二纪"与《月令》都有对阴阳家思想的吸收。《管子·四时》中也有大量强调四时与刑德相合的语句,如"令有时。无时则必视,顺天之所以来","四时者,阴阳之大经也;刑德者,四时之合也。刑德合于时则生福,诡则生祸"等。《管子·五行》又曰:"故通乎阳气,所以事天也,经纬日月,用之于民。通乎阴气,所以事地也,经纬星历,以视其离。"其认为掌握阴阳二气、日月星辰的运行变化,明了星历节气,就可以用之于民,以利民生。随后,作者还通过木、火、土、金、水"五行"的运行,主张君主在一定的时节要严格遵照特定之"德"行事,否则上天就会有相应的惩罚。"十二纪"与《月令》中对时节的划分,以及君主相应的行动、政令的实施等相比《管子》之《四时》《五行》篇要更加具体、细致。

阴阳家所遵从的阴阳、四时、五行等的思想其实要久远得多。庞朴指出,在甲骨文中已见"阳"字,金文中又"阴阳"连用。《国语·周语上》所说伯阳父"阳伏而不能出,阴迫而不能蒸,于是有地震",将阴阳与"气"联系起来的说法也要在西周末年了。阴阳观念在春秋时楚地的枚卜活动中就已经存在。受枚卜阴阳观念影响的道家从老子开始,经过庄子,到黄老道家便不断谈论阴阳,用阴阳解释万物的生成、人生的修养、四时的运行、国家的治理等,形成了丰富的阴阳思想,以致影响了《易传》中有关"阴阳"的论述。"五行"和殷人的"龟卜"当有紧密联系。①

胡厚宣在指出甲骨文里把方名和风名当作神灵的同时，又进一步指出，甲骨文里已经有将四方与四时相连属的概念和萌芽，到尧典，则明确以春夏秋冬四时配合四方，以初昏星象，推定四时四仲的季节。后来演变到《吕氏春秋》之"十二纪"、《礼记·月令》、《淮南子·时则》等，逐渐形成了二十四节气。又在四方四时之外，另加中央为五方，以与五行相配。在《管子·四时》中，阴阳思想与五行融合，构成了四时五方中阴阳五行的全部体系。② 道家也有关于"四时"的吸收与运用的传统。《太一生水》那里已经有"四时"的记载了。如《太一生水》中有"阴阳复相辅也，是以成四时。四时复〔相〕辅也，是以成冷热"的说法。《庄子》那里，关于"四时之气"也有不少表述，如"阴阳四时运行，各得其序"（《知北游》）、"四时殊气，天不赐，故岁成"（《则阳》）等。黄老之学的文献中使用"四时"的论述就更多了。《黄帝四经·经法·国次》曰："天地无私，四时不息。"《经法·论约》曰："四时代正，终而复始。"《管子》四篇中虽无"四时"的字样，但《内业》篇有"春秋冬夏，天之时也"，实际说的还是"四时"的运行。到了《鹖冠子》中关于"四时"的论述也屡见不鲜，如"法令者，四时之正也"（《度万》），"揆以六合，事以四时，写以八极，照以三光，牧以刑德"（《泰鸿》）等。阴阳家关于"十二纪"的说法可以说是对道家"四时"之气概念通过天人感应进行的一个更为系统化、细致化的叙述。

常正光认为，殷人卜辞中有祭四方之神的活动，"四方"加之活动者把其所在之地视作"中心"为"五方"，殷人"方术"活动中形成的"五方"观念，乃"五行"说之起源。③ 从以四方风名配四方风神，殷人已经观察到日月星辰与四季的关系，祭廿八宿星名，并以祖配天。这些正与古代历法夏小正、月令，同为一个系统的产物。"五帝"思想，是结合了东、西、南、北、中

---

① 庞朴：《阴阳五行探源》，《中国社会科学》1984年第3期。
② 胡厚宣：《释殷代求年于四方和四方风的祭祀》，《复旦学报（人文科学版）》1956年第1期。
③ 常正光：《阴阳五行学说与殷代方术》，艾兰，汪涛，范毓周主编：《中国古代思维模式与阴阳五行说探源》，南京：江苏古籍出版社，1998年，第245—260页。

的概念而产生的。卜辞所见"凡丘"之祭典，也应属于"设丘兆于南郊"祭天礼的同一范畴。从商代的卜辞中，可大略看到"五行"观念最初的雏形。①《尚书·洪范》最先有"五行"的记载。周灭商后第二年，周武王拜访箕子，向箕子询问治国之方。箕子向武王陈述的治国安邦的第一件事就是"五行"，曰："一、五行：一曰水，二曰火，三曰木，四曰金，五曰土。水曰润下，火曰炎上，木曰曲直，金曰从革，土爱稼。润下作咸，炎上作苦，曲直作酸，从革作辛，稼穑作甘。"这里所说的"五行"并非为一般的有形物质，而与天文历法相关，为"五星之气"、天的五种运行形式，总的来说是讲天的神秘性和意志性。②周武王时，作为殷商重臣的箕子应该是了解殷商时代的天文历法、祭祀活动的。从箕子回答武王的问询中似乎可以判断，箕子所说的"五行"应是五种"星象"。结合殷商时以自己所居处为一方，以四方风名配四方风神，祭廿八宿星名的做法，《洪范》中的"五行"当与"五星"的运行有紧密联系。我们也可以隐约感觉到这"五星"在殷人的观念里和对风神的崇拜相关，"五星"有可能被殷人理解为五种至关重要且按一定规律运行的星气。殷人的这五种星气与楚人的阴阳观念在当时不一定相遇。但是《洪范》中"水""火""木""金""土"作为"五行"的运动性，若从殷人对风神崇拜产生"气"的原初观念来理解或许更符合当时殷人的宗教习俗。

在《吕氏春秋》的《应同》篇，"气"已经明确和"五行"联系起来叙述了。《应同》中对"土气""木气""金气""火气""水气"的相互转化配合朝代的更替进行了说明。再联系"十二纪"中对阴阳二气彼此消长的细致入微的描述，以及采取的一系列与之相应的人事活动，可知在《应同》中"五气"之运行其实就是阴阳二气相互转化的过程，五行也体现为阴阳二气主导下的"五气"之运行了。《应同》中的阴阳五行说体现了楚地文化系统的阴阳思想和殷商文化系统的"五行"说结合起来的倾向。

但是，《吕氏春秋》并非以阴阳五行为框架的政治教条，而是把阴阳五行

---

① 常正光：《阴阳五行学说与殷代方术》，艾兰，汪涛，范毓周主编：《中国古代思维模式与阴阳五行说探源》，南京：江苏古籍出版社，1998年，第303页。
② 张强：《阴阳五行说的历史与宇宙生成模式》，《湖北大学学报（哲学社会科学版）》2001年第5期。

说纳入黄老道家"精气"说的范畴中,然后结合"精气"的修养,建议君主实行无为而治。

  《吕氏春秋》用阴阳家的"阴阳五行"学说来解释"精气"的概念。虽说"阴阳"观念道家之前早已有之,但是阴阳家之关于"阴阳"思想的哲学根源实质上在道家这里。可以说,没有道家从老子、庄子等对楚地阴阳思想的哲学性阐释与发展,也就没有后来的阴阳家。《吕氏春秋》在这里所做的工作其实就是把阴阳家关于四时之气、五行之气的思想用道家"精气"的范畴来涵盖。《吕氏春秋》的《圜道》篇在论说天道的运行规律时,就用了"精气一上一下,圜周复杂,无所稽留""精行四时,一上一下,各与遇,圜道也"等的说法。如果说用"精气"的流通来说明"天道"的周行受到了《管子》四篇"精气"论影响的话,那么,把"精气"和"四时"的概念明确结合来,用阴阳二气的交通变化、"四时"的运行来说明"精气一上一下"的流通,进而论证天道的周行,则是《吕氏春秋》在道家"天道"周行观、"精气"流通论以及流传甚久的"四时"说等之上的一个综合性创造。《圜道》随后又曰:"物动则萌,萌而生,生而长,长而大,大而成,成乃衰,衰乃杀,杀乃藏,圜道也。"结合"十二纪"中关于万物在阴阳二气彼此消长中的生长收藏等的变化,《圜道》此句话应是对"十二纪"之天道运行的一个概括性陈述。再从《圜道》中对"一"的论述来看,其显然还是在继承道家对"一"的基础上强调"一"在天道层面所具有的整体性、循环性。"一不欲留,留运为败,圜道也。一也齐至贵,莫知其原,莫知其端,莫知其始,莫知其终,而万物以为宗。""太一"这个道家常用的本原性概念,在《吕氏春秋》中同样是代称"道"。《大乐》曰:"道也者,至精也,不可为形,不可为名,彊为之谓之太一。"和《圜道》中的做法一样,《大乐》还是用阴阳二气的消长所促成的包括天地在内的各种事物的秩序性来说明"太一"的规律性。"太一出两仪,两仪出阴阳。阴阳变化,一上一下,合而成章。浑浑沌沌,离则复合,合则复离,是谓天常。天地车轮,终则复始,极则复反,莫不咸当。日月星辰,或疾或徐。日月不同,以尽其行。四时代行,或暑或寒,或短或长,或柔或刚。"(《大乐》)这里说的"阴阳变化,一上一下,合而成章"和《圜道》中的"精气一上一下,圜周复杂"的表述较为相似。"精气"一上一下的圜周运行实质上是由"阴阳"二气的彼此消长变化促成的,"阴阳"二气的相互变化其实也就体现为"精气"的循环运行。当说到"阴阳"时,是从万物如此这般的直接原因的角度来说的。当说"精气"时,则是从"气"里面最为纯粹者的角度来说的。"精气"是"阴阳"二气的结合状态。当然,"精气"在本质结构上还是"阴阳"二气。在《吕氏春秋》的编纂者看来,用关于"四时"之"十二纪"来表述"精气一上一下"的圜周运行、"阴阳变化,一上一下"的"合而成章"则更为精确,更能体现出天道运行的规律性与秩序性。这就把阴阳家里关于"十二纪"的思想充实进了道家之"道""太一""精气""阴阳""四时"等的概念,道家的气论思想也随之得到了进一步的发展。君主在遵守"十二纪"中的相应要求时,也要和一定时节的"气"相适应,以减少诸多不必要的盲目性的活动,增强治国理政的有效性。在天人的一系列互动中,明了天道在精气的运行中的规律性固然重要,与此同时,对于天子来说,"精气"的涵养直接关系到对天道秩序的领会,也关系到国家的兴衰存亡以及个人的安危。

第三节 "气"的涵养与无为而治

《吕氏春秋》"十二纪"中有对阴阳家思想的吸收,这是事实,但其并不全是阴阳家的内容(除了每一纪的首篇,在关于节气与时令的具体规定中有大量阴阳家的内容外)。"十二纪"中,每纪除首篇外剩余的四篇,总共四十八篇文字实则是对首篇文字的阐释与延展。这四十八篇文字围绕所在之时节的"气"的特点,要么讲史、要么说理、要么叙事、要么谈乐理,最终都是要使天子的涵养与行动做到有所借鉴。《吕氏春秋》中对"精气"的涵养,一方面继承了以往道家养"气"的传统,另一方面,其倡导的"适欲"以养"气",以及通过音乐养"气"的思想又丰富了道家的养"气"理论。

一、"精气"的涵养

《吕氏春秋》"精气"的涵养较为重视对于人之生命本身的养护。比如孟春之月,"天气下降,地气上腾,天地合同,草木繁动"(《孟春纪》)。高诱注曰:"动,挺而生也。"[1] 这个时候,养"气"则要主"生",以"利于性"、以"全其天"。

> 是故圣人之于声色滋味也,利于性则取之,害于性则舍之,此全性之道也。世之富贵者,其于声色滋味也多惑者,日夜求,幸而得之则遁焉。遁焉,性恶得不伤。万人操弓,共射其一招,招无不中。万物章章,以害一生,生无不伤;以便一生,生无不长。故圣人之制万物也,以全其天也。天全则神和矣,目明矣,耳聪矣,鼻臭矣,口敏矣,三百六十节皆通利矣。若此人者,不言而信,不谋而当,不虑而得,精通乎天地,神覆乎宇宙;其于物无不受也,无不裹也,若天地然;上为天子而不骄,下为匹夫而不惛,此之谓全德之人。(《本生》)

在《本生》看来,春之始,阳气萌动,人之精气的涵养,首先就是要"本生""重生",以利精气的养长。但是,对"生"的重视并不是对"声色滋味"等感官享受的无度贪求。若此,才是对人之本来之"性""天"的违背,恰恰是对"生"的残害。《老子》十九章曰:"少私寡欲";《庄子·庚桑楚》曰:"性者,生之质也。"《达生》中关尹向列子提到"纯气之守"时说:"壹其性,养其气,合其德,以通乎物之所造。夫若是者,其天守全,其神无郤,物奚自入焉!"《达生》通过"养其气"而达到"其天守全",《本生》通过蓄养"精气"也要实现"全其天",就连《本生》的篇名和《达生》也是一字之差。《本生》所说的"性""天"显然是道家意义上的人之清静自然之"性"与"天"。《本生》所要实现的"精通乎宇宙,神覆乎宇宙"的精气的涵养与德行的周

---

[1] 许维遹:《吕氏春秋集释》,北京:中华书局,2009年,第10页。

备，也是要通过"少私寡欲"的修养复"性"全"天"才能实现。

《吕氏春秋》提出"气"的涵养要"适欲"。《重己》中用了一个形象的例子来说明。假如让秦国的大力士乌获用劲拽牛尾，即使力气用尽，牛尾拽断，牛也不会跟着走，这是因为违背了牛的习性。假如让五尺小孩牵着牛鼻环，而牛就会跟着小孩听任所往，这是因为顺应了牛的习性。《重己》进一步说，世上的君主、贵人，无论是贤还是不贤，都想长生久视，但是却"日逆其生，欲之何益"。高诱注曰："王者贵人所行淫佚纵欲暴虐，反戾天常，不顺生道，日所施行无不到逆其生，虽欲长生，若乌获多力，到引牛尾，尾绝不能行，故曰'欲之何益'也。"① 于是《重己》说："凡生之长也，顺之也，使生不顺者，欲也，故圣人必先适欲。"高诱注曰："适犹节也。"② 可见，《重己》并不是主张"绝欲"，而是"节欲"，这和老子之"寡欲"的要求是一致的。到底该如何"节欲"呢？《重己》也给出了具体的说明。

> 室大则多阴，台高则多阳，多阴则蹶，多阳则痿，此阴阳不适之患也，是故先王不处大室，不为高台。味不众珍，衣不燀热，燀热则理塞，理塞则气不达，味众珍则胃充，胃充则中大鞔，中大鞔而气不达，以此长生可得乎？昔先圣王之为苑囿园池也，足以观望劳形而已矣。其为宫室台榭也，足以辟燥湿而已矣。其为舆马衣裘也，足以逸身暖骸而已矣。其为饮食酏醴也，足以适味充虚而已矣。其为声色音乐也，足以安性自娱而已矣。五者，圣王之所以养性也，非好俭而恶费也，节乎性也。

《重己》认为，"适欲"之道在于通过节制使"气"通达。为此，对于"苑囿园池""宫室台榭""舆马衣裘""饮食酏醴""声色音乐"这些帝王喜好之物就必须要适度。作者从君主的衣食住行以及音乐玩好等方面进行论述，认为对于这些东西的追求过于奢侈，就会使"气"不达，从而危害自身。作者还重申，这并不是因为喜好节俭、厌恶靡费，而是适度的节制是"养性"的，也就是合乎人之清静的自然本性的。《吕氏春秋》还注意到君主往往对奢靡之

---

①② 许维遹：《吕氏春秋集释》，北京：中华书局，2009年，第22页。

物会过分贪求，是因为其"私"未去的缘故。所以《贵公》曰："昔先圣王之治天下也，必先公，公则天下平矣。"又曰："天下非一人之天下也，天下之天下也。"《贵公》还用阴阳之气的大公无私来说明"公"的重要性。"阴阳之和，不长一类。甘露时雨，不私一物。万民之主，不阿一人。"对于此处之"阿"字，高诱注曰："阿亦私也。"① 这是通过阴阳二气交合，甘露时雨降下，均泽万物，来说明万民之主不能不顾百姓死活，而穷奢极欲、偏私自己一人。《去私》则曰："天无私覆也，地无私载也，日月无私烛也，四时无私行也，行其德而万物得遂长焉。"《去私》讲天地、日月、四时无私运行并有其整体规律，这种规律是"美的""善的"规律，所以称之为"德"。② 对于治理国家的圣人来说，应该效法天地、日月、四时之德，去私而至公。

《吕氏春秋》所说的"适欲""节欲"是以承认人的贪欲是与生俱来的为前提的。《情欲》曰："天生人而使有贪有欲。欲有情，情有节，圣人修节以止欲，故不过行其情也。故耳之欲五声，目之欲五色，口之欲五味，情也。此三者，贵贱愚智贤不肖欲之若一。"神农、黄帝、桀、纣的区别在于神农、黄帝能够"适欲""节欲"，从而"得其情"；而桀、纣只知道一味纵欲，而不懂得节制。《情欲》中所说的"情"应为不过节之情实的意思。对于《情欲》所说的"不过行其情"，高诱注为"不过其适"；对于"得其情"，高诱注为"圣人得其不过节之情"。③ 所以"由贵生动则得其情矣，不由贵生动则失其情矣"。只有按照"贵生"的原则行事，才能得其不过节之情，若不按照贵生的原则行事，则会失其不过节之情。

《吕氏春秋》又认为，"气"的涵养先要达到"贵生""持身"，其次才是治国。《吕氏春秋》所说的"贵生""持身"并不是满足自己的私欲，尽情满足感官之享受，而恰恰是对"私欲"的节制。《贵生》曰："圣人深虑天下，莫贵于生。夫耳目鼻口，生之役也。耳虽欲声，目虽欲色，鼻虽欲芬香，口虽欲滋味，害于生则止。"又曰："由此观之，耳目鼻口不得擅行，必有所

---

① 许维遹：《吕氏春秋集释》，北京：中华书局，2009年，第25页。
② 杨汉民：《〈吕氏春秋〉的政治哲学研究：以天人关系为中心》，昆明：云南大学出版社，2015年，第68页。
③ 许维遹：《吕氏春秋集释》，北京：中华书局，2009年，第42、43页。

制。"《贵生》将对感官享受的节制称之为"贵生之术"。《吕氏春秋》吸收了《庄子》中关于"持身"与"治国"的思想。

> 故曰：道之真以持身，其绪余以为国家，其土苴以治天下。由此观之，帝王之功，圣人之余事也，非所以完身养生之道也。今世俗之君子，危身弃生以殉物，彼且奚以此之也？彼且奚以此为也？凡圣人之动作也，必察其所以之与其所以为。今有人于此，以随侯之珠弹千仞之雀，世必笑之。是何也？所用重，所要轻也。夫生岂特随侯珠之重也哉！（《贵生》）

这段话和《庄子·让王》中的类似文段除了个别词句不同外，其余表述完全一致。若单从两个文本中来看，此段话意思也都在说，"持身"要重于"治天下"，都在阐释道家"贵生"的主张。但是若放在两个文本的思想体系之中来看的话，就又有着差别。《庄子》全书的思想基调是在围绕着个体的生存、生命的安顿与超脱来立意，尽管其中也会有庄子后学之中的一些黄老思想等的增入，但是《让王》中关于"道之真以持身，其绪余以为国家，其土苴以治天下"的思想，和《逍遥游》《在宥》等篇所表达的在"存身"与"治天下"的选择中更加重视个体生命的安顿是一致的。虽然《让王》《在宥》不一定为庄子本人所作，但其中涉及的重视个体生命的倾向则体现了庄子本人的思想。庄子理想人格精神境界的本质内容是一种对个人精神绝对自由的追求，因而具有理想化的性质。① 但是，《贵生》中此段话从《吕氏春秋》全书黄老之学的立意来看，其所说"贵生""持身"先于"治天下"并不单单如庄子那样只强调"贵生""持身""逍遥"就可以，而是说要治理天下就必须先"贵生""持身"，治理天下是从"贵生""持身"处推衍出来的，一个人只有懂得如何"贵生""持身"，才能真正做到治理天下。

而"贵生""持身"的关键则在于蓄积精气。"古人得道者，生以寿长，声色滋味，能久乐之，奚故？论早定也。论早定则知早啬，知早啬则精不

---

① 崔大华：《庄学研究——中国哲学一个观念渊源的历史考察》，北京：人民出版社，1992年，第160页。

竭。"(《情欲》)蓄养精气则要效法天道。"天生阴阳寒暑燥湿,四时之化,万物之变,莫不为利,莫不为害。圣人察阴阳之宜,辨万物之利以便生,故精神安乎形,而年寿得长焉。"(《尽数》)年寿之长,并不是把短暂的生命延长,而是说要"毕其数",也就是终其天年。而终其天年的关键则在于"去害"。《尽数》对"去害"作了详细的论述。"何为去害?大甘、大酸、大苦、大辛、大咸,五者充形则生害矣。大喜、大怒、大忧、大恐、大哀,五者接神则生害矣。大寒、大热、大燥、大湿、大风、大霖、大雾,七者动精则生害矣。故凡养生,莫若知本,知本则疾无由至矣。"(《尽数》)无论是饮食、情绪还是居处等都要适度、有节制,这样才会精不竭、形不亏,《尽数》从而认为,养生的根本就是要通过适度的原则蓄养精气。

《尽数》还探讨了"形"与"气"的关系,认为"精气"的涵养并不仅仅是坐在那里进行呼吸吐纳,而是要尊重精气流通的规律,通过形体的运动使体内的精气流通,而体内精气的流畅又能促使机体的健康。"流水不腐,户枢不蝼,动也。形气亦然,形不动则精不流,精不流则气郁。郁处头则为肿为风,处耳则为挶为聋,处目则为蔑为盲,处鼻则为鼽为窒,处腹则为张为疛,处足则为痿为蹶。"(《尽数》)如若形不动,那么精气也就不流通,会形成气郁,反过来会使人的头、耳、目、鼻、腹、足等形体器官发生病变,从而影响健康。《达郁》曰:"病之留,恶之生也,精气郁也。"精气要高于一般所说的"气",精气若不畅通,就使一般所说的气产生郁滞,而产生病变。掌握精气流通的方法为"用其新,弃其陈"。《先己》曰:"凡事之本,必先治身,啬其大宝。用其新,弃其陈,腠理遂通。精气日新,邪气尽去,及其天年,此之谓真人。"任何事情的根本,都须在"治身"上下功夫,蓄养精气。但是蓄养精气是一个动态的过程,要尊重精气流动的本性而使"精气日新"。当精气不断被提纯、更新时,"邪气"就会"尽去",一直到其天年,这就是"真人"。《先己》此处所说的"真人"和《庄子》中对"真人"的说法有一定联系。《刻意》曰:"能体纯素,谓之真人。"《刻意》对如何达到"纯素"也进行了说明,其文曰:"平易恬淡,则忧患不能入,邪气不能袭,故其德全而神不亏。"又曰:"纯粹而不杂,静一而不变,淡而无为,动而以天行,此养神之道也。"《先己》对《刻意》中平易恬淡,养气安神而成为能体纯素的"真人"的理论进行了概括与总结，提出"精气日新，邪气尽去，及其天年。此之谓真人"。相比《刻意》，《先己》的说法要更加简练、直接、透彻。如果再结合《圜道》中以"精行四时"的精气周行来说明天道的运行，我们则有理由相信，《吕氏春秋》所说的"精气日新"的修养理论的天道来源便是"精行四时"的精气运行图式，而"精行四时"的动力便是《大乐》所说的"阴阳变化，一上一下"的彼此消长变化。这样，"精气日新"在本质上其实是在阴阳二气的互相作用与变化下的"精气"之涵养。《吕氏春秋》进而认为，当精气涵养到一定程度时，就会通过外在事物表现出来。

> 精气之集也，必有入也。集于羽鸟与为飞扬，集于走兽与为流行，集于珠玉与为精朗，集于树木与为茂长，集于圣人与为敻明。精气之来也，因轻而扬之，因走而行之，因美而良之，因长而养之，因智而明之。（《尽数》）

《尽数》这段话是在《季春纪》所说。"季春"乃春季之末，正要开启孟夏之时，这个时候春之生气已经长养到了一定的程度，万物都出现一派欣欣向荣之景。不论生理官能运作，还是精神意识判别，基本上都是"气"的充盈作用在推动。[1] 在《尽数》看来，圣人对精气的涵养，在这个时候应该要达到和天地万物相一致的程度，也就是"集于圣人与为敻明"，体现出远大光明的气象。

二、"气"与音乐理论

《吕氏春秋》主张通过音乐去除浮躁之"气"，以养正"气"，达到清静返本的作用。《大乐》曰：

> 音乐之所由来者远矣，生于度量，本于太一。太一出两仪，两

---

[1] 陈丽桂：《黄老思想要论》，熊铁基，黄健荣主编：《第三届全真道与老庄学国际学术研讨会论文集》，武汉：华中师范大学出版社，2017年，第834页。

仪出阴阳。阴阳变化，一上一下，合而成章。浑浑沌沌，离则复合，合则复离，是谓天常。天地车轮，终则复始，极则复反，莫不咸当。日月星辰，或疾或徐。日月不同，以尽其行。四时代兴，或暑或寒，或短或长，或柔或刚。万物所出，造于太一，化于阴阳。萌芽始震，凝寒以形。形体有处，莫不有声。声出于和，和出于适。和适，先王定乐，由此而生。

《吕氏春秋》此段话极有条理地论述了音乐的产生过程。在《大乐》看来，音乐在根本上从出于"太一"，即"道"。"太一"首先生出"两仪"，高诱注曰："两仪，天地也。"[1]"两仪"又生出阴阳。阴阳的消长变化，促成了日月星辰的周行、四时的代兴。万物也都是从根本上出于"太一"，而直接"化于阴阳"的。阴阳二气的相互作用生成了有形之物，有形之物则必然会有声音。声音出于阴阳的和谐。阴阳的和谐出于适度的原则。《察传》引舜之言曰："夫乐，天地之精也，得失之节也，故唯圣人为能和，乐之本也。"先王制定音乐就是从"和适"这个原则出发的。《适音》有，"夫音亦有适。太巨则志荡"，"太小则志嫌"，"太清则志危"，"太浊则志下"，"太巨、太小、太清、太浊皆非适也"，"何谓适？衷，音之适也。何谓衷？大不出钧，重不过石，小大轻重之衷也"。可见，用"衷"来表示"音之适"，也是说音乐要遵循适中的原则。《吕氏春秋》故而提倡"平和"之乐，而反对奢侈、过度之乐。"以适听适则和矣。乐无太，平和者是也。"（《适音》）《吕氏春秋》关于音乐欣赏的要求，实质上也是对"气"的涵养的要求。

《吕氏春秋》认为，对音乐的欣赏也和一定的修养状态有关。《适音》曰："心不乐，五音在前弗听。"《适音》所说的"心乐"并不是"心"的大喜大欢，而恰恰是"心"的合适、平和。"心必和平然后乐；心必乐然后耳目鼻口有以欲之，故乐之务在于和心，和心在于行适。夫乐有适，心亦有适。"（《适音》）快乐是人人都所追求的，但是快乐的关键在于"和心"，"和心"的关键在于行为的适当。可见快乐要适中，"心"要适中，进而"气"的修养也要以"适中"为原则。

---

[1] 许维遹：《吕氏春秋集释》，北京：中华书局，2009年，第108页。

《吕氏春秋》的音乐理论并不是就音乐而论音乐，发挥音乐的治世与政教功能，才是《吕氏春秋》乐论的最终目的。

> 故治世之音安以乐，其政平也；乱世之音怨以怒，其政乖也；亡国之音悲以哀，其政险也。凡音乐通乎政而移风平俗者也，俗定而音乐化之矣。故有道之世，观其音而知其俗矣，观其政而知其主矣。故先王必托于音乐以论其教……（《适音》）

在《吕氏春秋》看来，一定的音乐是一定的社会风气的反映，好的音乐又对国家治理起着重要的促进作用。治世、乱世、亡国之音的不同说明了国家治理程度上的不同。"乐所由来者尚也，必不可废。有节有侈，有正有淫矣。贤者以昌，不肖者以亡。"（《古乐》）"正乐"能够使贤主昌盛，"侈乐"则使不肖之主灭亡。"昔古朱襄氏之治天下也，多风而阳气蓄积，万物散解，果实不成，故士达作为五弦瑟，以来阴气，以定群生。"（《古乐》）朱襄氏通过五弦琴之音，使阴阳二气协调，从而使天下治。再如《古乐》曰："武王即位，以六师伐殷。六师未至，以锐兵克之于牧野。归，乃荐俘馘于京太室，乃命周公为作《大武》。"当武王伐殷凯旋后，就命周公作《大武》之乐以教化天下。可是，"夏桀、殷纣作为侈乐，大鼓钟磬管箫之音，以钜为美，以众为观，俶诡殊瑰，耳所未尝闻，目所未尝见，务以相过，不用度量"（《侈乐》）。在秦即将统一中国之际，《吕氏春秋》"乐教"话语凸显出大一统的国族意识。[①]在《吕氏春秋》看来，音乐越奢侈过度，民众的怨气会越发郁积，国家就会越发混乱，而君主的地位就会愈加卑微，音乐也就失去了其原本的情态与应有的价值。"故乐愈侈而民愈郁，国愈乱，主愈卑，则亦失乐之情矣。"（《侈乐》）所以音乐是和政治相通的。既然音乐有"通乎政而移风平俗"的功能。那么就要效仿先王，"托于音乐以论其教"，通过音乐来彰显教化。

在《吕氏春秋》看来，音乐的制定、演奏、欣赏以及音乐的社会功能等都要遵循"适中""平和"的原则。这种"适中""平和"其实是阴阳之气相

[①] 柳倩月：《〈吕氏春秋〉音乐功能观的人类学阐释——兼论古代诗论相关内涵》，《湖南社会科学》2012年第1期。

互协调的表现。所以《大乐》中所说"凡乐，天地之和，阴阳之调也"可谓是对《吕氏春秋》音乐理论的高度概括。

三、"民气"与"精通乎民"

《吕氏春秋》比较重视对"民气"的疏通、引导。而所谓的"民气"也就是民众的愿望与诉求。《吕氏春秋》认为，君主应该谨慎地关注民众的想法，爱民利众，使民众的愿望得到满足，使民众郁积的情绪能够得到疏通。《古乐》中就记载陶唐氏如何用音乐舞蹈来宣导民气："昔陶唐氏之始，阴多滞伏而湛积，水道壅塞，不行其原，民气郁阏而滞著，筋骨瑟缩不达，故作为舞以宣导之。"这是阴多滞伏的情况，可通过乐舞宣导阳气，使"民气"畅通。但若在两军对垒之时，就不仅需要一定的音乐，还需要用多种方法来鼓舞"民气"。

> 夫民无常勇，亦无常怯。有气则实，实则勇；无气则虚，虚则怯。怯勇虚实，其由甚微，不可不知。勇则战，怯则北。战而胜者，战其勇者也；战而北者，战其怯者也。怯勇无常，倏忽往来而莫知其方，惟圣人独见其所由然。故商、周以兴，桀、纣以亡。巧拙之所以相过，以益民气与夺民气，以能斗众与不能斗众。(《决胜》)

《吕氏春秋》谈到用兵是在秋季。《孟秋纪》曰："凉风至，白露降，寒蝉鸣，鹰乃祭鸟。始用行戮。"高诱注曰："寒蝉得寒气鼓翼而鸣，时候应也。是月鹰挚杀鸟于大泽之中，四面陈之，世谓之祭鸟。于是时乃始行戮，刑罚顺秋气。"[①] 天子也应顺应秋气，讨伐不义。"天子乃命将帅，选士厉兵，简练桀俊，专任有功，以征不义，诘诛暴慢，以明好恶，巡彼远方。"(《孟秋》)《吕氏春秋》提出"有气则实，实则勇""勇则战"的说法。《决胜》用"民气"来指称士兵的"士气"。君主应该鼓舞士气，即"益民气"，使士兵充满

---

① 许维遹：《吕氏春秋集释》，北京：中华书局，2009年，第155页。

斗志，并主动出击，《吕氏春秋》认为这是作战胜利的重要保障。《论威》曰："急疾捷先，此所以决义兵之胜也，而不可久处。"又曰："虽有江河之险则凌之，虽有大山之塞则陷之，并气专精，心无有虑，目无有视，耳无有闻，一诸武而已矣。"《吕氏春秋》和《老子》的用兵之法有着不同之处。老子对于战争持批评态度，对用兵的破坏性有着清醒的认识，并不主张轻易用兵，认为到了不得已的时候才可用兵。"师之所处，荆棘生焉。大军之后，必有凶年。"（三十章）"兵者，不祥之器，非君子之器。不得已而用之，恬淡为上，胜而不美。"（三十一章）老子认为，在不得已用兵的时候，也要恬淡为上，不能以胜为美。"杀人之众，以哀悲泣之。战胜，以丧礼处之。"（三十一章）"善有果而已，不敢以取强。果而勿矜，果而勿伐，果而勿骄，果而不得已，果而勿强。"（三十章）老子的具体用兵策略贯穿着怀柔、恬淡的原则。相比较老子，《吕氏春秋》用兵较为强调顺应天时，"以征不义"，主动出击。一方面，这和老子与吕不韦所处的时代有关。老子生活的春秋末期，正是天下分崩离析、诸侯各自暗中积蓄实力的时期，所以老子并不轻易主张用兵，不得已用兵时也采取适可而止的态度，并不希望将战事扩大。老子的用兵其实是以"守"为主。吕不韦所处的时代，秦经过数代经营，国富民强，兵强马壮，统一天下已经成为定局。这个时候，对于秦来说，自觉其用兵代表着正义，主动出击也就成为秦国武力统一天下的战略选择。另一方面，《老子》与《吕氏春秋》用兵策略之不同，也和二者的气论主张有关。《老子》主张"专气致柔"及"多言数穷，不如守中"，用兵自然主张怀柔、恬淡，以"守"为主。《吕氏春秋》的气论则根据四时之"气"的不同，而呈现多元化的态势。尽管《吕氏春秋》也主张在春天养"气"，注重蓄积精气；夏天要通过音乐防止燥气，倡导适度原则；但是到了秋天之时，《吕氏春秋》则效法秋时"气"之刑罚的特点，用兵时注重鼓舞士卒的勇武之"气"，提倡主动出击。

《吕氏春秋》认为，在冬季的时候应该对阵亡的将士以及其他为国捐躯之人的子孙进行赏赐，并抚恤孤寡。《孟冬纪》曰："立冬之日，天子亲率三公九卿大夫以迎冬于北郊。还，乃赏死事，恤孤寡。"孟冬之月，"天气上腾，地气下降，天地不通，闭而成冬"（《孟冬纪》）。这个时候就应该"谨盖藏"（《孟冬纪》）。这就涉及丧葬的问题。"葬也者，藏也，慈亲孝子之所慎也。"(《节丧》)《吕氏春秋》吸收了墨家的思想，反对厚葬，主张节葬。"今有人于此，为石铭置之垄上，曰：'此其中之物，具珠玉玩好财物宝器甚多，不可不抇，抇之必大富，世世乘车食肉。'人必相与笑之，以为大惑。世之厚葬也，有似于此。"(《安死》)"是故大墓无不抇也。而世皆争为之，岂不悲哉！"(《安死》)《吕氏春秋》认为厚葬之墓必被盗掘，劳民伤财，且会导致亡国。那些主张厚葬的人，并不为死者避免被发掘而考虑，而是由于"生者以相矜尚也"(《节丧》)，生者之间通过厚葬互相攀比。高诱注曰："以厚葬奢侈相高大，不为葬者避发掘之计也，故曰'生者以相矜尚也'。"①《安死》曰："是故先王以俭节葬死也，非爱其费也，非恶其劳也，以为死者虑也。先王之所恶，惟死者之辱也。发则必辱，俭则不发。"先王之节葬是为了避免墓被盗掘，是真正为死者考虑的。

《吕氏春秋》重视顺应"民心""民意"，提倡以"德"得"民心"。在这方面有对儒家思想的吸收。《顺民》曰："先王先顺民心，故功名成。夫以德得民心以立大功名者，上世多有之矣。失民心而立功名者，未之曾有也。"《顺民》随后举出汤、文王、越王的事迹来说明。汤时大旱，五年不收。汤以自身作为牺牲，为民顶罪，向上天求雨，民众甚悦，雨乃大至。纣虽冤枉文王，但文王待纣不失诸侯之礼，上贡必适，不失其时。纣王高兴，命文王称西伯，赐千里之地。但是文王却推辞不受所赐之地，而为民请求免除炮烙之刑。这是文王得民心的举动，得民心比得千里之地更为重要。越王欲报会稽之耻，于是苦心劳形以自勉，内亲群臣，下养百姓，以先顺民心，最终灭吴。《吕氏春秋》所说君王以"德"得"民心"的主张显然受到了儒家重仁亲民思想的影响。

《吕氏春秋》重"民心"的主张也与其"精通乎民"的说法密切相关。《精通》曰："人或谓兔丝无根。兔丝非无根也，其根不属也，伏苓是。慈石召铁，或引之也。树相近而靡，或附之也。圣人南面而立，以爱利民为心，号令未出，而天下皆延颈举踵矣，则精通乎民也。"《庄子·刻意》曰："一之精通，合于天伦。"又曰"圣人贵精"，虽未明言，《刻意》此处之"精"其实指的是"精气"。《庄子》认为，精气在"一"的状态下是相通的，是合于自

---

① 许维遹：《吕氏春秋集释》，北京：中华书局，2009年，第221页。

然之理的。《精通》则进一步认为，圣人与百姓之间的"精气"也是相通的。《精通》还说道："身在乎秦，所亲爱在于齐，死而志气不安，精或往来也。"《精通》还举了一个例子，曰："周有申喜者，亡其母，闻乞人歌于门下而悲之，动于颜色，谓门者内乞人之歌者，自觉而问焉，曰：'何故而乞？'与之语，盖其母也。故父母之于子也，子之于父母也，一体而两分，同气而异息。"《精通》中圣人号令未出，百姓则已顺应的"精通乎民"；人死后与活着的人"精或往来"；以及父母与子"一体两分，同气而异息"等，似乎把"精气"的作用进行了一定的夸张。但是《精通》的落脚点是为了通过"精通乎民"等，提醒统治者要爱民，重视"民心"。只有重视民心，顺应民意，统治者才可与百姓之间达成信任与默契，这使得君主治理国家时能够达到事半而功倍的效果，这或许是"精通乎民"在黄老之学无为而治层面的意义。

四、"与元同气"与"执一"无为而治

《吕氏春秋》的思想体系正是以"精气"说为基础，以服务于现实政治为目的，兼容了阴阳、儒、墨、名、法等家的思想而建立起来的。①《吕氏春秋》吸收诸家之学，并不是没有章法地杂糅拼凑，而是将其之前的学说统一于黄老道家无为而治的旨归上。除了用四时之精气的运行来说明天道周行的规律性，用四时精气的特点来强调精气的涵养外，也用"与元同气"的说法来主张无为而治。《应同》曰：

> 黄帝曰："芒芒昧昧，因天之威，与元同气。"故曰同气贤于同义，同义贤于同力，同力贤于同居，同居贤于同名。帝者同气，王者同义，霸者同力，勤者同居则薄矣，亡者同名则粗矣。其智弥粗者其所同弥粗；其智弥精者其所同弥精，故凡用意不可不精。夫精，五帝三王之所以成也。

---

① 孙以楷，陆建华，刘慕方：《道家与中国哲学（先秦卷）》，北京：人民出版社，2004年，第474页。

这段话所引黄帝之言"芒芒昧昧,因天之威,与元同气",在《黄帝四经》中有相似表述。《黄帝四经·十大经·观》曰:"黄帝曰:'混混〔沌沌,窈窈冥冥〕,为一困。无晦无明,未有阴阳。阴阳未定,吾未有以名。今始判为两,分为阴阳,离为四〔时〕,〔刚柔相成,万物乃生,德虐之行,因以为常〕。其明者以为法,而微道是行。'"又曰:"得天之微,若时〔者时而恒者恒〕。"《应同》中所说的"芒芒昧昧"其实指的是"道"若有若无、不可名状的状态,在《十大经·观》中用"混混〔沌沌,窈窈冥冥〕""无晦无明"来表示。《应同》中所言"因天之威",《十大经·观》中表述为"得天之微","天"都代指"道"。《应同》中说"与元同气",这里的"元"也可理解为具有本原意义的"天"与"道"。《应同》中提到"与元同气",认为应该同于大道本身的气化运行,《黄帝四经》中虽无这四个字,但却有此意。《十大经·观》中"今始判为两,分为阴阳,离为四〔时〕",便说的是天道以阴阳四时周而复始运行的特点,之后所说的"得天之微,若时〔者时而恒者恒〕",也是此意。《应同》中所引黄帝之言确实是对《黄帝四经》中相关表述的借鉴、浓缩与化用。《应同》之"与元同气"的说法和《鹖冠子》中的"元气"说是不同的。《鹖冠子·泰录》曰:"天地成于元气,万物成乘于天地。"《鹖冠子》中的"元气"指的是阴阳二气还未分之前的状态。《泰鸿》曰:"泰一者,执大同之制,调泰鸿之气,正神明之位。""泰鸿"亦即《鹖冠子·泰录》之"元气"。《鹖冠子·环流》曰:"阴、阳不同气,然其为和同也。""元气"又分为阴阳二气。阴阳二气的变化形成四时的运行。但是,《吕氏春秋》并没有"元气"的说法。《大乐》曰:"太一出两仪,两仪出阴阳。阴阳变化,一上一下,合而成章。"又曰:"万物所出,造于太一,化于阴阳。"其中所说的宇宙生成论中并没有提到阴阳二气之前的"元气"存在,反倒是认为在阴阳二气之前存在两仪,即天地,天地之前就是"太一",亦即"道"。《大乐》有时将宇宙生成的过程更为简洁地表述为"造于太一,化于阴阳",其中连"天地"都隐去了,更是没有提到"元气"。《圜道》有"精气一上一下,圜周复杂",以及"精行四时,一上一下"。《圜道》中用"精气"来说明"天道"周行不息的特征时,也没有提到"元气"。与《应同》中所引黄帝之言联系紧密的《黄帝四经》中也没有关于"元气"的说法。从"芒芒昧昧,因天之威,与元同气"

这句话本身来看，这里所说的"元"和"天"是同意，都指代天道本身"芒芒昧昧"的初始特征。而这里所说的"气"指的当是《圜道》中体现天道循环周行的"精气"。《应同》有"因天之威，与元同气"的说法，《吕氏春秋》之《论人》篇则有"无以害其天则知精"的论述。《应同》中有"帝者同气"，之后又有"其智弥精者其所同弥精，故凡用意不可不精。夫精，五帝三王之所以成也"，其中多次提到"精"，并认为"精"是五帝三王之所以成功的关键。与《应同》所引黄帝之言密切相关的《黄帝四经》中也多见关于帝王贵"精"而天下服的说法。《黄帝四经·道原》曰："故唯圣人能察无形（刑），能听无〔声〕。知虚之实，后能大虚；乃通天地之精，通同而无间，周袭而不盈。服此道者，是胃（谓）能精。明者故能察极，知人之所不能知，服人之所不能得。是胃（谓）察稽知极。圣王用此，天下服。"《应同》关于圣王重视精气而天下治的说法当受到《黄帝四经》相关论述的影响。可见，无论从《应同》所引黄帝之言本身，还是从《应同》篇本身，以及《吕氏春秋》文本中相关论述，甚至与《吕氏春秋》有着重要联系的《黄帝四经》的有关记载来看，《应同》中所引黄帝之言"与元同气"，其实是"同于精气"的意思，而后文之"帝者同气"其实说的就是"帝者同精"，也就是同于"精气"。"帝者同气""王者同义""霸者同力""勤者同居""亡者同名"①，在《吕氏春秋》看来由于帝王在治理国家时所重视的不足，其达到的效果呈递减态势。"帝者同气"体现了《吕氏春秋》对帝王涵养精气的重视；同时也体现了《吕氏春秋》认为帝王应该效仿"精气"在四时运行的规律性，规范自身言行，重视法度的建立与运用，以施黄老之学的无为而治的观点。

《吕氏春秋》"与元同气""帝者同气"的说法也是其主张君主通过"得一""知一""执一"等以施无为而治的体现。君主所"得""知""执"的"一"其实就是通过"精气"的涵养对天道之统一性、整全性的体认与把握。《论人》曰："主道约，君守近。太上反诸己，其次求诸人。"高诱注曰："近者守之于

---

① 对于"同气""同义""同力""同居""同名"，高诱分别注为"同元气也""同仁义也""同武力也""同居于世""同名不仁不义"。参见许维遹《吕氏春秋集释》，北京：中华书局，2009年，第287页。根据上述分析，《吕氏春秋》中并没有《鹖冠子》以及汉时的"元气"说，却屡见"精气"之论，故高诱之"同元气"应为"同精气"。

身也。"① 君主治理国家最为重要的是"反诸己"，先治己身，然后才是"求诸人"。而"与元同气""帝者同气"就是通过涵养精气以治身的方式。具体来说，就要"适耳目，节嗜欲，释智谋，去巧故。而游意乎无穷之次，事心乎自然之涂，若此则无以害其天矣"(《论人》)。通过一系列的修养，达到"自然"亦即"天"的程度。达到"天"的程度就可以真正认识到"精气"的神妙作用，就可以"得一"了。"无以害其天则知精，知精则知神，知神之谓得一"(《论人》)。从"守天""知精""知神"到"得一"才是有所得。"知一"以后方可以一应万，深不可测，君主自身的德行可比日月，"意气宣通，无所束缚"(《论人》)，远方的豪杰之士则皆来归附。《执一》曰："王者执一，而为万物正。"又曰："天子必执一，所以抟之也。一则治，两则乱。"还是在强调君主执一御万的重要作用，以及通过抟气的修养工夫以做到"执一"。《圜道》中通过"精气"的周行说明"一"即"圜道"的周而复始的运动性。《圜道》又通过"地道方"喻百官各司其职，互不干扰。君主执"圜道"之"一"发出号令，驾驭百官，使各尽其能。君主要做到"守一"以驾驭百官并不容易。《吕氏春秋》指出了一个古往今来普遍存在的现象："有道之士固骄人主。人主之不肖者亦骄有道之士，日以相骄，奚时相得？"(《下贤》)当有道之士和不肖之主互相长时间看不起对方的时候，应该怎么办？《下贤》给出的办法则是明主应该首先礼贤下士。"士虽骄之，而己愈礼之，士安得不归之？士所归，天下丛之，帝。"(《下贤》)《老子》曰："是以圣人抱一，为天下式。"《庄子·知北游》曰："通天下一气耳。圣人故贵一。"《黄帝四经·成法》曰："彼必正人也，乃能操正以正奇，握一以知多，除民之所害，而持民之所宜。抱凡守一，与天地同极，乃可以知天地之祸福。"《管子·心术下》曰："执一之君子，执一而不失，能君万物，日月之与同光，天地之与同理。"在老子那里，作为统治者的"圣人"就是通过"抱一"使天下大治。从《黄帝四经》、《管子》四篇、《鹖冠子》到《吕氏春秋》，这些黄老之学的文献莫不重视君主"执一"无为而使天下得到治理的模式。就连将目光锁定在个体的生存与逍遥之上的庄子，也发出"圣人故贵一"的感叹。可见重"一"确是道家各门各派共遵的一个主张。

① 许维遹：《吕氏春秋集释》，北京：中华书局，2009年，第74页。

当然，老子以及黄老道家在提倡君主通过"抱一"而"治国"的具体方略上也各有特点。老子首先在无为而治的诉求下探讨"抱一"和"治国"的关系，老子那里的"圣人抱一，为天下式"给后世黄老道家以重要影响。黄老道家在谈到君主时，在某种意义上是对老子提出的"抱一"与"治国"的无为而治在具体操作层面的丰富和发展。不过，老子所说的"抱一"很大程度上依赖于理想化的统治者在谦下、不争、柔弱、无为等层面的修养而治国，在法制的确立等环节，老子并没有论述，在气论与君主修养上，也没有过多展开。黄老道家主要是从法制的制度建设以及君主精气的修养两个层面进一步落实了老子无为而治的诉求。《黄帝四经》的"执一"注重与刑德法度的结合，但是其中对君主精气的涵养论述较少。《管子》四篇相对重视统治者"精气"的涵养，对法度层面的关注在吸收儒家正名思想的同时，偏重法度的公正性。"圜道"精气运行、阴阳互变的规律性在《吕氏春秋》中用"太一""一"来表示。《吕氏春秋》的"执一"较为重视"太一""一"的周行不殆与畅通无阻。在法度建设层面，《吕氏春秋》主张效法天道，侧重保证君主法令的畅通性及百官各司其职、有条不紊执行号令的有效性。《吕氏春秋》通过综合、发展道家的"精气"养生说，建议君主节制嗜欲，礼贤下士，重任贤能，以达到黄老道家无为而治的诉求。

《吕氏春秋》的气论在融合其他文献相关思想的基础上，也有其显著的特点。《吕氏春秋》对于"气"的涵养既受老子那里节制嗜欲的影响，也有庄子那里通过养"气"达到"天"与真人的自然状态的痕迹，更是吸收了黄老道家津津乐道的"精气"思想。《吕氏春秋》又较多吸收了阴阳家"十二纪"的思想，并将阴阳家的思想融合进描述道家精气运行的"圜道"说里。《吕氏春秋》继承庄子乐论的同时，也作了重要的推进。《吕氏春秋》认为音乐出自"太一"，较为重视音乐对于君主的气论修养的促进作用，以及治世时的教化作用。与其他黄老道家著作的目的一样，《吕氏春秋》气论最终也是为其黄老道家无为而治的理论诉求服务的。

显然，吕不韦试图通过《吕氏春秋》为即将统一中国的秦王朝设计黄老道家无为而治的政治蓝图，和秦王嬴政独任法家，一味推行严刑峻法的做法在根本上是冲突的。《吕氏春秋》言语行文间处处流露的规劝秦王节欲、适度、爱养精气等主张又和始皇暴虐无常、好大喜功的性格极为不和调。随着吕不韦和秦始皇矛盾升级，后被始皇所迫而自杀，《吕氏春秋》养气、治身、治国合一的黄老政治理念也没能如吕不韦所愿在秦国得到推行。

结　　语

甲骨文中"气"字，类似今天的"三"字，周初为三条横线，中间一横稍短，上下两横稍长，写作▆、▆，表示空中的气流。金文中也有类似于上述甲骨文之字，有学者认为，也当读为"气"。"气"的观念的产生相当久远，和殷商时期北方中原一带以及上古时期南方楚地各自的自然环境、生产生活、宗教祭祀等密切相关。

殷商时期，北方中原一带的农业生产离不开对"风"的认识，"风"能够使云层密布，带来充足的雨量，使农作物获得丰收。"风"被殷人当作传递上帝旨意的使者。殷商时代产生了对风神的崇拜和对"土"的祭祀。"气"的原型在殷代甲骨卜辞中所见的关于"风"和"土"的记述中可以发现。另外，甲骨文中的"气"也表示对神的"乞求"之意，是巫师进行人神沟通的重要方式。随着巫角色的淡化，"气"就成为人与"道"进行沟通的重要方式。

"气"的观念的产生与古时南方楚地的地理环境、生产生活方式、原始宗教等也有一定关系。楚地自古多水，有泽国之称。多水、多林的环境使得楚人的生活方式在初期主要以渔猎为主。楚人"水"崇拜的传统也比较久远，有"大水"祭祀的传统。楚人重水的观念在一定程度上促成了其关于"气"的思想。虽然西周时楚地被开发，楚王向周天子称臣进贡，逐渐接受北方中原文化的影响，但是楚地的生产生活方式以及宗教文化要早于西周时期，也在很长时间保持着自身文化的独特性。如果说殷商时期北方中原一带关于"气"的原初观念和祈求农业风调雨顺等的"风""土"的祭祀有关，较为注重实际的话，楚地的"气"观念从一开始就具有追溯万物本原的宇宙论性质，在"气"的特性上又较北方之"气"更为灵动和浪漫。这在屈原的《九歌》《天问》等篇中关于"气"的描写以及对天地本原的追问中可以看出。楚地多水的自然环境往往使得山泽之间云雾缭绕，容易激发人们对本原问题的思考和想象。

"气"是先秦诸子广泛讨论的话题。先秦时期的道家气论从《老子》开始，经过《庄子》、《管子》四篇、《鹖冠子》、《吕氏春秋》，有着重要的演变轨迹。主要体现为两条路径：一条路径是《庄子》对《老子》气论在个体维度注重生生之德的发展；另一条路径是黄老之学文献如《管子》四篇、《鹖冠子》、《吕氏春秋》把《老子》气论向主张君主涵养精气实行道法结合的施政理念方面的拓展。本书正文部分对所涉及的每部先秦道家文献在上述路径上的演进，主要从"气"的内涵、"气"的修养方式、"气"的作用三个视角进行分析。同时，正文的论述在保证所涉及的先秦道家文献各自整体性的前提下，尊重上述三个分析视角在每部先秦道家文献内部的天然联系，力求展现先秦道家气论以上述三个视角为线索、以文本为单位的整体发展和演进。接下来，将根据正文所采用的三个视角，对涉及的先秦道家文献的气论思想的传承与联系作一简要总结。

一、先秦道家"气"的内涵的发展

作为楚人的老子，其气论思想受到了楚地重"水"文化的影响，在"气"的内涵与特性上具有玄思世界本原、尚"柔"的特性。老子"道生一，一生二，二生三，三生万物。万物负阴而抱阳，冲气以为和"的论述首次在哲学意义上用阴阳二气来说明"气"内部两种对立又统一的属性。虽说在老子之前的西周末年，伯阳父已经把早就有的阴阳概念和气结合起来，用阴阳二气的失序来解释自然和社会现象。《国语·周语上》曰："幽王二年，西周三川皆震。伯阳父曰：'周将亡矣！夫天地之气，不失其序，若过其序，民乱之也。阳伏而不能出，阴迫而不能烝，于是有地震。'"阴阳的观念明显要早于西周末年，很有可能和流行于楚地的枚卜有密切关系。老子不仅受到楚地枚卜思想影响，又做过周守藏室之史，熟知北方中原的思想，从而赋予阴阳二气以哲学特征。

老子之"气"注重阴阳二气协调下的和柔之状。老子主张"专气致柔，能婴儿乎"，用婴儿之"气"的和柔状态来比喻"气"的和柔之性。为此，老子认为凡是万物之生，其"气"必柔，凡是万物之死，其"气"必强。于是有"心使气曰强。物壮则老，谓之不道"的感叹。老子气论贵"柔"的特点和其关于"水"的思想是不可分割的。老子对"水"情有独钟，发出"上善若水"的感叹。《老子》有大量关于"水"的论述，不仅以"水"喻"道"，而且"水"的柔弱、谦下、不争等的特性也同样是老子主张的"气"的属性。

在继承老子之"气"贵"柔"特点的基础上，《庄子》中"气"的内涵明显变得丰富起来。《庄子》中的"气"主要分为三类，分别为现象界之"气"、身体之"气"、精纯之"气"。《庄子》中指称现象界之气的有"云气"、"天气"、"地气"、"六气"、"春气"、四时之"气"、"风"、"雾"等；身体之"气"有"血气""志气""神气""邪气""忿滀之气"等。除"血气"外，《庄子》中和身体有关的"气"往往指的是要被克服的起负面作用的"气"。关于"气"，《庄子》讨论的重点是精纯之"气"，如"阴""阳""纯气""神气"，以及一些指代精纯之"气"的字词，如"一""机""和""白""鸿蒙""终始""太虚""暗醲物""逍遥之虚"等。在先秦道家气论文献中，《庄子》较为具体地讨论了"气"的属性。《庄子》中所说的具有自然属性的、现象界存在的"气"可以被视作不同于古希腊原子论的物质概念，是具有连续性的物质微粒。但是，《庄子》中所说的精纯之"气"的属性并不同于现象界存在的"云气""风""雾"等，并不是"连续性的物质微粒"，而是具有功能性、动力性的一种综合概念，应是现在所说的"物质"和"精神"未分前的合一之存在。《庄子》中用"无有"等来表示"气"的属性。《应帝王》曰："立乎不测，而游于无有者也。"《知北游》曰："及为无有矣，何从至此哉！"诸如此类，都是用"无有"表示"气"既具有"道"之"无"的形而上的一面，又具有"有"的形而下的一面。在庄子看来，精纯之"气"具有"道"的形而上的"无"的一面，是因为"气"从"道"而生，相比万物等其他有形的存在，"气"距离"道"最近。说"气"又具有形而下的一面是说尽管"道"是万物最终的本原，但是"气"直接生成万物，精纯之"气"虽不像其他现象界的有形之物一样可以被感官感知，但是人通过一定的修养还是能够把握"气"的存在。

"鸿蒙"是就阴阳二气未分之前的状态所说，阴阳二气是就"气"内部对立统一的两种动力来说，"纯气"是通过精纯之"气"和其他非精纯之"气"的对比，就"气"的程度来说。《知北游》曰："通天下一气耳。"《庄子》中强调"气"在阴阳二气相互作用下的运动与流通的特性。相比《老子》，《庄子》中的"气"不仅具有柔和的特征，而且在把握"气"之"无有"的根本属性基础之上，更加注重"气"的虚通性、灵动性、自由性等属性。

《管子》四篇中的"精气"理论是稷下黄老之学气论思想的代表。《内业》与《心术下》中都出现了"精气"一词。"精气"在《管子》四篇中被认为是"气之精者"，和《庄子》中所说的"纯气"一样是对"气"之精华、纯粹者的称呼。"精气"在《管子》四篇中也用"精""灵气"来表示。《管子》四篇之"精气"具有"浩然和平"的特点。《内业》曰："内藏以为泉原，浩然和平，以为气渊。""气渊"说明"气"聚集之"多"，"浩然"是说"精气"的广大无边，"和平"是说"精气"本身所具有的"平正"之性，能够使人不受喜怒忧患的干扰。《管子》四篇的"精气""灵气"也是在运动变化的，其运动变化也具有生成万物的神妙作用。老子那里"气"的运动变化关注的是阴阳二气的相互作用。庄子那里"气"的运动变化实质上也是阴阳二气的彼此消长。而《管子》四篇中"精气"的运动没有以阴阳二气的变化来呈现，而是直接描述"精气"的浩然广大与无始无终的蔓延变化。《管子》四篇中的"精气"又具有"德"与"智"的内涵。在《庄子》那里，"神""精神"被用来指称"气"。庄子所说的"游心乎德之和"，指要达到"德之和"的境界就必须要有"气"的涵养。在《庄子》中，"气"与"德"之间有着重要的关系，但是又较为隐蔽。到了《管子》四篇这里，已经明确用"德""智"来说明"精气"了。如《内业》曰："德成而智出，万物毕得。"又曰："形不正，德不来；中不静，心不治。"《管子》四篇的"道"虽然和"气"联系紧密，但二者并不能完全等同。《内业》明言："气，道乃生。""精气"是由"道"所生成的。《内业》曰："夫道者，所以充形也，而人不能固，其往不复，其来不舍。"《心术下》又曰："气者身之充也，行者正之义也。""道"和"气"并没有时间上的先后。说"道"生"气"、"道"在"气"先，是逻辑上的在先，"道"作为万物产生的最根本原因在"气"之前就已经存在了。"道"生成"气"，"气"

又生成万物,"精气"和"道"不能完全等同起来,这和《老子》《庄子》中"道""气""物"的关系较为相似,只不过《管子》四篇中并没有过多谈论阴阳二气。《心术上》曰:"人主者立于阴,阴者静,故曰动则失位。阴能制阳矣,静则能制动矣。故曰静乃自得。"其中"以阴制阳"的无为而治的君道思想显然受到老子"万物负阴而抱阳"论述的影响。

《鹖冠子》所提出的"元气"概念相比较《庄子》中的"纯气"、《管子》四篇中的"精气",不仅具有"气"的"精纯"性的一面,而且还指出了"精纯之气"所具有的阴阳未分的原初性与生成万物的初始性。"元气"说比较关心"气"的统一未分之状。《鹖冠子·泰录》曰:"故天地成于元气,万物乘于天地,神圣乘于道德,以究其理。"《鹖冠子·泰录》又云:"精微者,天地之始也。"《泰鸿》曰:"泰一者,执大同之制,调泰鸿之气,正神明之位。""元气"在《鹖冠子》中被称为"精微者",也被称为"泰鸿之气"。"天地成于元气"是说"元气"在天地万物之前就已经存在。"精微"是说"元气"的无形无状和普通有形之物的存在状态不同。用"泰鸿之气"来说明"元气",是强调"元气"是由"泰一"(即"道")生成。《鹖冠子·环流》曰:"阴、阳不同气,然其为和同也。"《鹖冠子》中的"元气"实质上指的是阴阳二气未分之前的合一之状。"元气"具有单纯的阳气或阴气所不具有的统一的原初性,也具有协调阴阳二气的作用。《环流》曰:"有一而有气。""元气"之所以会成为"气"之最初形态,是因为其包含着从"道"或"泰一"本身而来的"一"。《鹖冠子》气论对"一"的重视,吸收了老子"载营魄抱一,能无离乎?"的思想。《鹖冠子》中用"泰鸿之气"来说明"元气",有《庄子·在宥》中关于"鸿蒙"之气的痕迹。

《吕氏春秋》气论具有融会在其之前道家、阴阳家等气论的明显特征,但是这并不等于说《吕氏春秋》的气论是杂乱无章的。《吕氏春秋》在"气"的内涵上恰恰是把《老子》、《庄子》、《黄帝四经》、《管子》四篇以及阴阳家关于"十二纪"的相关思想融会到其"圜道"说中。《圜道》曰:"精气一上一下,圜周复杂,无所稽留。"又曰:"精行四时,一上一下,各与遇,圜道也。"《吕氏春秋》的"精气"注重的是"气"的循环运动。老子认为天道具有"周行而不殆"的特征。《庄子·齐物论》曰:"枢始得其环中,以应无穷。"

《则阳》曰："冉相氏得其环中以随成，与物无终无始，无几无时。日与物化者，一不化者也，阖尝舍之！"《寓言》又曰："万物皆种也，以不同形相禅，始卒若环。"在庄子看来，作为物化之本旨的万物气化流行是不断循环的，万物在气化中是相互转化的。《黄帝四经》也认为天道具有周行不息的特点。《十大经·姓争》曰："天道环〔周〕。"又云："天稽环周。"《经法·四度》曰："日月星辰之期，四时之度，〔动静〕之位，外内之处，天之稽也。"《黄帝四经》认为四时的轮转是天道周行的具体表现。《吕氏春秋》在吸收道家天道周行、气化循环等观点的同时，又吸收了《管子》四篇"精气"说，以及阴阳家关于"十二纪"的思想。

二、先秦道家"气"的修养方法的发展

老子气论的涵养方法主要是从"心"与"气"的关系入手进行分析的。老子之后，道家"气"的涵养理论无不重视对"心"与"气"关系的辨析，当然，每一个道家文献在处理方式上有各自的特点。老子曰："心使气曰强。物壮则老，谓之不道。"老子明确反对"心"对"气"的主宰，认为是"不道"的表现。老子认为"心"的渊静状态不能被外界感官的刺激所干扰。如果"心"一味地追求感官享受与刺激，就会使"气"走向"强"的一面，这也就违背了"气"本身"和柔"的本性。为此老子主张人要"无欲""不争""无为""谦下"，使"气"的涵养达到婴儿般和柔的境地，正所谓"专气致柔，能婴儿乎？"老子并没有对"气"的具体涵养方法多作论述，但是老子从"心""气"关系来讨论"气"的修养，为以后道家"气"的修养理论开辟了道路。老子之后，道家谈论"气"的涵养大多从"心""气"关系入手，当然，在不同的文献那里，也有各自的特点。

庄子对于"气"的涵养论述较多。《庄子》中"气"的涵养主要运用了"消解"与"复归"的方法。在继承老子反对以"心"使"气"的论述的基础上，庄子进一步指出，"气"的涵养要"消解"的是感官的偏见、自我的成心等，从而向"道"复归。《人间世》中"若一志，无听之以耳而听之以心，无听之以心而听之以气"的论述通过对"耳"之感官偏见和"心"之主观偏见的否

定,强调通过"气"来认识大道。这在庄子看来是"虚"的工夫。庄子认为只有通过"虚"才能使"气"到来。庄子把通过"虚"而集"气"的方法称作"心斋"。故而《人间世》曰:"气也者,虚而待物者也。唯道集虚。虚者,心斋也。"《庄子》中所说的"吾丧我"的"天籁"同"堕肢体,黜聪明,离形去知,同于大通"的"坐忘"等都是强调通过去除外在、内在等的偏见,消除是非、善恶等的二元对待以养"气",从而达到"莫若以明"的"以道观之"。原始巫术活动认为通过耳之"听"可以和神灵沟通。庄子"听之以气"的养"气"理论之所以重视用气"听",一方面是为了说明由"气"认识"道"的神圣性,另一方面也是对巫术世界观的否定。庄子所说的"听"是一系列的修养方法以及所达到的境界,并不是单纯用"耳"之器官去听。庄子那里所强调的"神明"也并不是原始宗教的神灵,而是"气"的修养所达到的对"道"的理性把握。

《管子》四篇"精气"的涵养不仅和"心"相关,而且还和"形"相关,并在"形""气"关系上吸收了儒家的一些思想。《管子》四篇在"心""气"关系上也不主张"心"主宰"气",但是《管子》四篇的特点是认为"心"是"气"之"舍"。《内业》曰:"定心在中,耳目聪明,四肢坚固,可以为精舍。"又曰:"敬除其舍,精将自来。"《管子》四篇认为,必须经过对"心"之"舍"的打扫,也就是进行"一意抟心,耳目不淫"(《内业》)的修养,精气才会到来。这需要对感官嗜欲、内心成见等进行否定,使"心"达到"中"的程度,《内业》曰:"治之者心也,安之者心也。心以藏心,心之中又有心焉。""中"被视作"心之中"之"心"。《白心》曰:"故曰有中有中,孰能得夫中之衷乎?"《管子》四篇尤为关注通过"心"之"中"来蓄养"精气"。另外,《管子》四篇开始通过吸收儒家的一些思想来促进对"精气"的涵养。这体现在《管子》四篇对"气"和"形"的论述上。《心术下》曰:"形不正者德不来,中不静者心不治。"同时又说:"气者身之充也,行者正之义也。"此处所说之"德"同时也指"气","形"也作"行"之称。《内业》曰:"是故止怒莫若诗,去忧莫若乐,节乐莫若礼,守礼莫若敬,守敬莫若静。内静外敬,能反其性,性将大定。"在《管子》四篇看来,人之"形""行"通过儒家"诗""乐""礼"等修养的辅助能够达到"正",这样"气""德"就会到来。

《鹖冠子》提出"卫精擢神致气"的"精气"修养方法，融会了在其之前的道家气论的修养方法。《鹖冠子》认为，"精""神"来自"内圣"的修养。《鹖冠子·泰录》曰："内圣者，精神之原也。莫贵焉，故靡不仰制焉。制者所以卫精擢神致气也。"《鹖冠子·泰录》关于"内圣"修养的理论受到了《老子》、《庄子》、《管子》四篇等的影响。老子曰："治人事天莫若啬。"又言"多言数穷，不如守中""专气致柔"，实质上已经涉及了"精气"的守护与涵养，但没有详细论述。《庄子·刻意》曰："圣人贵精。"《达生》曰："用志不分，乃凝于神。"关于"气"的论述就更多了，主要是主张通过"虚"来养"气"，故有"气也者，虚而待物者也"的说法。《鹖冠子》"内圣"一词当来自于《庄子》"内圣外王"的主张。《管子》四篇的"精气"论中有大量蓄养"精气"的说法，如《内业》曰："是故此气也，不可止以力，而可安以德。"又曰："抟气如神，万物备存。"《泰录》曰："幽则不泄，简则不烦，不烦则精明达。"《鹖冠子》的精气涵养理论是要通过"内圣"的修养使"精气"通达，并能够明晰地认识事物。

《吕氏春秋》的"精气"涵养理论吸收了《老子》、《庄子》、《管子》四篇等的相关思想。老子强调"少私寡欲"，并认为"多言数穷，不如守中"。受老子影响，《吕氏春秋》既不主张穷奢极欲，也不主张"灭欲"，其在"精气"的涵养上反复强调要"适欲"，即对欲望要控制在适中的程度。老子曰："治人事天莫若啬。夫唯啬，是谓早服。早服谓之重积德，重积德则无不克，无不克则莫知其极，莫知其极，可以有国。有国之母，可以长久。是谓深根固蒂，长生久视之道。"《吕氏春秋》把老子爱身治国的思想进一步发挥，《情欲》中提出"知早啬则精不竭"的主张，强调节制嗜欲、贵精爱身以养生。《吕氏春秋》认为，"精气"的涵养并不是一味端坐在那里的玄想，还需要使形体适当运动，促使精气的流通，精气的流畅又能促进人体的健康，通过"静"与"动"的相互配合，使"精气日新，邪气尽去"。《吕氏春秋》认为，通过音乐以养气，可以使人静定。《大乐》云："凡乐，天地之和，阴阳之调也。"在《吕氏春秋》看来，音乐以呈现天地之和、阴阳二气的完美协调为最高境界。

三、先秦道家"气"的作用的两条路径

《老子》气论孕育着先秦道家气论发展的两条路径：既重视个体生命的生生之德，又重视将气论和无为而治的主张相结合。《老子》中用"婴儿""赤子"来比喻涵养和柔之"气"所达到的状态。在老子看来，个体之无知无欲、不争无为是人原本的自然之状。"专气致柔"的"婴儿"与"含德之厚"的"赤子"就是如此。老子笔下的"水"同时也具有"气"之柔和、谦下、不争之"德"。"水"尽管处下却能够汇聚为江河，最后"攻坚强者莫之能胜"，也说明"气"在老子那里也具有不断蓄积、以柔克刚的作用。这是老子气论个体修身的一面。另外，《老子》的气论又服务于其无为而治的治国理念。老子心中的"圣人"，即理想的统治者，也是无为而治理念的实施者。老子认为君主只有身治，国才能治。而"气"的涵养在老子看来对于君主是十分必要的，甚至决定着国家治理的成败。所以，老子所说的与"气"的修养密切相关的"婴儿""赤子""水"等的喻象也是君主人格修养的理想模型，是实施无为而治的载体。老子之"气"对个体生命养护的关注被庄子所继承和发扬。《老子》中建议君主进行"气"的涵养以施无为而治的主张，被后来以《管子》四篇、《鹖冠子》《吕氏春秋》为代表的黄老之学继承和不断完善。

庄子气论在继承老子气论主柔的基础上，在个体生命的安顿以及超脱等方面极大地发展了老子的气论。庄子言"通天下一气耳"，较为重视"气"的贯通作用。《庄子》中"气"的贯通作用表现为三个方面：无形抽象之"道"必须经由"气"，才能生成万物，即"气"在宇宙生成方面对"道"与万物的贯通；人只有通过"气"的涵养才能认识"道"，即"气"在认识、修养方面对"道"与"人"的贯通；人也只有通过"纯气之守"的工夫，才能在技艺的运用过程中达乎道境，即"气"在技艺用世层面对"道"与"技"的贯通。庄子所说的"物化"实质上是万物的气化过程。庄子认为"死生为徒"，强调在生死转化中把握生死的气化本质，从而视生命为一生生不息的气化过程。庄子言"游乎天地之一气"，主张以"无用""无为"的姿态游于气化流行之中。庄子的气化之"游"具有无穷的开放性。但是庄子同时又指出，在气化

之"游"的开放性中又存在着不变的"一",即"道"。这说明庄子的气化之"游"并不是漫无目的的混世主义,而是有其原则的"抱一"之"游"。

从《管子》四篇开始,黄老道家不断完善老子所开启的养"气"与治国之间的理论联系。《管子》四篇的"精气"理论丰富了老子的气论思想。在"气"的涵养与治国的关系上,老子只是认为统治者应该"少私寡欲""无为""不争",通过"气"的涵养不断完善自我人格,然后施行无为而治。关于构建什么样的无为而治?老子并没有多说,只是认为在那样的社会人心淳朴,社会就治理好了。但是《管子》四篇却明确提出要通过法制来保证无为而治的落实,认为"名正法备,则圣人无事"。《管子》四篇认为,君主"精气"的涵养能够保证法规公正、有效地实施。"精气"的涵养在《管子》四篇这里起着贯通"道"与"法"的重要作用。君主通过蓄养"精气"实施法制的过程被称作"静因之道"。在《管子》四篇看来,君主通过"精气"的涵养,以静制动,能够有效地驾驭群臣,使其各尽所能,也是"静因之道"的一个重要方面。

《鹖冠子》在探讨"气"的涵养和治国的关系时,较为注重从"气"到"法"之间诸多环节的完善和构建。《管子》四篇气论虽说已经注意到了君主"气"的涵养作为贯通"道"与"法"的中间环节的重要性,但在"气"与"法"之间缺少必要的制约环节,君主个人修养程度的不同难免会影响"气"在"道"与"法"之间的贯通效果。《鹖冠子》注意到了这些问题,并试图通过构建"气"与"法"之间的诸多有效环节,来最大限度地保证法制的有效实施。在《鹖冠子》那里,"气"从"一"(即"道"的统一性)出发,所构筑的由"气"到"法"之间的环节包括:"气""意""图""名""形""事""约""时""期""功""法"等。相比《管子》四篇,《鹖冠子》对"气"的关注除了注意到"元气"外,又用"四时"之"气"来将"气"进一步具体化,并把"四时"之"气"和人间的秩序联系起来。《夜行》曰:"四时,检也……赏罚,约也。"《天则》曰:"领气,时也。生杀,法也。循度以断,天之节也。""四时"之"气"的规律运行,体现了天道的秩序性,从而为人间法制的建立与实施提供了终极依据。《鹖冠子》同时也把儒家的仁孝忠信等思想融入其从"刑"到"德"的规约教化中。

在"气"的作用方面,《吕氏春秋》主要吸收了老子"圣人抱一,为天下式"的无为而治思想,以及黄老道家文献《黄帝四经》《管子》四篇等关于"道""一""气""法"等的相关论述。《圜道》曰:"精行四时,一上一下,各与遇,圜道也。""圜道"说的目的主要是通过精气的周行说明天道运行的畅通无阻,然后再以天道明人道,强调臣下对君主法令执行的畅通无阻。如《圜道》曰:"令出于主口,官职受而行之,日夜不休,宣通下究,瀸于民心,遂于四方,还周复归,至于主所,圜道也。"《吕氏春秋》把"天道"的周行称作"一",认为"王者执一,而为万物正",君主应该"执一",才能无为无不为,有效治理国家。《吕氏春秋》同时主张"法"的确立应该效法"一"。另外,《吕氏春秋》气论注重音乐的教化作用,认为"凡音乐,通乎政而移风平俗者也",音乐能够反映国家治理的成败,好的音乐能够促进国家的治理,具有这样的作用是因为音乐出自"太一""化于阴阳",是阴阳二气协调的体现。这样,国家治理在《吕氏春秋》看来,本质上还是要体现出具有黄老特点的"圜道"之周行的"一"。

总的来说,《老子》中关于"气"的论述辞约义丰,显性或隐性地包含了后世道家气论发展的多个方面。先秦道家气论从老子之后大体分化为两条路径:一是以庄子为代表的注重个体生命养护与逍遥超脱的路径;二是以《管子》四篇、《鹖冠子》、《吕氏春秋》等为代表的黄老道家提倡君主通过"气"的涵养及一系列重"法"的制度设计,以施道法结合的统御之术的另一路径。先秦道家对"气"内涵的探索一步步向精纯化的方向发展。老子在总体上奠定了先秦道家气论尚"柔"的共性。但是,先秦道家各个时期的文献对"气"的内涵的认识还有其个性。《老子》认为"气"包含内部阴阳二气对立统一的属性。《庄子》进一步提出"纯气"的说法。《管子》四篇又提出"精气"的概念。到了《鹖冠子》则提出"元气"论。《吕氏春秋》用"圜道"的说法强调"精气"周而复始的一体性。先秦道家在"气"内涵的把握上注重对"气"的精纯性的认识。在"气"的涵养方面,先秦道家始终秉持老子在"心""气"关系上主张的"心"不能主宰"气"的原则。《老子》反对以"心"使"气",认为是不道的表现。《庄子》在此基础上提出了"心斋""吾丧我""坐忘"等具体的修养工夫论,主张把感官与内心的偏见消解,以复归于"道"。《管子》

四篇认为"心"为"气"的馆舍，要时常对"心"进行打扫，进行老子所说的"为道日损"、庄子之"吾丧我"那样的修养，从而让"气"通达。《鹖冠子》提出"卫精擢神致气"（《泰录》）的涵养方法。《吕氏春秋》在老子"少私寡欲"之说的基础上，提出"适欲"的主张，强调通过节制欲望以涵养精气。在"气"的作用方面，先秦道家从老子开始就关注"气"在个体生命养护上的生生之德，以及"气"的涵养与君主无为而治的关系。《庄子》主要继承并发展了《老子》气论生生之德的维度，并开拓出逍遥、洒脱的人生境界。以《管子》四篇、《鹖冠子》、《吕氏春秋》为主要代表的黄老之学，则把老子气论所蕴含的"圣人"涵养精气以施无为之治的主张进一步发挥和发展。《管子》四篇注重"气"在"道"与"法"之间的贯通作用。《鹖冠子》则把黄老道家的"气"在"道"与"法"之间的环节进一步具体化，主张以制度层面法制的建设来保证无为而治的有效落实。《吕氏春秋》认为，君主通过"气"的涵养在施政时要保证政令的畅通。

先秦黄老道家"道""气""法"三位一体的政治理念在根本上还是寄希望于君主个人"气"的修养达到一定程度才能实现，而君主个人"气"的修养的程度如何又很难保证，所以从老子到黄老道家所主张的无为而治的诉求还是有一些理想化的成分。不过，黄老学派所设计的一系列制度规约以保证法制实施的努力本身又在试图减少其理论的理想化成分，从而使其主张具有一定的可操作性与现实意义。在吸收《老子》气论相关思想的同时，《庄子》与先秦黄老道家文献之间也互有借鉴和吸收。先秦黄老道家文献各自在气论上有选择地吸收了道家以外的诸如儒家、阴阳家等的相关思想。先秦道家气论哲学在很大程度上影响了中国气论哲学的特征与发展。先秦道家围绕着"气"所形成的独特的宇宙论、认识论、修养论、技艺观等在一定程度上影响了以后中国哲学的形态和发展。后世道家、道教、儒家、中国佛教、中医、中国艺术等无不吸收了先秦道家的气论思想。先秦道家气论已经成为中华民族的文化基因，对后世诸多方面持续产生着重要而深远的影响，是当代宝贵的精神资源。

参考文献

一、古籍类

[1] 王卡点校：《老子道德经河上公章句》，北京：中华书局，1993年。

[2]（汉）严遵著，王德友点校：《老子指归》，北京：中华书局，1994年。

[3]（魏）王弼注，楼宇烈校释：《老子道德经注校释》，北京：中华书局，2008年。

[4]（宋）范应元：《老子道德经古本集注》，上海：华东师范大学出版社，2010年。

[5]（明）释德清：《道德经解》，上海：华东师范大学出版社，2009年。

[6]（清）黄元吉：《道德经讲义》，北京：九州出版社，2013年。

[7]（清）魏源：《老子本义》，上海：华东师范大学出版社，2010年。

[8] 丁四新：《郭店楚竹书〈老子〉校注》，武汉：武汉大学出版社，2010年。

[9] 陈鼓应：《老子今注今译》，北京：商务印书馆，2003年。

[10] 高明：《帛书老子校注》，北京：中华书局，1996年。

[11] 高亨：《高亨著作集林》（第五卷），北京：清华大学出版社，2004年。

[12] 张默生：《老子章句新释》，上海：东方书社，1948年。

[13] 朱谦之：《老子校释》，北京：中华书局，2000年。

[14]（明）陆西星著，蒋门马点校：《南华真经副墨》，北京：中华书局，

2010年。

［15］（清）林云铭：《庄子因》，上海：华东师范大学出版社，2011年。

［16］（清）王夫之：《庄子解》，北京：中华书局，1964年。

［17］（清）郭庆藩：《庄子集释》，北京：中华书局，2012年。

［18］（清）王先谦：《庄子集解》，北京：中华书局，2012年。

［19］陈鼓应：《庄子今注今译》，北京：商务印书馆，2007年。

［20］张默生：《庄子新释》，济南：齐鲁书社，1993年。

［21］许维遹：《吕氏春秋集释》，北京：中华书局，2009年。

［22］陈奇猷：《吕氏春秋新校释》，上海：上海古籍出版社，2002年。

［23］王利器：《吕氏春秋注疏》，成都：巴蜀书社，2002年。

［24］黄怀信：《鹖冠子校注》，北京：中华书局，2014年。

［25］（宋）洪兴祖著，王灵庚点校：《楚辞补注》，上海：上海古籍出版社，2015年。

［26］（清）王夫之：《楚辞通释》，北京：中华书局，1959年。

［27］黎翔凤：《管子校注》，北京：中华书局，2004年。

［28］（南朝梁）皇侃：《论语集解义疏》，上海：商务印书馆，1937年。

［29］（清）刘宝楠：《论语正义》，北京：中华书局，1990年。

［30］（宋）朱熹：《四书章句集注》，北京：中华书局，1983年。

［31］（清）焦循：《孟子正义》，北京：中华书局，1987年。

［32］荆门市博物馆：《郭店楚墓竹简》，北京：文物出版社，1998年。

［33］马承源：《上海博物馆藏战国楚竹书》（二），上海：上海古籍出版社，2002年。

［34］刘钊：《郭店楚简校释》，福州：福建人民出版社，2005年。

［35］（南朝宋）刘义庆著，刘孝标注，余嘉锡笺疏：《世说新语笺疏》，北京：中华书局，2011年。

［36］（南朝梁）释慧皎撰，汤用彤校注，汤一玄整理：《高僧传》，北京：中华书局，1992年。

二、专著类

[1] 白奚:《稷下学研究:中国古代的思想自由与百家争鸣》,北京:生活·读书·新知三联书店,1998年。

[2] 陈鼓应:《管子四篇诠释:稷下道家代表作解析》,北京:商务印书馆,2006年。

[3] 陈引驰:《无为与逍遥:庄子六章》,北京:中华书局,2016年。

[4] 程宜山:《中国古代元气学说》,武汉:湖北人民出版社,1986年。

[5] 崔大华:《庄学研究——中国哲学一个观念渊源的历史考察》,北京:人民出版社,1992年。

[6] 丁四新:《郭店楚墓竹简思想研究》,北京:东方出版社,2000年。

[7] 丁原明:《黄老学论纲》,济南:山东大学出版社,1997年。

[8] 方勇:《庄子学史》,北京:人民出版社,2008年。

[9] 冯达文,郭齐勇:《新编中国哲学史》,北京:人民出版社,2004年。

[10] 冯友兰:《中国哲学史》,北京:中华书局,1947年。

[11] 冯友兰:《中国哲学史新编》(上卷),北京:人民出版社,1998年。

[12] 付粉鸽:《自然与自由——老庄生命哲学研究》,北京:人民出版社,2010年。

[13] 傅佩荣:《逍遥之乐:傅佩荣谈庄子》,北京:东方出版社,2013年。

[14] 关志国:《道家黄老学派法哲学研究》,北京:中国社会科学出版社,2016年。

[15] 郭沫若:《青铜时代》,北京:科学出版社,1957年。

[16] 郭沫若:《十批判书》,北京:东方出版社,1996年。

[17] 郭齐勇:《中华人文精神的重建:以中国哲学为中心的思考》,北京:北京师范大学出版社,2011年。

[18] 胡家聪:《〈管子〉新探》,北京:中国社会科学出版社,2003年。

[19] 孔令梅：《儒道融合视阈下的〈吕氏春秋〉之道研究》，合肥：安徽大学出版社，2014 年。

[20] 李存山：《中国气论探源与发微》，北京：中国社会科学出版社，1990 年。

[21] 李存山：《气论与仁学》，郑州：中州古籍出版社，2009 年。

[22] 李家骧：《吕氏春秋通论》，长沙：岳麓书社，1995 年。

[23] 路永照：《道教气论学说研究》，成都：巴蜀书社，2015 年。

[24] 李维武：《吕不韦评传——一代名相与千古奇书》，南宁：广西教育出版社，1997 年。

[25] 李志林：《气论与传统思维方式》，上海：学林出版社，1990 年。

[26] 林冬子：《〈鹖冠子〉研究》，银川：宁夏人民出版社，2016 年。

[27] 刘节：《古史考存》，北京：人民出版社，1958 年。

[28] 刘开田，陈靖：《甲骨文形义集释》，武汉：武汉出版社，2007 年。

[29] 刘笑敢：《庄子哲学及其演变》，北京：中国人民大学出版社，2010 年。

[30] 刘元彦：《〈吕氏春秋〉：兼容并蓄的杂家》，北京：生活·读书·新知三联书店，2008 年。

[31] 皮道坚：《楚艺术史》，武汉：湖北美术出版社，2012 年。

[32] 苏雪林：《屈原与〈九歌〉》，武汉：武汉大学出版社，2007 年。

[33] 孙福喜：《〈鹖冠子〉研究》，西安：陕西人民出版社，2002 年。

[34] 王叔岷：《庄学管窥》，北京：中华书局，2007 年。

[35] 吴根友：《自由的表演与魅力：中国人的自由观》，南宁：广西人民出版社，2002 年。

[36] 吴光：《黄老之学通论》，杭州：浙江人民出版社，1985 年。

[37] 萧萐父：《中国哲学史史料源流举要》，武汉：武汉大学出版社，1997 年。

[38] 熊铁基：《秦汉新道家略论稿》，上海：上海人民出版社，1984 年。

[39] 熊铁基：《秦汉新道家》，上海：上海人民出版社，2001 年。

[40] 熊铁基，黄健荣主编：《第三届全真道与老庄学国际学术研讨会论

［41］熊铁基主编；刘固盛，肖海燕，熊铁基著：《中国庄学史》（上），北京：人民出版社，2013 年。

［42］熊铁基，马良怀，刘韶军：《中国老学史》，福州：福建人民出版社，1995 年。

［43］徐复观：《中国艺术精神》，上海：华东师范大学出版社，2001 年。

［44］徐水生：《中国哲学与日本文化》，北京：中华书局，2012 年。

［45］徐文武：《楚国宗教概论》，武汉：武汉出版社，2001 年。

［46］延娟芹：《秦汉时期〈吕氏春秋〉接受研究》，北京：中国社会科学出版社，2015 年。

［47］杨国荣：《庄子的思想世界》，上海：华东师范大学出版社，2009 年。

［48］于省吾：《甲骨文字释林》，北京：中华书局，2009 年。

［49］曾振宇：《中国气论哲学研究》，济南：山东大学出版社，2001 年。

［50］张岱年：《中国哲学史史料学》，北京：生活·读书·新知三联书店，1982 年。

［51］张岱年：《中国哲学大纲》，南京：江苏教育出版社，2005 年。

［52］张岱年：《中国古典哲学概念范畴要论》，北京：中华书局，2017 年。

［53］张岱年：《张岱年全集》（第七卷），石家庄：河北人民出版社，2007 年。

［54］张固也：《〈管子〉研究》，济南：齐鲁书社，2006 年。

［55］张丰乾编：《〈庄子·天下篇〉注疏四种》，北京：华夏出版社，2009 年。

［56］张立文主编，蔡方鹿等著：《中国哲学范畴精粹丛书：气》，北京：中国人民大学出版社，1990 年。

［57］张连伟：《〈管子〉哲学思想研究》，成都：巴蜀书社，2008 年。

［58］张舜徽：《周秦道论发微》，北京：中华书局，1982 年。

［59］郑开：《庄子哲学讲记》，南宁：广西人民出版社，2016 年。

[60] 周桂钿：《秦汉哲学》，武汉：武汉出版社，2006年。

[61] 朱文熊：《庄子新义》，上海：华东师范大学出版社，2011年。

三、外文原著类

[1] A. C. Graham, *Disputers of the Tao*: *Philosophical Argument in Ancient China*, La Salle, Illinois: Open Court Publishing Company, 1989.

[2] Benjamin I. Schwartz, *The World of Thought in Ancient China*, Belknap: The Belknap Press of Harvard University, 1985.

四、译著类

[1]〔比〕戴卡琳：《解读〈鹖冠子〉——从论辩学的角度》，杨民译，沈阳：辽宁教育出版社，2000年。

[2]〔美〕安乐哲，郝大维：《道不远人：比较哲学视域中的〈老子〉》，何金俐译，北京：学苑出版社，2004年。

[3]〔日〕池田知久：《道家思想的新研究：以庄子为中心》，王启发，曹峰译，郑州：中州古籍出版社，2009年。

[4]〔日〕沟口雄三：《中国的思想》，赵士林译，北京：中国财富出版社，2012年。

[5]〔日〕小野泽精一，福永光司，山井涌编：《气的思想——中国自然观与人的观念的发展》，李庆译，上海：上海人民出版社，2014年。

五、论文类

[1] 陈鼓应：《从〈吕氏春秋〉看秦道家思想特点》，《中国哲学史》2001年第1期。

[2] 陈海红：《老子的"冲气以为和"理论与家庭和谐》，《十堰职业技术学院学报》2008年第1期。

［3］陈永杰:《〈庄子〉之"气"辩》,《江南大学学报(人文社会科学版)》2005年第2期。

［4］陈奇猷:《〈吕氏春秋〉成书的年代与书名的确立》,《复旦学报(社会科学版)》1979年第5期。

［5］丁妮:《楚简所见"大水"祭祀内涵试诠——由"大水"祭祀到楚国水崇拜的思考》,《湖北民族学院学报(哲学社会科学版)》2012年第6期。

［6］丁四新:《有无之辨和气的思想——楚简〈亘先〉首章哲学释义》,《中国哲学史》2004年第3期。

［7］丁为祥:《"太虚"是怎样成为自然天道之形上本体的?——关于张载哲学的思想史解读》,《南国学术》2017年第2期。

［8］丁原明:《〈鹖冠子〉及其在战国黄老之学中的地位》,《文史哲》1996年第2期。

［9］郭梨华:《道家思想展开中的关键环节——〈管子〉"心—气"哲学探究》,《文史哲》2008年第5期。

［10］胡厚宣:《释殷代求年于四方和四方风的祭祀》,《复旦学报(人文科学版)》1956年第1期。

［11］黄怀信:《〈鹖冠子〉源流诸问题》,《文献季刊》2001年第4期。

［12］黄伟龙:《〈吕氏春秋〉成书考》,《文献》2003年第1期。

［13］李存山:《庄子思想中的道、一、气——比照郭店楚简〈老子〉和〈太一生水〉》,《中国哲学史》2001年第4期。

［14］李道湘:《从〈管子〉的精气论到〈庄子〉气论的形成》,《管子学刊》1994年第1期。

［15］李家骧:《〈吕氏春秋〉成书年代新考》,《湘潭大学学报(哲学社会科学版)》1995年第2期。

［16］李景林:《论〈管子〉四篇的"道—气"一元论》,《管子学刊》1989年第4期。

［17］李敏杰,朱薇:《庄子"气"辩及英译》,《青年文学家》2013年第35期。

［18］李生信:《〈庄子〉中的"气"及"气化词"的文化本源》,《宁夏

社会科学》2008年第6期。

［19］李伟：《〈吕氏春秋〉引用〈庄子〉新论——以〈让王〉等四篇为例》，《诸子学刊》2014年第11辑。

［20］李霞：《道家生命气化论的历史发展》，《黄山学院学报》2007年第1期。

［21］李学勤：《马王堆帛书与〈鹖冠子〉》，《江汉考古》1983年第2期。

［22］林明照：《〈吕氏春秋〉应感论的特质及伦理意涵》，《哲学与文化》2016年第12期。

［23］刘长林，胡奂湘：《〈管子〉心学与气概念》，《管子学刊》1993年第4期。

［24］刘长林：《〈管子〉四篇对气的研究》，《中国气功科学》1998年第2期。

［25］刘青泉：《〈管子〉道气学说精蕴及其现代科学验证》，《管子学刊》1995年第2期。

［26］刘蕊：《〈鹖冠子〉研究概述》，《潍坊学院学报》2014年第4期。

［27］牟玉梅，吴晓红：《论太极拳"静"、"气"、"德"思想的历史渊源——关于老子养生观对太极拳健身思想的影响》，《南京体育学院学报（社会科学版）》2007年第1期。

［28］聂中庆：《〈庄子〉〈吕氏春秋〉重文研究》，《西部学刊》2014年第9期。

［29］庞朴：《阴阳五行探源》，《中国社会科学》1984年第3期。

［30］史向前：《老子气论及其对〈内经〉医学的影响》，《锦州医学院学报（社会科学版）》2004年第4期。

［31］史哲文：《勾鉴体用，气贯道儒——论〈老子〉气论与张载气学关系》，《重庆交通大学学报（社会科学版）》2013年第4期。

［32］宋亦春：《〈管子〉四篇"气论"的体育学信息》，《管子学刊》2013年第2期。

［33］孙以楷：《鹖冠子淮河西楚人考》，《安徽大学学报（哲学社会科学版）》2001年第4期。

［34］谭家健：《〈鹖冠子〉试论》，《江汉论坛》1986 年第 2 期。

［35］田探：《〈管子〉四篇的道气关系与"气道乃生"命题的哲学意蕴》，《江汉论坛》2013 年第 5 期。

［36］萧兵：《道家哲学的原子论——兼论〈老子〉的气、精、信》，《淮阴师专学报》1997 年第 2 期。

［37］王洪泉，王赠怡：《庄子论"气"》，《中华文化论坛》2014 年第 4 期。

［38］王齐洲：《"威仪"与"气志"：孔子〈诗教〉的人格取向》，《清华大学学报（哲学社会科学版）》2013 年第 1 期。

［39］王小虎：《"与元同气"——〈吕氏春秋〉"元气"思想刍议》，《理论界》2014 年第 3 期。

［40］王小虎：《"有一而有气"：〈鹖冠子〉"元气"思想刍议》，《广西社会科学》2015 年第 3 期。

［41］吴根友：《略论老庄的生命哲学》，《哲学研究》1990 年第 5 期。

［42］吴根友：《养气，养心，以养生》，《南方周末》2011 年 12 月 22 日第 P02 版。

［43］吴根友：《从气论与原子论看中西哲学思维异同》，《中国社会科学报》2013 年 2 月 4 日第 A05 版。

［44］吴根友，王永灿：《"天籁"与"卮言"新论》，《哲学动态》2014 年第 9 期。

［45］徐飞：《〈吕氏春秋〉援引〈庄子〉研究》，《四川文理学院学报》2008 年第 1 期。

［46］徐水生：《中国传统文化中的瑰宝——先秦朴素系统观初探》，《武汉大学学报（社会科学版）》1990 年第 3 期。

［47］徐文武：《鹖冠子籍贯与生平事迹考略》，《南通大学学报（社会科学版）》2005 年第 2 期。

［48］杨硌堂：《从〈管子〉心、气、水、时论看文人画之特质》，《管子学刊》2004 年第 3 期。

［49］杨兆贵：《〈鹖冠子〉的理想政治论——五正论及其理论渊源》，《船山学刊》2007 年第 1 期。

[50]杨兆贵:《鹖冠子其人与其思想新探》,《管子学刊》2008年第3期。

[51]杨兆贵:《与葛瑞汉商榷〈鹖冠子〉书》,《陕西理工学院学报(社会科学版)》2015年第4期。

[52]赵景飞:《〈鹖冠子〉研究述评》,《贵州师范学院学报》2015年第4期。

[53]张立文:《理学的演变与重建》,《哲学研究》1991年第7期。

[54]张强:《阴阳五行说的历史与宇宙生成模式》,《湖北大学学报(哲学社会科学版)》2001年第5期。

[55]张荣明:《道家老子和古代气功》,《体育文史》1986年第3期。

[56]张兴发:《从"专气致柔"看老子的养生思想》,《中国道教》2007年第5期。

[57]周锡山:《论老子之"道"之为气》,《阜阳师院学报》1993年第1期。

[58]钟振宇:《庄子的气化现象学》,《中国文哲研究集刊》2013年第42期。

[59]周耿:《先秦道家人性论研究》,湖南大学博士学位论文,2011年。

后 记

珞珈山古木参天，幽静厚重，春天樱花盛开，夏天夏荷绽放，秋天丹桂飘香，冬天蜡梅含笑，是研习中国哲学的绝佳之地。不知不觉，我在珞珈山从宿舍到图书馆的林中小路上走过了自己的博士求学之路。到了下雨时分，站在宿舍的阳台上远眺珞珈山，水气升腾，云雾缭绕，神秘又令人敬畏。珞珈山是玄思气论哲学的唯美场域。

本书从选题到最后的定稿，整个过程都离不开恩师徐水生教授的指导。出版在即，我向老师求序，徐老师不顾身体劳累，欣然应允。这让我感觉似乎又回到了珞珈山求学时期，每次向徐老师请教，总有豁然开朗之感，终生难忘！同时感谢武汉大学哲学学院的郝长墀教授！和郝老师的交流让我受益匪浅。感谢武汉大学哲学学院的郭齐勇教授、吴根友教授、储昭华教授、文碧芳教授以及每一位老师的教导！珞珈山同窗好友在学习上的相互切磋与生活上的互相帮助让我们的友谊之树常青。父母与妻子的默默支持能够使我安心求学，同时令我心存感激！湖北人民出版社编辑对本书的出版做了许多细致入微的工作，在此一并致谢！在出版过程中，硕士生张玉、张馨文、李萱参与了本书的校对，特此致谢！

博士毕业后，敝人对先秦道家气论思想的思考没有停止，同时也深感此项工作的艰巨。每当我加班时，我三岁半的女儿经常对我表示抗议。不过此项工作苦中有乐，苦乐自知，每一步探索都是与古人的心灵对话。叹服先哲智慧之博大！愿中华文脉赓续悠长！

李　刚

甲辰年九月（2024年10月）

于播州守中斋